National Economics Foundation
北京当代经济学基金会

当代经济学创新丛书
［全国优秀博士论文］

资本信息化的影响研究
基于劳动力市场和企业生产组织的视角

邵文波 著

上海三联书店

"当代经济学创新丛书"

由当代经济学基金会(NEF)资助出版

总　序

　　经济学说史上，曾获得诺贝尔经济学奖，被后人极为推崇的一些经济学大家，其聪慧的初露、才华的表现，往往在其年轻时的博士论文中已频频闪现。例如，保罗·萨缪尔逊（Paul Samuelson）的《经济分析基础》，肯尼斯·阿罗（Kenneth Arrow）的《社会选择与个人价值》，冈纳·缪尔达尔（Gunnar Myrdal）的《价格形成和变化因素》，米尔顿·弗里德曼（Milton Friedman）的《独立职业活动的收入》，加里·贝克尔（Gary Becker）的《歧视经济学》以及约翰·纳什（John Nash）的《非合作博弈》，等等。就是这些当初作为青年学子在博士论文中开启的研究领域或方向，提出的思想观点和分析视角，往往成就了其人生一辈子研究经济学的轨迹，奠定了其在经济学说史上在此方面的首创经济学著作的地位，并为日后经济学术思想的进一步挖掘夯实了基础。

　　经济学科是如此，其他社会科学领域，包括自然科学也是如此。年轻时的刻苦学习与钻研，往往成为判断日后能否在学术上取得优异成就，能否对人类知识的创新包括经济科学的繁荣作出成就的极为重要的第一步。世界著名哲学家维特根斯坦博士论文《逻辑哲学导论》答辩中，围绕当时世界著名大哲学家罗素、摩尔、魏斯曼的现场答辩趣闻就是极其生动的一例。

　　世界正处于百年未遇的大变局。2008 年霸权国家的金融危机，四十多年的中国增长之谜……传统的经济学遇到了太多太多的挑战。经济学需要反思、需要革命。我预测,在世界经济格局大变化和新科技革命风暴的催生下,今后五十年、一百年正是涌现经济学大师的年代。纵观经济思想史,历史上经济学大师的出现首先是时代的召唤。亚当·斯密、卡尔·马克思、约翰·梅纳德·凯恩斯的出现,正是反映了资本主义早期萌芽、发展中矛盾重重及陷入发展中危机的不同时代。除了时代环境的因素,经济学大师的出现,又有赖于自身学术志向的确立、学术规范的潜移默化、学术创新钻研精神的孜孜不倦,以及周围学术自由和学术争鸣氛围的支撑。

旨在"鼓励理论创新,繁荣经济科学"的当代经济学基金会,就是想为塑造未来经济学大师的涌现起到一点推动作用,为繁荣中国经济科学做点事。围绕推动中国经济学理论创新开展的一系列公益活动中,有一项是设立"当代经济学奖"和"全国经济学优秀博士论文奖"。"当代经济学创新丛书"是基于后者获奖的论文,经作者本人同意,由当代经济学基金会资助,陆续出版。

经济学博士论文作为年轻时学历教育、研究的成果,会存在这样和那样的不足或疏忽。但是,论文毕竟是作者历经了多少个日日夜夜,熬过了多少次灯光下的困意,时酸时辣,时苦时甜,努力拼搏的成果。仔细阅读这些论文,你会发现,不管是在经济学研究中对新问题的提出,新视角的寻找,还是在结合中国四十多年改革开放实践,对已有经济学理论模型的实证分析以及对经济模型假设条件调整、补充后的分析中,均闪现出对经济理论和分析技术的完善与创新。我相信,对其中有些年轻作者来说,博士论文恰恰是其成为未来经济学大师的基石,其路径依赖有可能就此开始。对繁荣中国经济理论而言,这些创新思考,对其他经济学研究者的研究有重要的启发。

年轻时代精力旺盛,想象丰富,是出灵感、搞科研的大好时光。出版这套丛书,我们由衷地希望在校的经济学硕博生互相激励,刻苦钻研;希望志在经济学前沿研究的已毕业经济学硕博生继续努力,勇攀高峰;希望这套丛书能成为经济科学研究领域里的"铺路石"、参考书;同时希望社会上有更多的有识之士一起来关心和爱护年轻经济学者的成长,在"一个需要理论而且一定能够产生理论的时代,在一个需要思想而且一定能够产生思想的时代",让我们共同努力,为在人类经济思想史上多留下点中国人的声音而奋斗。

夏　斌

当代经济学基金会创始理事长

初写于 2017 年 12 月,修改于 2021 年 4 月

目 录

图表目录

前　言

　　20世纪末,半导体技术的迅速发展导致信息设备的价格降低,信息技术、设备在生产中的广泛运用大大改变了传统的生产方式,这必然会造成不同要素投入的变化。近年来,5G、机器人和人工智能等以信息与通信技术为基础的各项技术和应用的发展,颠覆了传统的生产和生活方式,也深刻影响劳动力要素的配置。因此,信息化的发展,对于经济发展究竟会产生什么样的影响,这一问题值得深入研究。考虑到信息化过程对经济增长的研究较多,我们主要考察已有研究相对较少的领域。从宏观层面和行业层面研究信息化进程对劳动力市场和就业结构的影响;从微观企业层面,研究信息化进程导致企业生产和组织方式的改变,以及由此造成企业对劳动力需求的变化和调整。

　　从劳动力市场的角度,自20世纪中叶开始,在全球范围内,生产中劳动力的投入,无论是在总量上还是在结构上都发生了明显的变化。具体地,一方面,相对于资本投入的增加,劳动力的投入数量呈逐年下降的趋势,同时劳动收入占比也出现相同的变化趋势;另一方面,从劳动力的技能结构来看,高技能劳动力相对于低技能劳动力的投入数量却呈现逐年上升的趋势,并且代表高技能劳动力相对工资的技能溢价也呈现相同的趋势。投入数量和价格呈现相同的变化趋势,意味着劳动力投入这种变化主要是由需求方面驱动的。再者,结合劳动力年龄结构来看,技能和年龄出现了供需错配：低年龄体力劳动力和经验丰富的高技能劳动力稀缺。经初步调研发现，在年龄结构方面有两个特点：一是在低年龄（如36岁以下）劳动力中，主要缺少体力劳动者，但同样是低年龄的大学生并不稀缺；二是年长（45岁以上）劳动力中，资历较深的技术型或管理型劳动力比较稀缺，相反处于中等年龄（36—45岁）的，无论是体力劳动者还是入行资历较浅的脑力劳动者就业相对困难，比如很多单位招聘都要求35周岁以下，但是高级管理人才和技术人才则不受这一限制。

针对劳动力需求变化的已有研究，大都从技术进步的视角，考察技术进步的偏向性对劳动力需求及工资不平等的影响，但关于技术进步偏向性的来源并没有给予充分的解释。此外，劳动力需求变化趋势不仅存在着国家间的差异，而且存在着明显的行业间和企业间差异，而这些重要的特征，大部分文献也缺乏研究。

因此，本书基于信息化的视角，将劳动力需求数量、劳动收入占比、高技能劳动力相对需求、技能溢价以及劳动力的年龄结构纳入统一分析框架，从国家和行业，以及企业层面，就信息化发展造成生产方式的变化，进而影响劳动力需求结构的变化问题进行了详细的论述。本书的理论分析证明，技术进步导致信息资本的价格降低，从而生产过程中信息资本的投入增加，随着信息资本在总资本中所占的比重上升，资本的边际产出也会提高，厂商会增加资本的使用，减少劳动的投入，在其他条件不变的情况下，造成劳动力需求数量的下降和劳动收入占比的下降；同时，由于信息资本与高技能劳动力之间的替代弹性低于其与低技能劳动力之间的替代弹性，信息资本投入的增加同时会造成高技能劳动力的相对需求上升和技能溢价的上升；信息化的这些影响效应还存在着国家间、行业间以及企业间的差异，国家的信息基础设施水平、行业的信息化密度和团队合作程度，以及企业对信息资本的利用效应差异和信息化密度对于劳动力需求结构有着重要的影响。同时，技能与年龄结构的错配有着显著的产业间差异：从制造业来看，劳动力就业矛盾主要体现为技能结构方面，体现为高技能劳动力需求上升，而低技能劳动力需求下降；从服务业来看，劳动力就业的主要矛盾主要体现为年龄结构，服务业比较稀缺的是低年龄的体力劳动者（这就解释了招工难与大学生就业难同时存在的问题）；从整个产业来看，某一领域资深的技术或者管理型人才，都是相对稀缺的；基于产业内来考虑，行业间因生产方式不同也存在较明显的差异。

在此基础上，本书利用国家、行业和时间三个维度的数据进行了国家和行业层面的经验分析，并且使用中国的工业企业数据进行了微观企业层面的经验分析，验证了理论分析的结论。笔者据此提出相应的政策建议，认为我国目前应通过提高信息基础设施水平、促进信息技术产业的竞争程度以加速信息化的进程，这不仅有助于资源的有效配置，而且有利于信息化的健康发展，同时可以缓和我国目前劳动力市场的供需矛盾；特别是认清信息化发展对于劳动力市场影响的趋势，通过教育和培训政策的调整，以及个人理性的职业规划，以适应信息化的过程，避免由于信息化的发展造成就业方面的巨大冲击；另外鉴于研究中发现地区和行业的垄断程度加深都会扩大信息化造成劳动力需求减少的效应，因此，进一步加大市场化的进程，对垄断进行规制，一定程度上可以抵消信息化过程对就业造成的不利影响。

从信息化影响企业生产组织的角度，本书一方面重点考察信息化过程导致企业生产组织方式改变，认为信息技术的运用，提高了企业劳动生产率，从而增加了企业的出口绩效；另一方面考察企业的信息化投资对于其"柔性"的影响，认为信息技术的运用提高了对需求预测的准确程度，并且利用网络外部性拓展了销售渠道，与此同时在设计和生产上也更加灵活，这些都有利于企业提高其产能利用率。这两方面的研究对于相关领域已有文献是一个有益的补充。

第一章 信息化、数字化发展与劳动力市场概况

第一节 全球劳动力市场的深刻变革

二战以后,尤其是自 20 世纪 70 年代以来,在全球范围内经济快速发展的同时,劳动力市场也在经历着深刻的变革。劳动力市场状况主要包括供需两个方面,从供给的方面来看,并没有证据显示出明显一致的变化趋势,然而在需求的方面,无论是在劳动力需求总量上,还是在劳动力的技能结构上,均出现了特点鲜明的变化。具体地,首先,从资本与劳动的投入来看,随着时间的推移,劳动力的投入不断减少,而资本投入则不断增加,经济增长不但没能导致劳动力的需求数量的相对上升,相反却导致劳动力需求数量的相对下降,并且,在收入上,劳动所占的份额(即劳动收入占比)也显著降低(Karabarbounis and Neiman,2014;Harrison,2002);其次,从劳动力的技能结构来看,高技能劳动力的相对就业和相对工资[1]呈现明显的上升趋势,在 20 世纪末到 21 世纪初,这种趋势表现得愈发明显(Xu and Li,2008;Acemoglu,2007;宋冬林等,2010)。

一、全球范围内劳动力需求数量和劳动收入占比的变化趋势

世界银行的数据显示,从 1961 年到 2011 年,除了个别年份(比如 2009 年)以外,世界经济保持了比较稳定的增长,虽然不同年份增长率有所差异,但大致都维持在 3.5% 左右。从 1996 年到 2005 年,世界经济平均增长率约为 3%。但是,劳动力的需求数量却并没有显示出同步的增长率,相反,劳动力需求数量呈现了明显的下降趋势,具体如表 1-1 所示。

---

① 分别使用高、低技能劳动力的就业数量之比和工资收入之比来衡量。

表1-1 制造业平均就业变化趋势 （千人）

年份	1996	1997	1998	1999	2000	2001	2002	2003	2004	2005
比利时	48	47	47	47	47	48	46	45	44	43
加拿大	138	140	141	145	151	148	148	148	148	146
中国	7 716	7 827	7 861	7 650	7 474	7 440	7 122	7 388	8 124	8 887
丹麦	33	33	33	32	32	32	31	29	28	28
西班牙	179	188	196	204	212	216	218	219	221	222
德国	587	578	580	574	579	581	568	554	545	537
意大利	358	356	362	360	358	357	360	362	359	356
日本	963	961	921	895	879	855	812	795	778	773
韩国	338	324	280	288	307	305	303	300	306	302
荷兰	72	73	74	74	74	74	72	70	68	66
瑞典	56	55	57	56	57	57	56	54	52	51
美国	1 330	1 343	1 367	1 348	1 341	1 282	1 187	1 130	1 109	1 102
平均	985	994	993	973	959	950	910	924	982	1 043

数据来源：作者根据 WIOD 数据库（World Input-Output Database）整理所得。

　　表中展示了世界范围内 12 个代表性国家 1996—2005 年制造业行业的平均劳动力就业数量的变化趋势,世界范围内其他国家的情况类似,这里以 12 个国家为代表,这 12 个国家包括了发达国家和发展中国家,并且经济总量在世界经济中所占的比重较大,同时,考虑了不同制度和发展类型的代表;其他年份的情况也类似,这里仅以 1996—2005 年为例进行展示;采用 12 个国家和 10 年的数据还有一个重要的原因在于数据的可得性,因为这一数据是制造业的各行业平均劳动力需求数量,后文还会涉及不同技能劳动力的相对工资,在相同统计口径内并且涵盖这些要素的数据数量比较有限,主要也就是这些国家和年份。

　　从表中可以看出,首先,12 个国家的平均值显示劳动力需求数量呈现了下降的趋势,在 10 年中除了 2004 年和 2005 年以外,从 1996 年到 2002 年劳动力就业数量逐年下降;其次,除少数国家,如加拿大和西班牙的劳动力就业数量出现小幅上升外,其他国家大多数出现了轻微的下降。

　　因此,表 1-1 向我们直观地展示了世界范围内主要国家在 10 年中制造业的平均就业变化情况。总体而言,1996—2005 年的 10 年中,劳动力就业出现了小幅下降的趋势。鉴于影响劳动力就业变化的最主要因素就是总产出,因为当经济处于繁荣时期,需求上升,产出增长,就业自然就会增加,反之则会下降。因而为了消除产出的影响,我们进一步将产出效应剔除,通过单位产出(工业增加值)衡量就业数量变化,用以观察劳动力需求的变化,具体结果如表 1 - 2 所示。

表 1 - 2　制造业单位产出就业变化趋势　　　(人/百万美元)

年份	1996	1997	1998	1999	2000	2001	2002	2003	2004	2005
比利时	14	15	15	15	17	17	16	13	11	11
加拿大	19	18	19	17	16	17	17	16	14	13
中国	356	325	316	295	261	237	209	187	182	166
丹麦	18	19	18	18	20	20	18	15	13	12
西班牙	23	26	26	27	30	30	28	23	20	19
德国	17	18	18	19	21	21	19	16	14	13
意大利	19	22	22	22	24	24	23	20	17	17
日本	13	14	15	14	13	15	15	13	12	12
韩国	35	36	45	35	32	36	31	28	24	20
荷兰	16	18	18	18	19	20	18	14	12	11
瑞典	15	16	16	16	17	19	17	14	11	11
美国	16	15	14	14	13	13	12	11	10	10
平均	47	45	45	42	40	39	35	31	28	26

数据来源:作者根据 WIOD 数据库整理所得。

表 1 - 2 剔除了产出效应,从表中可以看出,平均而言,单位产出的劳动力就业数量呈现明显的下降趋势;针对具体的国家分析,中国、韩国、美国和加拿大的下降趋势非常明显,其他的以欧盟国家为代表在 2000 年之前基本保持相对稳定,在 2000 年有所上升,在 2001 年以后也出现了明显的下降趋势。因此,在将产出效应考虑在内以后的分析结果表明,制造业对于劳动力的需求数量出现了下降的趋势,尤其是在 2000 年以后,这种趋势愈发明显。

不过以上的分析只能说明,在产出不变的条件下,劳动力的均衡就业数量出现了明显下降的趋势,并不能说明导致劳动力就业数量下降的原因是存在于需求方面抑或是在供给方面。因为均衡就业数量是由需求和供给两个方面共同决定的。不过如果劳动力均衡就业数量下降是由于劳动力的供给数量减少导致的,那么劳动力的工资必然会上升,因为如果除劳动力的供给之外,其他影响劳动力需求方面的因素如其他要素的价格、技术以及制度环境等等均没有发生变化,厂商如果减少劳动力的雇佣而更多使用资本进行生产,必然是因为劳动力供给减少导致工资上升造成的。为此,我们有必要考察劳动力工资的变化情况,用以考察劳动力供给因素究竟是否为导致劳动力需求数量下降的一个原因。相对于资本,劳动的报酬通常是用劳动收入占比来衡量,我们将这些国家对应年份的劳动收入占比详细展示在表1-3中,通过观察劳动收入占比的变化确定劳动力供给的影响。

表 1-3　制造业劳动收入占比变化趋势　　　　（%）

	1996	1997	1998	1999	2000	2001	2002	2003	2004	2005
比利时	67.69	65.24	64.67	65.85	63.47	65.97	66.27	66.54	64.03	62.87
加拿大	59.67	58.02	57.83	55.07	53.11	54.96	56.65	58.64	59.00	60.73
中国	41.69	41.69	41.33	40.98	40.62	40.26	39.90	38.63	37.37	36.10
丹麦	71.62	69.45	69.65	69.89	67.06	73.90	71.81	74.32	88.15	75.04
西班牙	60.90	61.55	60.62	60.56	59.37	59.99	60.32	60.88	60.23	60.24
德国	73.85	71.40	70.00	72.32	69.51	69.11	68.99	68.25	65.22	64.14
意大利	53.56	53.87	52.28	53.45	52.04	51.94	53.27	54.95	54.85	55.62
日本	52.46	53.59	53.84	54.42	53.66	56.24	56.80	54.57	52.94	52.42
韩国	58.45	54.81	49.21	47.90	49.34	50.73	52.00	53.57	54.49	56.56
荷兰	63.98	63.96	61.68	62.91	60.49	62.10	65.16	63.68	62.84	60.09
瑞典	69.41	66.34	65.17	64.17	63.78	69.18	68.04	66.12	64.98	63.53
美国	60.70	59.91	59.26	61.16	60.71	61.48	62.39	63.41	59.59	59.53
平均	61.17	59.99	58.80	59.06	57.76	59.66	60.13	60.30	60.31	58.91

数据来源:作者根据 WIOD 数据库整理所得。

表1-3显示,除个别国家(如丹麦)外,其他国家的劳动收入占比总体呈下降趋势;不同国家有较为显著的差异,其中中国和德国下降得最为明显,欧盟除德国之外,其他国家如比利时、西班牙和意大利等基本保持稳定,美国与欧盟的情况比较接近。因此,劳动收入占比并没有发生上升的现象,相反却出现了小幅下降的趋势。

总结以上的分析结果:首先,在20世纪末21世纪初,制造业的劳动力需求数量在全球范围内出现了下降的趋势,并且不同的国家下降幅度有明显的差异;其次,劳动力需求数量的下降并不是由产出降低导致,因为单位产出的劳动力需求数量也呈下降趋势;最后,在劳动力需求数量下降的同时,代表劳动力报酬份额的劳动收入占比也呈小幅下降的趋势,说明劳动力需求的变化并不是由供给因素造成的,因为如果是供给数量减少,劳动力工资上升导致厂商使用资本代替劳动的话,劳动收入份额不会下降。这一现象说明在世界范围内,制造业在要素的投入上,资本投入增加①而劳动的投入在下降,制造业的平均就业吸纳能力在下降,并且这种下降不能由产出和劳动力供给因素给出解释。

二、全球范围内高技能劳动力相对需求的变化趋势

在本节第一部分中我们讨论了全球范围内生产中劳动与资本投入的变化趋势,结果显示随着时间推移劳动力的需求呈现下降的趋势,在这一部分没有考虑劳动力的异质性,将不同类型的劳动力作为一个整体来看待。

但是我们进一步发现,劳动力的异质性特征是影响劳动力需求的一个重要因素。劳动力的异质性可以反映在多个方面,如年龄差异、性别差异以及技能水平差异等等。其中,对于需求影响较大的主要在于技能水平差异,主要因为劳动力的技能水平直接影响其生产效率,劳动力的需求针对不同技能劳动力呈现较大的变化差异。这里我们根据劳动力的技能水平将劳动力分为高、低两类,用高技能劳动力与低技能劳动力就业之比来衡量高技能劳动力相对就业,

---

① 资本的投入与劳动投入的情况正好相反,为节约篇幅未在本书中列出。

用高技能劳动力与低技能劳动力的工资之比来衡量高技能劳动力的相对工资
(亦即技能溢价,Skill Premium),相对就业体现的是对高技能劳动力的相对需
求数量,或者说是均衡就业数量,而相对工资则体现了均衡的相对工资水平。
针对世界范围内不同技能劳动力的需求变化趋势,与本节第一部分相同,我们
采用 12 个代表性国家 1996—2005 年的数据观察高技能劳动力的相对需求。
首先在表 1-4 中展示了高技能劳动力相对就业的变化情况。

表 1-4　制造业高技能劳动力相对就业变化趋势

年份	1996	1997	1998	1999	2000	2001	2002	2003	2004	2005
比利时	0.21	0.22	0.23	0.23	0.25	0.27	0.28	0.30	0.32	0.33
加拿大	2.75	2.96	3.22	10.23	4.17	4.34	5.44	7.32	5.91	5.83
中国	0.04	0.04	0.04	0.05	0.05	0.06	0.06	0.06	0.07	0.08
丹麦	0.11	0.11	0.13	0.14	0.13	0.15	0.15	0.19	0.20	0.22
西班牙	0.15	0.16	0.18	0.18	0.20	0.21	0.23	0.25	0.26	0.29
德国	0.24	0.24	0.27	0.25	0.24	0.25	0.27	0.30	0.32	0.30
意大利	3.81	4.25	4.71	5.27	5.92	6.57	7.34	8.08	9.14	10.28
日本	0.98	1.06	1.21	1.36	1.43	1.67	1.85	1.94	1.99	2.07
韩国	0.89	1.04	1.37	1.36	1.33	1.58	2.12	2.18	2.46	3.19
荷兰	0.34	0.42	0.44	0.41	0.37	0.38	0.47	0.72	0.89	1.00
瑞典	0.27	0.29	0.31	0.34	0.44	0.48	0.53	0.56	0.61	0.69
美国	1.79	1.80	1.93	1.91	2.04	2.13	2.29	2.17	2.55	2.65
平均	0.96	1.05	1.17	1.81	1.38	1.51	1.75	2.01	2.06	2.24

　　注:考虑到如果根据劳动力技能只划分为两类进行衡量相对武断,并且不同的界定有可
能产生差异性的结果,因为如果只划分为两类,则技能划分中不是高技能的劳动力就是低技
能劳动力,两者的相对值会随着分界值的不同产生较大的变化,因此根据劳动力的受教育水
平分为高、中、低三类则可以较好地规避这一问题,分类标准是将国际教育标准分类(ISCED)
1997 年所分的 6 个等级进一步划分为三类。
　　数据来源:作者根据 WIOD 数据库整理所得。

　　表 1-4 显示,从 1996—2005 年的 10 年当中,高技能劳动力的相对就业出
现明显的上升趋势,12 个国家的平均值显示高技能劳动力的相对就业从 1996
年的 0.96 上升到 2005 年的 2.24,上升了约 133%。各个国家的上升比例有所

差异,比如同处欧盟,荷兰和意大利上升较多,而德国上升幅度较小。但是总体上,各国都呈现了上升的趋势。这表明全球的一些主要国家高技能劳动力的相对就业呈现逐年提高的趋势。

与本节第一部分中的逻辑相同,单从就业量无法判断需求的变化,因为就业量体现的是均衡的数量,就业量的上升有可能是供给增加的结果,如果是由于供给增加导致就业的上升,那么均衡工资必然会下降,但是如果工资不变或者也呈现上升的趋势,那就表明就业量增加是由需求驱动的,为此,我们进一步考察高技能劳动力相对工资的变化。对应于表1-4,高技能劳动力的相对工资变化趋势如表1-5所示。

表1-5　制造业高技能劳动力相对工资变化趋势

年份	1996	1997	1998	1999	2000	2001	2002	2003	2004	2005
比利时	2.09	2.08	2.08	2.10	2.09	2.04	2.00	2.01	2.14	2.24
加拿大	1.47	1.58	1.54	1.56	1.56	1.51	1.58	1.67	1.68	1.62
中国	1.40	1.41	1.42	1.44	1.45	1.46	1.48	1.50	1.54	1.57
丹麦	1.88	1.86	1.86	1.85	1.86	1.88	1.88	1.92	1.85	1.84
西班牙	1.97	1.97	1.94	1.91	1.88	1.89	1.90	1.90	1.93	1.96
德国	2.57	2.58	2.50	2.50	2.58	2.55	2.56	2.56	2.56	2.57
意大利	1.77	1.82	1.88	1.95	2.02	2.10	2.20	2.34	2.43	2.52
日本	1.40	1.39	1.39	1.35	1.35	1.34	1.36	1.34	1.34	1.34
韩国	1.64	1.64	1.61	1.60	1.64	1.73	1.70	1.69	1.72	1.72
荷兰	2.49	2.47	2.41	2.53	2.57	2.52	2.59	2.61	2.61	2.58
瑞典	1.80	1.73	1.72	1.75	1.66	1.65	1.64	1.34	1.55	1.52
美国	2.34	2.26	2.37	2.43	2.52	2.64	2.56	2.50	2.67	2.75
平均	1.90	1.90	1.89	1.91	1.93	1.94	1.95	1.95	2.00	2.02

注:不同技能劳动力的区分方法同表1-4,下同。
数据来源:作者根据WIOD数据库整理所得。

表1-5显示,高技能劳动力的相对工资同样呈现上升趋势,平均来看上升幅度并不大,从1996年的1.9到2005年的2.02,10年的时间上升了6%左右。但是国与国之间同样显示出较大的差异。同样,德国和日本基本保持稳定,而

意大利和美国的上升幅度相对较大。这说明高技能劳动力相对需求的确呈现上升的趋势,这种趋势存在着国家间的差异,并且不是由于供给变化所导致的。

总结本小节的分析结果:在全球范围内,制造业的高技能劳动力相对需求数量在全球范围内出现了上升的趋势,与此同时,高技能劳动力的相对工资也呈现了上升的趋势,说明高技能劳动力相对需求的变化同样不是由供给因素造成的。这一现象说明,在世界范围内,制造业在劳动力投入的技能结构上,高技能劳动力的相对投入增加,而低技能劳动力的相对需求在下降,并且这种现象同样不能由劳动力供给结构变化予以解释。同时注意到高技能劳动力相对需求数量和相对工资的变化在不同的国家间有着较大的差异。

三、劳动力需求变化的行业间差异

以上分析了全球范围内劳动力投入数量以及高技能劳动力与低技能劳动力的投入结构变化趋势,并且对比了不同国家的变化差异。实际上,劳动力需求结构的这一变化趋势在不同的行业仍然有一定的差异,具体到行业,有的行业变化幅度小,而有的则比较大。因此,接下来我们进一步考察劳动力需求变化在同一国内的行业间差异。

首先分析劳动力需求数量减少的现象在行业间的分布情况,采用 12 个国家的行业平均值,从总体上考察行业间差异的影响。由于行业较多,我们选取差异比较大的食品、饮料制造业和电子、通信制造业,具体如图 1-1 所示。

从图 1-1 可以看出,单位产出对于劳动力的需求数量在两个行业都经历了下降的趋势,并且确实存在较大的行业间差异。从下降速度来看,以电子计算机和通信设备制造业为代表的高新技术行业下降较快,而食品、饮料制造业,石油加工以及传统的木材和木制品业则下降较慢。

在考察了劳动相对于资本投入变化的行业间差异后,进一步分析高技能劳动力相对需求的行业间差异。对于不同的行业,高技能劳动力的相对需求有较大的差异,在这一部分分析我们仅使用变化差异性比较大的两个行业作为代表来进行展示。图 1-2 和 1-3 以木材加工和木制品业与电子、通信设备制造业

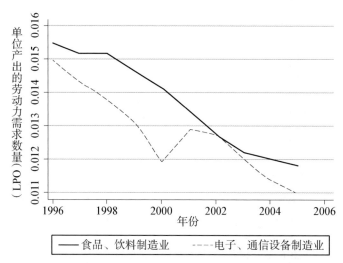

图 1 - 1　不同行业单位产出劳动力需求量变化趋势
数据来源：WIOD 数据库。

为代表,使用 12 个国家的平均数据考察了 1996—2005 年不同劳动力需求结构的变化情况,图中横轴表示时间,图 1 - 2 纵轴表示相对就业比,图 1 - 3 纵轴表示相对工资比。

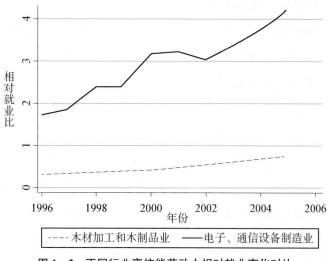

图 1 - 2　不同行业高技能劳动力相对就业变化对比

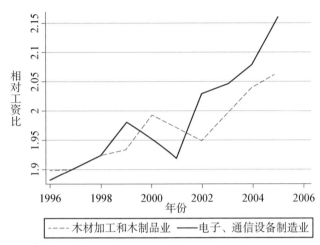

图1-3　不同行业高技能劳动力相对工资变化对比

注：图1-2和1-3中高技能劳动力的相对就业比是指高、低技能劳动力的就业数量之比，相对工资比是指高、低技能劳动力的工资之比；劳动力的技能分类引自 WIOD 数据库。

数据来源：WIOD 数据库。

从图中我们可以发现：首先，高技能劳动力的相对需求虽然一直呈上升趋势，但是其上升幅度在不同行业有着显著差异——电子、通信设备制造业的上升幅度大于木材加工和木制品业。

以上分析说明，无论是劳动力的需求数量，还是高技能劳动力的相对需求，虽然不同行业的总体发展趋势相同，但是变化幅度存在着明显的行业间差异。

四、企业层面的现状分析：以中国为例

从企业的角度来观察，2014 年，有关美国思科系统公司和中国海尔公司裁员的新闻登上了众多媒体的头条。无独有偶，近些年很多大型企业，如微软、惠普、宝洁、联想、三一重工以及富士康等，也都有裁员的相关报道[①]。随着金融危机和欧债危机的爆发，人们很自然地将这一现象归咎于外部需求的不景气。但通过更为深入的观察则不难发现，中国企业用工需求的下降并非最近发生的

————————————

① 具体请参见人民网、新浪财经、新华网、搜狐网、《中国经济周刊》和《第一财经日报》等。

事,将其归咎于金融危机不仅会使我们忽略企业就业吸纳下降这一重要的现实,而且不利于实现"保增长、促就业"的政策目标。

图1-4显示了1998—2007年全部国有以及规模以上非国有企业的平均雇佣人数变化情况。在10年的时间中,企业的平均雇佣人数从357人骤降至220人。与此同时,雇员人数超过500的企业占样本的比率从1998年的17.89%下降到了8.25%。然而,在该时期,不论是从资产还是产值来看,企业的规模在不断扩大。1998年企业的平均产值和平均资产分别为4323.85万元和6126.37万元,而到了2007年,二者分别达到了11367.29万元和8576.48万元,分别增长了162.9%和40%。尤其值得注意的是,与小企业相比,大企业平均雇佣人数下降的趋势尤为明显,图1-5展示了不同规模企业劳动力需求数量变化的对比情况,根据所有企业总资产的中值将企业分为两类,中值以上的为大企业,以下的为小企业,两类企业的平均劳动力雇佣分别表示为 meanli 和 meansi,显然,meanli 随着时间变化下降得要更快。

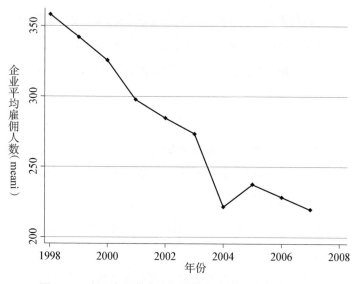

图1-4 企业雇佣劳动力数量变化趋势(总体)

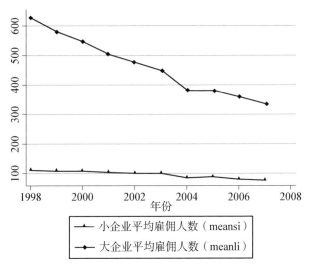

图 1-5　企业雇佣劳动力数量变化趋势(不同规模对比)
注：根据所有企业总资产中值将企业分为两类,中值以上为大企业,以下为小企业。
数据来源：1998—2007 中国工业企业数据库。

对于高技能劳动力的相对需求,由于缺少时间序列的数据,我们无法从趋势上予以展示,但是,不同企业对高技能劳动力的相对需求仍然有很大的差异,说明企业的异质性对高技能劳动力相对需求的影响同样非常重要,具体如图 1-6 所示。

图 1-6 是中国电子元件及组件制造业中规模以上企业高技能劳动力相对需求的核密度估计图。高技能劳动力相对就业 lncollege 采用大专以上劳动力占劳动力总数的比值取对数处理,由于工业企业数据只有 2004 年的相关数据,因此只能从截面上观察不同企业对高技能劳动力相对需求的分布情况。从图中可以看出,lncollege 在行业内不同的企业之间同样具有较大的分散度,体现出一定的异质性。

通过企业层面的数据分析表明,不同企业之间,无论是对于劳动力总体的投入数量,还是高技能劳动力的相对需求,都存在着较大的差异,因此,企业层

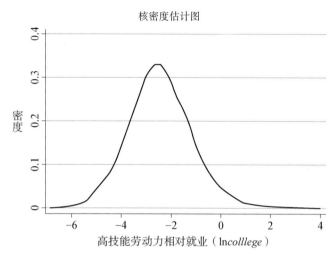

核密度估计图

高技能劳动力相对就业（lncolllege）

kemel=epanechnikov.bandwidth=0.2243

图 1‑6 高技能劳动力相对就业在企业间分布情况
数据来源：中国工业企业数据库 2004 年的数据。

面异质性对劳动力需求结构影响有必要进行综合考察。

第二节 信息化进程与资本投入结构

信息和通信技术（Information and Communication Technology，ICT，以下简称"信息技术"）是人类社会 20 世纪下半叶，尤其是 20 世纪 90 年代以来最具影响力的技术。关于信息化的定义有很多，基本逻辑比较一致，是指信息技术发展使得与此相关的技术和设备在生产中扩散，由此造成生产和生活方式彻底改变的过程。林毅夫和董先安（2003）在总结已有研究基础上对信息化进行了界定，将"建立在信息技术产业发展与信息技术在社会经济各部门扩散的基础之上，运用信息技术改造传统的经济、社会结构的过程"称为信息化。根据这一定义，最近十几年间自动化（Automation）以及人工智能（Artificial Intelligence，AI）都属于信息化的范畴。

从 20 世纪末开始,生产中资本的投入也发生了变化,特别是在结构上,发生了非常明显的变化。具体地,信息技术在生产中应用越来越广泛,诸如计算机辅助设计(Computer Aided Design,CAD)、计算机辅助制造(Computer Aided Manufacturing,CAM)和柔性制造系统(Flexible Manufacture System,FMS)等信息技术和设备的应用快速上升,信息资本在总资本中所占的比重快速上升。我们将资本区分为信息资本和普通资本,以信息资本占总资本的比重来考察资本投入结构的变化(表 1-6)。

表 1-6　信息资本相对投入变化趋势　　　　　(%)

年份	1996	1997	1998	1999	2000	2001	2002	2003	2004	2005
比利时	16.2	17.7	19.5	21.7	23.8	25.5	26.9	27.8	29.8	—
加拿大	5.7	6.5	7.9	9.8	10.4	11.5	12.1	13.3	14.5	16.2
中国	8.4	9.1	10.8	12.2	11.7	11.7	10.9	10.4	12.0	13.2
丹麦	5.6	6.8	8.0	9.9	10.8	11.7	13.7	14.1	14.4	14.9
西班牙	4.3	4.7	5.3	5.8	6.4	7.0	7.4	7.7	7.8	8.0
德国	4.2	4.4	4.7	5.1	5.5	5.9	6.2	6.4	6.5	6.8
意大利	3.1	3.4	3.8	4.3	5.0	5.5	5.6	5.6	5.8	6.2
日本	2.7	2.8	3.0	3.0	3.1	3.1	3.3	3.5	3.9	4.1
韩国	2.7	3.0	3.0	3.3	3.8	4.0	4.2	4.1	4.1	4.3
荷兰	4.7	5.1	6.4	7.6	8.4	9.3	9.8	10.2	10.7	11.2
瑞典	7.6	7.8	8.3	8.8	9.3	9.5	9.2	9.3	9.7	10.1
美国	6.3	7.3	8.6	9.9	10.9	11.7	12.8	13.4	14.1	15.1
平均	6.0	6.6	7.4	8.4	9.1	9.7	10.2	10.5	11.1	10.0

注:信息资本的相对投入是指资本中用于信息技术和设备的比重,具体的界定参照WIOD 数据库。

数据来源:作者根据 WIOD 数据库整理所得。

从上表可以看出,在世界范围内,平均而言信息资本的相对投入在 10 年间增长了约 68%,在这 12 个代表性国家中,以美国为代表的信息化过程发展较快的国家,如日本、韩国、丹麦、意大利、加拿大和美国等增长得非常快,10 年中增长都超过 100%,反观中国,增长不到 60%,与发达国家还有着较大的差距。但是在总体上,世界范围内"资本的逐渐信息化"的确是大势所趋,由此也主导了生产技术的方向。

阿尔克等(Ark et al.,2003a)根据行业生产和使用信息技术的特征,将行业分为信息技术生产行业、信息技术使用行业以及无信息技术行业,统计了欧盟和美国不同行业劳动生产率的增长,以及在 GDP 中的比重,具体如表 1-7 所示。

表 1-7   不同行业劳动生产率增长、贡献率和在 GDP 中所占比重   (%)

	生产率增长				生产率贡献		GDP 中所占比重	
	1990—1995 年		1995—2000 年		1995—2000 年		2000 年	
	欧盟	美国	欧盟	美国	欧盟	美国	欧盟	美国
经济总体	1.90	1.10	1.40	2.50	1.40	2.49	100.00	100.00
ICT 生产部门	6.70	8.10	8.70	10.10	0.60	0.99	5.90	7.30
ICT 生产制造业	11.10	15.10	13.80	23.70	0.25	0.73	1.60	2.60
ICT 生产服务业	4.40	3.10	6.50	1.80	0.35	0.26	4.30	4.70
ICT 使用部门	1.70	1.50	1.60	4.70	0.42	1.22	27.00	30.60
ICT 使用制造业	3.10	−0.30	2.10	1.20	0.01	−0.08	5.90	4.30
ICT 使用服务业	1.10	1.90	1.40	5.40	0.41	1.30	21.10	26.30
无 ICT 部门	1.60	0.20	0.70	0.50	0.38	0.28	67.10	62.10
无 ICT 制造业	3.80	3.00	1.50	1.40	0.04	−0.05	11.90	9.30
无 ICT 服务业	0.60	−0.40	0.20	0.40	0.38	0.23	44.70	43.00
其他无 ICT 业	2.70	0.70	1.90	0.60	−0.03	0.10	10.50	9.80

数据来源:阿尔克等(Ark et al.,2003a)。

从表中可以看出,从 1990 年到 2000 年,无论是在欧盟还是美国,信息技术生产部门的劳动生产率增长速度均远远高于其他部门,美国表现得更为明显。并且,美国信息技术使用部门的劳动生产率也呈现明显上升的趋势,欧盟则出现了轻微的下降,主要是在信息化使用制造业方面。不过欧盟的无信息技术部门的劳动生产率则显示了明显的下降趋势,美国的无信息技术部门劳动生产率本来就很低,随时间推移有所上升,但是总体仍然很低,可以忽略。从对劳动生产率的贡献来看,信息技术生产部门和使用部门基本支撑了总体劳动生产率的增长,无信息技术部门的贡献几乎可以忽略。总体而言,在1990—2000年间,信息技术生产部门虽然在GDP中所占的比重有限,但是贡献了劳动生产率增长的很大部分,同时,随着时间的推移,信息技术使用部门的作用越来越明显。

在增长方面,信息技术的贡献同样显著。乔根森(Jorgenson)的一系列研究证实信息技术的发展主导了21世纪初美国的经济增长,尤其是在1995—2000年期间,虽然在2000—2007年信息技术的增长速度有所放缓,但是其对美国经济的增长贡献仍然是举足轻重。

中国的情况类似,信息产业也实现了飞速发展。根据中国工业和信息化部的统计[1],2014年,中国规模以上电子信息产业企业个数超过5万家,其中电子信息制造业企业1.87万家,软件和信息技术服务业企业3.8万家。全年销售收入总规模达到14万亿元,同比增长13%,而在2002年,这一数据只有1.4万亿元。代表信息技术普及率的互联网用户的增长速度更是惊人:根据中国互联网中心发布的《第一次中国互联网络发展状况调查统计报告》,1997年10月全国的上网用户只有区区的62万,上网计算机也只有29.9万台;然而2015年发布的《第35次中国互联网络发展状况统计报告》显示,到2014年12月,中国网民已经达到6.49亿之多,其中5.57亿用户来自移动端,占比达86%。信息技术的发展对中国经济增长同样有着重要作用,根据徐升化和毛小兵(2004)的研究,1989—2001年间,代表信息技术生产能力的"信息丰裕系数"的对数每增长一个百分点,会引发GDP对数增长0.2527个单位。

由此可见,信息化的过程已经渗透到人类经济和社会生活的各个领域,促进了经济和社会发展,提高了人们的生活品质。21世纪初,八国集团在日本冲绳发表的《全球信息社会冲绳宪章》中认为:"信息通信技术是21世纪社会发展

---

[1] 详见《工信部发布最新2014年电子信息产业统计公报》,http://www.miit.gov.cn/n11293472/n11295057/n11298508/16471064.html。

的最强有力动力之一,并将迅速成为世界经济增长的重要动力。"

信息化在中国新型工业化道路中同样发挥着重要作用,党的十六大、十七大提出的以信息化带动工业化,以工业化促进信息化,推进信息化与工业化融合的国家战略,十八大也强调了信息化与工业化融合的战略地位。

信息化是一次技术变革,比较彻底地改变传统的生产和生活方式。同时,生活方式的改变导致了需求方式的变化,进而又影响到生产方式。所以总体而言,由信息化导致生产方式的变化是一个彻底、持续和不断发展的过程,在此过程中,会造成一系列的影响,尤其是对劳动力数量和技能的需求产生了较大的变化。因此,我们有必要就信息技术扩散改变传统的生产方式,进而造成劳动力需求结构影响进行深入、系统的研究,把握信息化的进程对于就业的影响效应以及发展趋势,在此基础上提出因势利导的政策建议,不仅有助于资源的有效配置,而且有利于信息化的发展。特别地,我国与发达国家存在着巨大的"数字鸿沟",表现在企业的信息化程度低——1.5万家国有大中型企业仅有10%基本实现了信息化、信息基础设施和技术装备的人均占有量低,以及信息资源开发和利用的水平较差(胡鞍钢和周绍杰,2002),工业化与信息化的融合质量整体上未达到最优的目标,融合对中国可持续发展的贡献不明显(谢康等,2012)。要缩小这一差距,顺应信息化的过程,大力发展信息技术是必然的趋势,在此过程中,准确把握信息化的多方面影响,以期在发展信息化过程中实现趋利避害的效果,显得尤为重要。

第三节　信息化与劳动力市场的联系

一、就业问题有必要基于信息化的视角展开深入研究

通过以上的分析,我们至少可以发现,从20世纪末开始,在世界范围内劳动力的需求无论是在数量上还是在结构上均发生了较大的变化,具体如下:首先,从总体上,在资本投入增加的同时,劳动力的投入数量却呈逐渐下降的趋

势,劳动收入占比的同时下降表明劳动力投入下降主要是需求方面的原因;其次,从劳动力的技能结构来看,高技能劳动力的相对就业和相对工资同时上升说明生产中对于高技能劳动力的相对需求呈上升趋势;再次,无论是劳动与资本的需求变化,还是高技能劳动力相对需求的变化,虽然总体趋势比较一致,但在水平效应和趋势效应上,不仅在国与国之间有着较大的差异,而且在行业间也存在比较大的差异;最后,通过对中国企业层面的考察显示,企业的异质性是影响劳动力需求结构的重要因素,即使是在行业内,不同的企业对于劳动力的相对投入以及高技能劳动力的相对需求也有着较大的差异。与此同时,在资本投入结构中,信息资本所占的比重出现了持续上升的现象。那么,劳动力投入数量不断降低,以及高技能劳动力投入不断上升的现象是否与资本投入结构的这种变化有着特定的内在联系? 这正是亟待解决的问题。为了回答这一问题,有必要就信息化对于劳动力需求的影响进行深入研究。

众所周知,宏观经济的四大目标是经济增长、充分就业、物价稳定与国内外收支平衡。其中就业问题历来是政府关注的焦点,也是与人们生活息息相关的重要问题,从宏观的角度,充分就业不但是经济稳定增长的前提,而且还涉及社会稳定问题;从微观个体的角度,就业不单是人们赖以生存的前提,而且关乎到个人的自尊和信心,对于个人的成长和发展有着重要的影响。

从我国的情况来看,政府也历来关注就业问题,比如在 2008 年,针对金融危机的冲击,中央经济工作会议提出了首要的目标是"保就业"。"保增长、促就业"也是当前我国政府工作的重要目标,2014 年 4 月,国务院总理李克强在题为《共同开创亚洲发展新未来》的演讲中着重提出,对于当年的经济增长,无论经济增速是比 7.5% 高一点还是低一点,只要能够保证比较充分的就业,不出现较大的波动,都属于在合理的区间。由此可见政府对于就业的关注和重视。

然而,回顾过去 40 多年的经济发展历程,高速增长并没有带来就业的显著增加。相反地,城市化滞后于工业化、劳动收入占比持续走低的现象依然严重(陆铭等,2008;陆铭、欧海军,2011)。同时,不同行业之间的工资差距和就业情况差别很大,尤其是高技能劳动力,由于高技能劳动力很难跨行业流动,造成高技能劳动力的供给和需求大多局限于行业内,供给与需求的失衡容易形成长期的、结构性的失业。这也印证了我们之前的相关分析。

因此,针对就业这一重要问题,无论从政府,还是从企业,再到个人,都必须要认识到,从20世纪末,随着经济的快速发展,劳动力需求出现了较为明显的新变化,只有正视这种变化,找出产生的原因以及作用机制,在此基础上,才有望进行针对性的应对:对于政府,可以据此采用合理的政策措施,以期调节劳动力市场的供需矛盾,降低收入差距;对于企业,可以理性、有效地进行劳动力雇佣;而对于个人,则可以更理性地选择自己的职业生涯,以及进行相应的就业规划。

二、信息化进程对劳动力需求的总体影响

信息技术的发展使得信息化设备的价格大幅度降低,厂商或企业会增加信息化的投入,人工智能、机械手臂和自动控制系统等的使用很大程度上替代了传统生产中简单、重复和繁重的体力劳动,并且使得生产、设计和管理也更为高效。由此造成了在生产过程中劳动力投入的变化,厂商对于劳动力的需求发生了改变。首先,半导体技术的发展使得与信息与通信技术相关的资本(以下简称"信息资本")价格降低(Jorgenson,2001),信息资本的价格下降使得生产中资本的投入结构发生变化,信息资本所占的比重上升,参照林毅夫和董先安(2003)关于信息化的定义,我们将这一过程定义为资本信息化。

资本信息化造成资本的边际产出增加,导致企业在生产中会使用更多的资本和更少的劳动,使得劳动力的需求减少;其次,以信息技术为代表的新技术(体现在投入中就是信息资本)更偏向于高技能劳动力,在高、低技能劳动力的抉择中企业会使用相对更多的高技能劳动力,造成高技能劳动力的相对需求上升,低技能劳动力需求下降。

这两个方面造成的结果是,在劳动力供给不发生变化的前提下,劳动力需求减少,导致劳动收入占比下降;高技能劳动力相对低技能劳动力的需求上升,

会造成技能溢价上升。因此在收入分配格局中,劳动收入减少,并且在劳动者内部,低技能劳动力的相对收入减少,加大了收入的不平等程度。

三、信息化对国家和行业层面的影响

信息化的发展造成生产中信息资本投入增加的资本信息化过程,导致资本的边际产出增加,由此造成资本的相对投入增加,劳动的相对投入减少,在劳动力供给不变、产品市场和要素市场完全的条件下,劳动收入占比会随之下降。因此,从行业间差异来看,那些使用更多信息技术、设备的行业,如通信设备和电子计算机制造业,由信息化投入造成劳动相对投入减少的效应就会更大;进一步考虑国家间的差异,众所周知,不同国家的信息化发展水平,尤其是信息基础设施的水平有很大的差异,已有研究指出信息资本的利用效率很大程度上受到当地信息基础水平的影响(Melville et al.,2004;Billón-Currás,2005),在其他条件相同的情况下,信息基础设施水平更为完善的国家,对于信息资本的利用效率更高,因此,必然会使用更多的资本替代劳动,由信息化造成劳动力需求数量减少的效应就会更大。

以上从国家和行业层面阐述了资本信息化对劳动力相对需求的差异性影响;资本信息化对于高技能劳动力相对需求的影响同样可以套用这一逻辑,当行业的信息化投入更多,对于高技能劳动力的相对需求也会更多,而国家的信息化基础设施水平对这一效应也会产生同向的影响。

资本与劳动之间的替代问题,已有研究已经进行了比较透彻的分析,但是资本、高技能劳动力、低技能劳动力之间的相互替代问题却没有统一的看法。已有研究大多肯定了资本偏向于高技能劳动力,但是为什么偏向于高技能劳动力,高技能劳动力与低技能劳动力在生产中具体的关系如何?技术进步是通过什么渠道进行影响的?这些问题并没有明确和一致的看法。

有鉴于此,针对信息化对不同技能劳动力相对需求的影响,本书借鉴博根和威尔(Borghans and Weel,2006)有关信息技术节约劳动力协调时间的思想,考察了由此造成不同技能劳动力劳动生产率的差异,并以生产中劳动力之间的团队合作紧密程度作为行业特征,试图对信息技术发展与不同行业、不同国家的劳动力需求变化关系问题进行初步探讨。我们认为,首先从总体上,信息技术使用越多,亦即信息化密度的提高会造成劳动力的需求结构中高技能劳动力比重增加,这是因为信息技术使得信息交换更便利,降低了劳动力之间的交流成本,节约的交流时间可以用于生产,在高、低技能劳动力节约同样时间的条件下,高技能劳动力的劳动生产率更高,厂商会增加高技能劳动力的相对需求。其次,这种效应对于不同的行业又有着较大的差异,根据生产过程劳动力之间的团队合作程度,我们把行业分为两类:一类对于团队合作生产的要求较高,主要体现在生产过程中需要承担不同任务的劳动力之间较多的沟通和协调,如电子、通信制造业或者化工行业;另一类则对于劳动力的团队合作要求较低,主要体现在劳动力完成任务的独立程度较高,生产中承担不同任务的劳动力之间交流和沟通相对较少,如服装制造业或者木材加工和制造业。由于团队合作程度高的行业劳动力之间的协调更为频繁,很显然信息技术降低协调成本进而影响劳动力需求结构的效应对于这类行业的影响就更大。再次,信息化密度的影响效应要受到国家技术水平限制,相同的信息化密度在技术水平高的国家可以得到更充分的利用,从而扩大了信息技术对于劳动力需求结构的影响效果。

四、信息化对微观企业层面的具体影响

由于对劳动力的影响主要是信息资本的投入,因此,企业的信息化投入密集度是主要的影响因素,现在的问题就在于,不同企业为什么在信息化的投入上有区别? 我们认为,不同的潜在厂商企业家与信息化相关的综合能力差异决定了信息利用效率,因为企业组织(Brynjolfsson and Hitt, 2000; Brynjolfsson et al., 2002; Liang et al., 2010)和劳动力的组织和培训(Boothby et al., 2010)等都会影响信息资本投入的效率,而这些与管理者的能力密切相关,对于信息利用效率高的厂商,会增加信息化投入,从而其信息化密度更高,进一步,由信息化造成劳动力需求结构的影响也就越大。

具体到劳动力需求数量和劳动收入占比,当资本的价格下降,尤其是信息

资本的价格下降时,对于企业而言,在其他条件相同的前提之下,由于信息化投入密集度的提高可以通过提高企业的劳动生产率,企业必然会加大信息资本的投入,并且,投入中,与信息化相关的资本所占的比重增加会导致劳动力需求的减少,主要通过替代效应和规模效应两个渠道来共同实现。

一方面,在产出不变的条件下,信息资本与劳动的替代弹性更大,并且生产效率更高,因此企业会使用信息资本替代部分劳动,增加信息资本的投入,减少劳动的需求,这就是替代效应;另一方面企业对信息资本利用效率的差异导致了不同企业信息资本投入的差异,利用效应高的企业投入更多,劳动生产率也更高,根据梅里兹(Melitz,2003)的研究,其他条件相同的情况下这类企业规模更大,产出更多,产出增加会导致劳动力需求的变化,这就是规模效应。

如果把劳动力的需求从劳动收入占比和劳动力需求数量两个方面对比考察,替代效应对于这两个方面的影响都是负向的——产出不变的条件下,信息资本投入的增加会替代劳动,无论是从数量上,还是从收入份额上,劳动的需求都会减少;规模效应对于劳动收入占比的影响仍然为负,因为规模更大的企业对信息资本利用更有效,相对其他企业其信息资本使用更多,劳动所占的份额会更小,规模效应对于劳动力需求数量的影响却取决于产品市场竞争程度和要素之间替代弹性,信息资本投入的增加提高了生产率,导致价格下降产出增加,产出增加的弹性取决于产品市场的替代弹性,弹性越大表示相同信息化投入的条件下产出增加得越多,因此劳动力需求也越大,而要素的替代弹性越大则表示信息资本替代劳动越容易。当要素的替代弹性大于产品市场的替代弹性时,规模效应会造成劳动力需求数量减少,并且,要素的替代弹性越大,产品市场的垄断程度越高(亦即替代弹性越小),劳动力需求数量减少的幅度也就越大。

而对于高技能劳动力相对需求的影响,企业信息化投入密度越高,显然高技能劳动力的相对需求也就越高,但是如果考虑地区或者国家差异的影响,同样可以对企业产生作用,具体地,如果一国的信息化基础设施水平更高,如前所述,该国企业对于信息资本的利用效率更高,因此,即使其他条件完全相同,位于信息基础设施水平更高国家的企业,由资本信息化造成高技能劳动力的相对需求提高的效应体现得也更为明显。

第二章　信息化、数字化与劳动力市场相关研究进展

第一节　信息化在经济活动中的作用

一、信息化与经济增长

除少数研究如戈登(Gordon，2000)外，绝大多数学者基本都肯定了信息化对于劳动生产率和经济增长的促进作用，本节就信息化对于增长的影响问题的相关研究，分别从宏观和微观两个层面做一个简单的归纳和总结。

(一)　国家和行业层面的研究

乔根森和斯提洛(Jorgenson and Stiroh，1999)发现美国从1995到1998年平均劳动生产率增长为0.95%，其中信息资本深化为0.34%，信息化造成的TFP增长为0.65%；诺德豪斯(Nordhaus，2001)的研究结果则更为积极，1996—1998年与以前相比，信息化造成美国的劳动生产率增加介于1.2%~2.1%之间；阿尔克(Ark，2001)、阿尔克和皮翁特科夫斯基(Ark and Piatkowski，2004)以及文图里尼(Venturini，2009)对OECD和欧盟主要国家的研究结果也得到了相似的结论，类似的研究还有很多。可见，信息化促进了劳动生产率和经济增长已基本形成了一种共识，然而大家对于信息化影响的程度和作用机制的看法却不尽相同。

一部分学者把信息化对于增长和劳动生产率的贡献主要归于信息设备生产部门(IT-Producing Industries)，比较典型的是乔根森(Jorgenson)的一系列研究。乔根森和斯提洛(Jorgenson and Stiroh，1999)发现信息设备使用部门如金融、保险和房地产等继续落后于生产率的增长；信息设备生产部门主导了资本深化和TFP的增长，提高了劳动生产率，由于长期的经济增长主要来自劳动

生产率的改变,因此持续的经济增长主要依靠信息设备生产部门;并且他们指出,没有任何证据显示从信息设备生产部门到使用部门存在溢出效应,相反,许多信息设备使用部门用信息化的资本设备代替其他设备,却并没有实现劳动生产率的增长。乔根森(Jorgenson,2001)进一步指出20世纪90年代美国经济的复苏源于半导体技术的发展和应用,而信息化正是建立在半导体技术的基础上,信息设备生产部门劳动生产率的提高导致信息技术设备的价格大幅度下降,使得经济社会中计算机、通信设备以及其他信息设备使用增加,资本的使用成本降低,从而降低了其他产品的生产成本,促进经济增长;乔根森等(Jorgenson et al.,2007)使用行业层面数据作了更为详细的分析,他们将美国85个行业划分为信息设备生产部门(IT-Producing Industries)、信息设备使用部门(IT-Using Industries)和无信息设备部门(Non-IT Industries),研究了这些行业从1996年到2005年的投入和产出数据,结果显示,从1995年到2000年信息设备生产部门的TFP迅速提高导致信息化设备价格降低,使得其他部门尤其是信息设备使用部门的信息化投资增加,最终带动整个经济TFP的提高和产出增长;2000—2005年,信息设备生产部门的TFP增长开始减缓,并最终使得总经济增长速度相对前五年有所减缓。并且在这十年中,工人的劳动生产率一直在增长。另外一部分学者则强调信息化产品和服务在生产中的应用,如奥利纳和西切尔(Oliner and Sichel,2000),贝利和劳伦斯(Baily and Lawrence,2001)等等,他们认为信息技术在生产过程中的应用非常重要,劳动生产率的提高是信息化产品和服务在整个经济社会扩散的结果,20世纪90年代后期信息化投资对于经济增长的影响是显著的。

还有综合了以上两种观点,认为信息化对经济的影响是一个不断扩散的过程。埃尔普曼(Helpman,1998)认为信息技术作为一种通用技术,可以形成新的产品和服务,并开拓出新的市场领域;巴苏和弗纳尔德(Basu and Fernald,2007)对美国分行业的数据回归结果证实了信息化的"通用技术"(General Purpose Technology,GPT)特性,信息化提高TFP首先体现在信息技术生产部门,然后再向信息技术使用部门扩散,并且随着时间的推移,影响会减小。持通用技术观点的还有切克贝利(Ceccobelli)等,他们在 2012 年采用非参数(Non-Parametric)方法研究了信息化对劳动生产率的影响,在对欧洲 14 个国家 1995—2005 年的数据分析的基础上,他们认为信息技术作为一种通用技术,需要组织行为和商业流程等进行相应的转变,才能充分得以利用,并且,通过非参数估计他们发现信息化技术与劳动生产率趋同性正相关。持相似观点的还有林毅夫和董先安(2003),他们认为通过信息设备生产本身的技术进步和人均信息资本的提高,以及最后阶段催化出来的整个经济各个部门围绕信息技术进行的大规模改造重组过程,信息化对整个经济的劳动生产率提高作出贡献,促进经济增长。

邓内维克等(Dunnewijk et al., 2007)就信息化作用于经济增长的机制作了进一步总结,他认为这种影响主要有两个路径:一是"传统路径",即信息资本在社会生产中的应用提高了生产率;二是"网络效应",信息化投资形成的网络有类似于规模经济的特点,参与到网络中的用户越多,网络的价值也就越大,对于信息化的溢出和扩散作用也就越大,因此,他们认为信息化投资通过网络效应对 TFP 的贡献作用甚至超过了"传统路径"的影响。

国内相关的研究从 2010 年以后才开始渐渐兴起。比如蔡跃洲和张钧南(2015)认为信息技术对经济增长的影响可分为替代效应和渗透效应;然后根据乔根森以及 OECD 的增长分析模型,对中国从 1977 年到 2012 年的增长进行分解,考察 ICT 两种效应的贡献,分析认为两种效应都存在,潜力仍待挖掘。他们认为未来如果充分发掘这两种效应,有望为转变发展方式、保持中高速增长提供新的动力源泉。

最近两年相似的研究有郭美晨和杜传忠(2019),他们进一步考察了信息技术运用对经济增长质量的影响。在经济增长的质量方面,主要突出规模、效率和结构三个方面,也就是将总产出提升、生产率提升和产业结构升级三个方面结合起来。在机制上,郭美晨和林传忠研究了三个层次的影响。首先,ICT 投资会替代其他投资,产生替代效应。由此不仅会促进产出的增长,而且会促进要素资源配置更加合理,形成知识转移和溢出效应,提高生产效率;其次,ICT作为一种通用技术的特性,使得ICT产业可以快速增长。ICT部门的规模快速增长不仅是直接的经济增长点,而且还会带来新的产业更替,推动产业结构变迁;最后就是ICT与其他部门的结合,实现优化重组。实际上就是ICT的渗透效应,将ICT从生产部门向使用部门推进,改变原来的生产、生活和组织方式,从而实现整个产业结构的升级和变迁。在实证上,考虑到ICT对经济增长质量的影响包括直接和间接两种效应,他们采用增长核算模型分析了中国1995—2015年中国经济增长来源,计算不同阶段各要素对经济增长的贡献份额,以此考察ICT影响的直接效应,发现经济增长仍然是以非ICT资本主导,但ICT资本的作用日渐突出,并且发现ICT产业生产率改进效应明显;在间接效应方面,文章采用两部门模型,即将生产部门区分为ICT部门和非ICT部门。实证结果发现,ICT产业发展对整体产业升级带动效应较明显,对其他产业部门升级的溢出效应相对较小,并且存在3年左右的滞后期。

信息技术使用导致新技术应用和生产效率提高是一个重要影响路径。肖利平(2018)研究了"互联网+"对装备制造业全要素生产率(TFP)的影响。首先在"互联网+"的界定上,他认为"互联网+"是"把互联网的创新成果与经济社会各领域深度融合,推动技术进步、效率提升和组织变革,提升实体经济创新力和生产力,形成更广泛的以互联网为基础设施和创新要素的经济社会发展新形态"。结合上文我们对信息化的界定,可以看出所谓的"互联网+"也是信息化的一部分。他认为"互联网+"正是利用其自身在降低信息扩散成本、加快信息传播、减少信息不对称,以及平台效应等特点,通过技术进步、效率提升和组织变更三个方面影响TFP的提升。在实证上肖利平的研究采用中国2006—2016年省际面板数据进行了估计,结果证实了"互联网+"对装备制造业TFP的促进作用,并且这种效应有着明显的区域性差异,东部地区的效应更加明显。实证检验还发现,在影响路径方面,与大家的期望可能有差异,体现在"互联网

27

＋"主要是通过技术效率的提升,而通过促进技术进步进而实现 TFP 提升的效应并不明显,这就说明"互联网＋"在新技术应用和融合方面起到的作用仍然比较有限。

余东华和信婧(2018)则从区域维度考察了信息技术对制造业 TFP 的影响。与此前的研究有所差异,他们主要研究了信息技术扩散对生产性服务业集聚的影响,进而实现对 TFP 的作用,其中生产性服务业集聚相当于一个中间变量。他们认为信息技术主要是通过加快知识外溢、扩大市场潜能、优化资源配置和形成规模经济四种途径推动生产性服务业集聚。而生产性服务性集聚会造成企业之间竞争加剧,专业化程度提高,规模经济效应更加明显,这些都有利于制造业 TFP 的提升。但当集聚规模扩大到一定程度,产生拥挤效应了之后,就会对制造业 TFP 产生负面影响。通过使用中国 30 个省市 2003—2016 年面板数据,采用完全非参数局部线性方法,将信息技术与生产性服务业集聚联系起来,证实了信息技术与生产性服务业聚焦区的融入程度与该地区制造业 TFP 有着显著的正向关系。

行业维度的研究方面,孙早和刘李华(2018)总结了信息化影响 TFP 的四条路径:推动技术进步、促进企业规模效率提高、提高企业技术效率和促进资源配置效率改善。通过将中国 1979—2004 年 43 个行业的投资区分为 ICT 和非 ICT 固定资产投资,发现 ICT 投资对行业 TFP 有着显著的促进作用。同时他们还发现,ICT 对 TFP 的促进作用也是有前提条件的,具体有三点:一是资本深化,信息化水平的提高需要大规模的 ICT 投资为依托;二是市场化,信息化对 TFP 的促进作用需要在合适的市场环境才能发挥作用;三是人力资本水平,信息化对 TFP 的影响很大程度上受到人力资本水平的制约。相似的研究还有余文涛和吴士炜(2019),他们从互联网平台经济切入,考察其对行业生产率的影响,认为互联网平台经济的发展会通过技术创新、行业竞争和创业三种效应影响行业的生产效率。

以上对于信息化的研究大多是基于宏观层面的分析,讨论一国范围内信息化的作用机制和影响效果,部分研究对于行业差异考察的目的在于试图掌握信息化的具体发展过程传播路径。但是信息化的影响毕竟是微观现之于宏观的过程,因此,有不少学者试图从企业层面分析信息化的过程和影响。

（二） 企业层面的研究

米尔格罗姆和罗伯茨（Milgrom and Roberts，1990）提出信息技术发展降低了信息化要素的价格,使得企业的通信成本和协调成本降低从而提高了生产绩效,同时这又会促使企业进行生产和管理模式的创新,创新推动使得企业对于人力资本的需求增加,进一步提高了企业绩效。巴拉德瓦伊（Bharadwaj，2000）则基于资源视角,将企业的信息化资源划分为基础设施、人力资本以及与信息化相关的其他无形资本,认为企业能够通过自身的信息化资源区分自己,一个企业的信息基础设施、人力资本以及利用信息化实现经济效益的能力的综合构成企业的信息化能力。配对样本比较方法的实证研究结果显示,信息化能力高的企业具有更好的绩效;相似的研究有卡尔松等（Karlsson et al.，2010），他们认为企业的信息化投资会扩大企业产品的范围,规范企业的服务并且使企业更快更好地适应用户的需要,从而获得更大的市场份额,同时,信息化也使得企业的外包和对外投资变得更为容易,丰富了企业的生产决策;巴约·莫里奥内斯等（Bayo-Moriones et al.，2013）利用西班牙 267 个中小企业的调查数据的实证研究也证实了上述结论。不过也有认为部分已有的研究夸大了信息化的效应,亨普尔（Hempell，2005）认为在研究信息化对企业生产率的影响中,使用企业层面的横截面数据进行回归的结果并不可靠,他使用德国服务业的企业1994 到 1999 年的面板数据,采用系统 GMM 方法进行估计,结果肯定了信息化对企业生产率的促进作用,但是作用的程度要明显小于使用截面回归得到的结果。即便如此,信息化投资对企业绩效有着显著的促进作用仍然是这一领域研究基本一致的看法。

然而即便信息化投资非常重要,单独的信息化投资并不能让企业获得由此带来的全部好处,不仅如此,信息化投资还要受到内外因素的影响,比如企业与信息化相关的其他资源、贸易伙伴以及经济环境等(Melville et al.，2004)，企业组织和与信息化相关的配套投资(Brynjolfsson and Hitt，2000；Brynjolfsson et al.，2002；Liang et al.，2010)以及对劳动力的组织和培训(Boothy et al.，2010)等。

还有将信息化投资的种类进行细分，分析不同投资的影响，比如贝凯蒂等(Becchetti et al.，2003)，他们对意大利超过 4 000 个企业 1995—1997 年的调查数据分析研究表明，通信投资①有利于发展新工艺和新产品；软件投资会增加企业对熟练工人的需求，提高平均劳动生产率；对信息化的投资提高了平均产能利用率，从而提高了企业的生产能力。

杨德明和刘泳文(2018)则从微观企业层面研究了"互联网＋"对企业绩效的影响。他们认为"互联网＋"是企业的一种战略行为，主要通过提升企业创新能力、提高企业运营效率和降低企业成本几个方面提升企业绩效。在路径分析方面，他们认为"互联网＋"的运用可以提高企业的差异化竞争优势，包括产品的差异化和服务的差异化两个方面。通过对 2013—2015 年沪深两市的 A 股上市公司数据进行回归的结果证实了理论假说，并且发现"互联网＋"在降低企业成本、改善企业绩效方面效果并不显著。

从以上的分析可以看出，已有文献大都肯定了信息化对于效率的提升作用，但是在作用路径和影响程度方面观点有差异。黄群慧等(2019)通过超边际与一般均衡分析，构建了互联网发展与制造业效率影响的理论模型。在模型中重点考察互联网在产品交易环节中降低交易成本的效用，分析认为互联网专业化生产为生产者提供了便利，提高了生产的专业化水平，进而提高制造业生产率；同时，互联网服务的发展通过降低单位交易成本，促进制造业分工，从而提高制造业生产率。在实证中，分别从宏观(城市和行业整体层面)和微观企业层面进行了检验，结果发现无论从宏观层面，还是在微观企业层面，互联网技术发

---

① 包括电子商务、企业内联网、网络营销和网络生产等。

展显著促进了制造业的生产率。作用机制检验发现互联网主要通过提高交易效率、减少资源错配和促进创新三个渠道来提升制造生产率。这一结论与许家云(2019)的结论比较一致。何小钢等(2019)则通过微观企业数据实证研究人力资本的角度解释了信息技术对企业劳动生产率影响的机制。从技能结构来看,实证显示信息技术与高技能劳动力存在互补效应,但是与中等技能劳动力则未表现出互补效应,这种互补效应一方面导致生产效率提升,另一方面通过生产和管理方式的优化实现了效率的提升。从雇佣结构来看,理论上承诺型雇佣劳动力相对于其他劳动力的影响有正反两个方面:一方面是其丰富的技术经验有利于ICT的应用,促进效应提升;另一方面则是雇佣期锁定不利于企业在市场环境发生变化时适时进行调整,影响效率提升,实证结果显示第一方面效应占主导地位。

二、信息化与创新

关于信息化与创新的关系,多数研究主要是将创新作为一个中间变量,认为信息化导致企业创新,进而影响其绩效。比如王可和李连燕(2018)利用世界银行2012年对中国制造业企业的调查数据,就互联网技术的应用对制造业企业的影响进行了实证研究。结果发现,互联网的使用可以有效提高制造业企业的创新投入和创新产出,从而推动了我国制造业的创新行为,这一结论与肖利平(2018)基于省际面板数据实证分析得出的结论有所差异。与此同时,他们还发现互联网通过网络的外部性实现信息共享和快速传递,大大减少了信息不对称的情况,从需求、生产和销售等环节提升了效率,促进制造业供应链协同,提高企业绩效。

相似的研究还有陈维涛等(2019),他们同样从微观企业层面,考察了互联网电子商务应用对于企业研发和TFP的关系。在影响机制方面,他们认为互联网电子商务基础设施的存在可以降低企业的研发成本,实现效率提升,投入产业比的增加可以吸引企业更多进行研发投入,从而实现生产率的提升;同时,通过互联网电子商务交易,可以减少信息不对称性,降低交易成本,不仅可以提升生产、销售和管理效率,而且还可以缩短研发收益实现周期,吸引企业研发,提高企业效率。实证中该文献使用 2015 年"阿里巴巴电子商务发展指数"和中国上市企业数据,分别就影响结果与影响机制进行了检验。发现总体上,互联网商务的发展对中国企业 TFP 有着显著的促进作用,如果将互联网商务区分为应用和服务两类,实证发现互联网电子商务应用起到的作用更为明显,并且在机制检验发现这一作用主要通过促进企业研发投入而实现。

比较系统地讨论互联网对创新影响的是韩先锋等(2019)。在影响效应方面,他们认为互联网可以直接提升区域的创新效率,不仅如此,还可以通过加速人力资本积累、金融发展和产业升级间接驱动区域创新效率;与此同时,互联网的创新溢出效应具有类似规模经济的非线性特征,随着互联网水平的提高,规模效应越明显;并且,创新溢出效应还存在着明显的个体异质性特征。在实证中从区域维度构建了互联网综合发展水平指标,包括互联网普及、基础设施、信息资源、商务应用和发展环境五个角度,使用多种计量方法就理论分析的机制进行了检验,发现互联网的发展有效促进了区域的创新效率,而在中西部地区的创新溢出红利要大于东部地区,这一点似乎有点出人意料,与此前学者(如肖利平,2018;许家云,2019 等)从不同维度研究的互联网的效应呈现东强西弱的情况正好相反。同时他们发现互联网虽然可以通过加速人力资本积累、金融发展和产业升级间接提升区域创新效率,但效果要弱于直接效应。并且,与理论分析得一致,互联网对创新的溢出效应存在"边际效应递增"的非线性特征;区域创新主体的异质性方面,他们发现高校的溢出强度最高,其次是科研机构,然后是企业。

三、信息化与国际贸易

信息化对于国际贸易的影响研究始于互联网的发展促使国际贸易方式的变革。弗洛伊德和温霍尔德(Freund and Weinhold,2002)考察了网络发展对服务贸易的影响,通过对美国 14 个服务行业 1995 到 1999 年的研究,发现贸易伙伴国互联网的发展会促进双方的服务贸易;弗洛伊德和温霍尔德(Freund and Weinhold,2004)将这一研究拓展到货物贸易,他们认为网络的发展使供应商可以更为便利地向潜在的买家发布信息,降低了市场特定的沉没成本,促进了贸易发展。并且,对于发展中国家的作用尤为明显,因为相对发达国家,发展中国家建立的贸易联系较少,互联网大大拓宽了这些国家同其他国家的贸易联系。克拉克和沃尔斯腾(Clarke and Wallsten,2006)肯定了互联网发展对贸易的影响在发展中国家和发达国家存在差异,通过对98个国家2002年数据的实证研究,结果显示,互联网的发展对发展中国家向发达国家的出口有明显的促进作用,而对发展中国家之间以及发达国家向其他国家的出口影响并不显著。

在此基础上,一国信息基础设施发展对于贸易的作用开始引起重视,维穆里和西迪奇(Vemuri and Siddiqi,2009)对64个国家1995—2005的面板数据,使用引力模型进行回归,结果表明信息基础设施的提高,以及商业交易中互联网的使用大大提高了国际贸易量。蔡(Choi,2010)对151个国家1990—2006年服务贸易的面板数据进行研究,GMM回归结果得到相似的结论。

相关的研究有利乌和纳特(Liu and Nath,2012),他们在总结已有研究的基础上,进一步详细阐述了信息化发展影响了贸易机制,认为国家信息化水平的提高会降低出口商获取信息、建立分销渠道和广告以及其他交易成本等支出,从而减少出口的固定成本;同时,信息化不仅大大减少了国际贸易中货物延误等问题,而且还提高了应对这些事件的处理效率;并且,信息化使得服务贸易更为便利,尤其是信息密集型服务;还有,信息化促使信息密集型服务全球生产过程的解体,从而促进了这些服务的贸易。通过对40个新兴经济体1995—2010年的面板数据回归,结果显示国家信息化的发展对该国的贸易有明显的促进作用。

石良平和王素云(2018)利用中国省际面板数据实证研究了互联网对贸易发展的影响。他们总结了互联网对贸易影响的三条路径:通过网络外部性降低交易成本、利用网络溢出效应扩大市场和减少约束、发挥互联互通优势获得更多的贸易参与者。实证发现互联网应用与贸易总额有显著的正相关性,显示互联网发展显著提高了中国贸易规模(包括进口规模和出口规模),对出口效应显著大于进口效应。并且在进口效应中,消费品进口的效应最为明显。不过他们的研究文章并没有就影响机制进行检验。

潘家栋和肖文(2018)同样认为互联网的应用降低了交易成本和企业的生产成本,互联网技术的快速发展为中国的贸易提速增效。与其他研究不同的是,他们在实证中选取了具有代表性的中国21个主要贸易伙伴,同时考虑中国和贸易伙伴的互联网发展情况进行检验。结果发现不论是出口国还是进口国,互联网技术的提升与出口国的出口规模都显著正相关。

但是互联网应用涉及的面比较广,对于互联网具体如何影响企业和用户的行为,已有研究只是定性地考虑到网络的外部性以及技术效率改善这个逻辑,并没有细致刻画影响的场景和路径。岳云嵩和李兵(2018)将研究聚焦于电子商务平台应用,通过构建理论模型,将电子商务平台作为一个随机的外生冲击变量加入异质性贸易理论分析框架,证明了企业通过商务平台可以降低生产可变成本和出口固定成本,进而影响企业的出口绩效。与以往研究不同之处在于,实证中他们除了采用工业企业数据库与海关数据库进行配对以外,还使用了阿里巴巴中国站付费会员数据库,这一数据库可以确定企业使用了互联网从事交易,在此基础上采用倍差匹配法,对模型结论进行检验就更为精确。实证结果显示电子商务平台的应用促进企业出口规模扩大,拓展了贸易的"物理"边界。机制检验结果与之前的研究结论类似,电子商务平台主要通过提高劳动生产率、降低交易成本和降低出口门槛三条路径促进企业出口。

戴美虹(2019)将互联网技术、创新与出口结合起来,从互联网的资源重置功能出发,研究互联网技术运用对出口企业创新的微观经济效应。在理论模型构建上,在多产品异质性企业模型中加入互联网的影响,分析发现互联网的使用可以降低企业出口和生产成本,并促使资源从旧产品转向新产品,推动企业进行新产品开发的创新行为。进一步加入贸易方式发现,上述效应在一般贸易出口企业体现得更为明显。实证中作者使用了中国工业企业数据库和海关数据库,结论与理论模型推导的一致。值得一提的是关于互联网企业的识别,戴美虹的研究文章采用的是电子邮箱或官方网站作为代理变量,用该变量作为企业使用互联网的变量存在一定争议,不过在当前企业层面互联网数据普遍缺乏的背景下也是一个不错的尝试。

考虑到已有研究大多聚焦于互联网的信息优势带来的成本降低和效率提升进而影响出口贸易,刘海洋等(2019)将重点放在出口模式变革方面,考察互联网出现导致原有贸易中介的作用大大削弱,从而由间接出口向直接出口转变,由此带来的一系列影响。理论方面在异质企业贸易理论模型中加入互联网的影响,对比在互联网加入前后不同生产率企业的出口决策行为。发现部分原来采用间接出口的企业在使用互联网后会选择直接出口,由此实现了出口绩效的改善。实证中同样是采用中国工业企业数据库与海关数据库,回归结果验证了理论分析结论,并且还发现互联网使用导致企业出口模式的变化,会延长企业在国际市场的生存时间。需要指出的是,关于企业采用互联网的变量与戴美虹(2019)相同,目前来看企业层面互联网技术使用的数据获取是一个普遍性的难题。

施炳展和金祥义(2019)独辟蹊径,将行为经济学和信息论的相关理论应用于国际贸易,基于中国对不同经济体的网络搜索构建注意力配置指数,认为中国对其他国家的注意力配置程度提高,会降低进口方市场的不确定性,从而提升对其出口产品规模。他们认为,通过改善信息与通信基础设施,提高信息搜索的效率,减少搜索壁垒和降低搜索成本可以有效增加国内经济主体的注意力配置水平,从而降低中国对世界经济系统预判的不确定性。

大多数关于信息化对贸易的研究都将重点放在出口上。少数学者研究了信息化对进口的影响。佟家栋和杨俊(2019)使用微观企业数据,实证检验了互联网使用对进口企业创新的影响。他们发现互联网的使用,通过提升进口制造企业所进口产品的质量促进企业的创新,这一效应在不同企业之间呈现显著的异质性,与企业的规模、生产率和技术密集度成正比,并且在民营企业以及出口企业中表现得更明显。他们还发现,互联网不仅可以促进进口企业创新,并且促进了企业的协同创新。谭用等(2019)主要研究了互联网应用对于企业进口绩效的影响。他们使用平均进口价格、进口价格离散度和总进口量作为企业进口绩效的度量指标。理论分析认为,进口所在地互联网的深化导致贸易成本下降时,会造成平均进口价格下降、地区进口价格离散度降低以及进口规模扩大,从而提升了进口绩效;其他地区互联网深化会提高进口所在地的进口价格,导致进口价格离散度上升以及进口规模扩大,总的效应是进口所在地的进口绩效提高。实证中考虑了地区的互联网发展水平,结合各地区企业的进口情况进行了验证,发现互联网的发展可以改善进口绩效,从进口的角度改善一国的福利水平。

综上所述,已有大量关于信息化的研究基于国家、行业以及企业层面,从理论和实证方面均证实了信息化的过程对经济增长和劳动生产率的促进作用,同时还证实,信息化的过程还会推动国际贸易、促进出口。这些研究表明,最近几十年中,信息化在世界经济发展中的作用是举足轻重的。但是即便如此,由于信息化的过程造成了生产方式的巨大变革,所以这一进程势必会带来经济社会多方面的复杂影响,其中劳动力需求结构的变化就是其中重要的一项。

第二节　劳动力需求的变化情况

一、劳动力需求数量和劳动收入占比下降的原因

(一) 关于劳动力需求数量变化的研究

针对近些年劳动力需求数量变化的研究,主要是基于就业弹性的讨论,即经济增长造成就业吸纳增长的能力。就业弹性在全球范围内不同地区以及不同的阶段的变化各有差异,具体而言,在20世纪90年代以前,大部分发达国家

的就业弹性是下降的,而东亚、非洲以及拉美一些国家则相反(Mazumdar,2003)。此后,发达国家的就业弹性虽然整体呈下降趋势,但不同国家有差异,比如日本和北美一些国家下降得较多,西欧则略有上升,而以东亚、加勒比海地区以及拉美为代表的发展中经济体呈现明显的下降趋势,尤其是1995年以后体现得更为明显(Kapso,2005)。

对于不同经济体就业弹性变化的原因,从产业结构方面的解释认为服务业的劳动生产率低于制造业,可以吸纳更多的劳动力,比如帕达利诺和维瓦雷利(Padalino and Vivarelli,1997),他们通过对G7国家的研究发现,就业弹性对于服务业为正,对于制造业则相反,戈登(Gordon,1997)、布舍尔等(Buscher et al.,2000)、洛贝(Löbbe,1998)以及多普克(Döpke,2001)的研究均支持这一观点;同时,劳动力成本也是影响就业弹性的重要因素,马宗达尔(Mazumdar,2003)认为在1971—1992年间,制造业工人工资的快速上升是造成OECD国家就业弹性降低的原因,而相反东亚和非洲地区由于劳动力供给充足,工资较低,因此就业弹性会升高,多普克(Döpke,2001)通过跨国数据的检验也支持劳动力成本的这一影响途径,并且还指出劳动力市场的灵活性提高有可能会增加就业弹性;布鲁诺等(Bruno et al.,2003)考察了开放的影响,他们认为贸易使得企业更多使用资本设备,从而造成劳动力需求的减少,不过弗里曼(Freeman,2004)认为对于发展中国家,相对于贸易,汇率稳定性和资本流动起到更大的作用。此外,洛博格雷罗和帕尼扎(Loboguerrero and Panizza,2003)对比了通货膨胀对于不同经济体的影响,他们认为通货膨胀通过两种渠道会影响就业弹性:一方面通货膨胀通过降低工资刚性增加了就业,另一方面因为增加了不确定性而产生相反的结果。他们的研究结论认为通货膨胀对于发达经济体的影响主要通过第一个渠道,而对于发展中经济体两种渠道影响效应均不明显。

国内方面,胡鞍钢(1997)重点分析了1980—1995年我国的就业变化情况,结果发现在1991—1995年无论是就业增长率还是就业弹性的增长均降至历史最低。他认为我国的工业部门正沿着资本密集、排斥劳动就业的工业化技术方向发展,经济的高增长主要依赖资本高投入,这种增长方式与我国劳动力禀赋充裕的基本国情相悖,必须加以转变。据此,提出了一系列相应的政策建议。不过陆铭和陈钊(1998)、简新华和余江(2007)以及蔡昉和王美艳(Cai and Wang, 2010)分别从体制转型的角度,基于农民工进城就业、国有企业劳动力冗余和非正规就业未能在统计数据中反映的事实认为现有研究对我国就业弹性估算过低,但是这一说法受到陆铭和欧海军(2011)的挑战,他们认为20世纪末劳动力市场转型已经结束,就业统计也覆盖了常住人口,对于在非正规就业规模保持稳定的条件下,就业弹性却仍然在下降的现象无法进行解释。因此,他们从政府干预的角度展开讨论,认为地方政府偏向发展资本密集型产业,政府干预会造成我国经济增长中的资本密集度与我国的资本和劳动禀赋偏离,从而造成就业弹性下降。蔡昉等(2004)在克服了统计口径方面的误差后,认为只能说明经济增长没有带来显性就业,而不像之前研究得出经济增长未能增加就业的结论。但与其他国家相比我国的就业弹性仍然较低,他们将此归咎于劳动力市场不健全、产业结构调整和各种不利于就业扩大的规制等原因。持相似观点的还有张江雪(2005),通过对我国东、中、西三大经济地带的对比,他认为产业结构与就业结构的地区性差异造成了就业弹性的差异。不过这些研究都是从宏观层面展开,无法从微观的视角观察不同企业就业吸纳的变化,并据此分析原因。

基于企业层面的研究相对较少,董晓源和许立新(Dong and Xu, 2009)使用我国1998—2002年企业层面的调查数据,研究了国有部门劳动力的精简和终身制的打破造成了劳动力在部门间和部门内的重新流动,由此造成了就业创造和就业消减效应,对比其他国家的转型过程,我国的这一效应更为同步。在此基础上,马弘等(2013)运用1998—2007年的工业企业数据,详细对比了我国就业创造、就业消减以及就业再分配的地区和行业差异,并且考虑了企业规模、所有制和经营年限方面的异质性的影响,不过马弘等的文章并没有阐述这些差异产生的原因。

（二） 关于劳动收入占比的研究

自从卡尔多(Kaldor，1961)关于劳动收入占比稳定的结论受到挑战以后，学者们开始从不同的角度讨论劳动收入占比变化的原因。布兰查德(Blanchard，1997)认为资本增强型技术进步造成了20世纪末欧洲主要国家劳动收入占比下降，不过并没有指出资本增强型技术进步的具体原因，相似的研究还有本托利拉和圣·保罗(Bentolila and Saint-Paul，2003)。卡拉巴布尼斯和内曼(Karabarbounis and Neiman，2014)进一步构建理论模型证明了技术进步导致资本价格的下降，生产中资本的投入增加，造成劳动收入占比减少，他们使用跨国数据验证了这一结论。本托利拉和圣·保罗(Bentolila and Saint-Paul，2003)通过对OECD国家的研究发现，劳动收入占比与资本深化过程负相关，而与劳动力的谈判势力正相关，这一结论与布兰查德和贾瓦齐(Blanchard and Giavazzi，2003)的研究结果比较一致。还有基于20世纪中后期全球化程度不断加深的背景，对于开放条件下不同国家的劳动收入占比进行分析(Diwan，2000；Harrison，2002；Decreuse and Maarek，2008)，哈里森(Harrison，2002)认为贸易的增加和汇率的波动会降低劳动收入份额，而资本管制和政府支出的作用则相反；迪万(Diwan，2000)及德克雷赛和马雷克(Decreuse and Maarek，2008)则分别从资本深化和FDI的角度讨论了全球化对劳动收入占比的影响。

由于我国的劳动收入占比下降得比较明显，因此国内的相关研究更是数不胜数，主要是在国外已有研究的基础上结合了我国经济转型中的具体特点展开分析。基于宏观和行业层面的研究，部分学者从产业结构的角度，认为我国工业化的迅速发展，农业部门逐渐向工业部门转移导致了劳动收入占比的下降(罗长远和张军，2009a；白重恩和钱震杰，2009)，邵敏和黄玖立(2010)则从开放的角度，通过对1998—2003年制造业行业层面的研究发现贸易会提高劳动收入占比，FDI则相反；基于企业层面的研究则大多从企业的所有制角度展开讨论,认为国有企业会支付更高的工资,其劳动收入占比较其他类型的企业要更高,国有企业改制会增加资本在收入中所占的份额(白重恩等,2008;白重恩和钱震杰,2009),然而这一结论却与李稻葵等(2009)的研究结果相悖,他们认为国有企业的总体资本密度更高,因此国有股份越高,劳动收入占比越低。不过周明海等(2010)根据世界银行调查数据的实证研究结果支持了前者,他们基于德克雷赛和马雷克(Decreuse and Maarek,2008)理论模型的结论,即劳动生产率高的企业支付劳动力的工资低于其边际产出,从而造成劳动收入占比更少,认为外资企业的劳动生产率最高,民营企业次之,国有企业的劳动生产率最小,因此国有企业的劳动收入占比最高。

从以上的总结可以看出,对于劳动力需求的研究,现有的文献在数量和份额两个方面,从宏观、中观和微观企业不同层面,基于不同的角度都有一定的解释力。但是如前所述,主要存在的问题在于一方面没有将两个方面纳入统一框架进行对比分析,另一方面不能解释在其他条件相同情况下不同企业对于投入的自主性选择差异,尤其是基于技术进步视角的实证研究无法解决内生性的诟病问题,也正借于此,本书试图基于信息化的视角,从投入的角度来解决这一问题。

二、高技能劳动力相对需求因何增加

20世纪中叶以来劳动力的需求结构中高技能劳动力的比重越来越高已经成为广泛接受的事实(Wood,1997;Morris and Western,1999;Parro,2010;宋冬林等,2010),对此的解释主要集中于国际贸易和技术进步两个方面。

(一) 国际贸易的影响

早期从国际贸易角度的解释基本都基于 H-O 理论和斯托尔珀—萨缪尔森定理(Stolper-Samuelson Theorem,SS 定理),认为发达国家出口密集使用高技能劳动力的资本技术密集型产品,使这些国家该类产品的相对价格上升,增加了高技能劳动力的相对需求,而在高技能劳动力相对稀缺的发展中国家情况则相反。然而这一结论却与实证结果相悖,因为发展中国家的高技能劳动力相对需求也在提高,这也促使后来的学者寻求不同的解决方案。芬斯特拉和汉森(Feenstra and Hanson,1996,1999)、祝淳和特雷弗勒(Zhu and Trefler,2005)将外包引入分析框架,认为国际贸易使发达国家将部分劳动密集型的生产过程外包,然而这些生产过程在发展中国家是资本与技术密集型的,所以会增加该国高技能劳动力的需求;内亚里(Neary,2002)从不完全竞争市场的角度,以寡头厂商的互动博弈证明了发达国家之间的贸易会增加高技能劳动力的需求;托尼格和维迪埃(Thoenig and Verdier,2003)和帕罗(Parro,2010)则把贸易和技术结合起来,前者认为贸易自由化导致企业的生产技术更容易产生外溢效应,为防止这种外溢造成自身的损失,企业更倾向于研发技能密集型的技术,从而使得新技术更偏向高技能劳动力,这种现象在发达国家和发展中国家都有体现,后者研究发现贸易成本的降低使资本品的贸易增加,由于资本品与高技能劳动力的互补性要高于低技能劳动力,所以这会增加高技能劳动力的边际产出,从而增加高技能劳动力的需求——技能偏向型贸易(Skill Biased Trade),这一影响的效应要大于 SS 定理,并且在发展中国家体现更为明显;许斌和李伟(Xu and Li,2008)认为贸易导致劳动力需求变化有正反两个效应:直接效应就是根据 SS 定理,对发展中国家高技能劳动需求减少,间接效应即贸易引致的技术进步对高技能劳动力需求增加,使用中国 1500 家企业的调查数据的估计结果显示间接效应大于直接效应。

(二) 偏向性技术进步的影响

更多的学者试图从技术变革的角度分析劳动力相对需求的变化。巴特尔和林顿伯格(Bartel and Linchtenberg,1987)、卡茨和墨菲(Katz and Murphy,1992)、伯曼等(Berman et al.,1994,1998)、博尔哈斯等(Borjas et al,1997)、戈尔丁和卡茨(Goldin and Katz,1996)和奥特尔等(Autor et al.,1998)等基于 20 世纪以来计算机的广泛应用和电子信息技术的飞速发展,极大地改变了生产和生活方式这一事实,认为信息技术所代表的技术进步偏向高技能劳动力,这就是技能偏向型技术进步(Skill-Biased Technological

Change，SBTC)，正是 SBTC 造成了就业结构中高技能劳动力比重不断增加。但是其中一个关键的问题就是：以信息技术为代表的新技术为什么会偏向高技能劳动力？

一部分学者认为资本与高技能劳动的互补程度大于低技能劳动力，由于技术进步的实现通常体现在新资本的投入尤其是在设备资本的更新上，因此而产生了技术进步的偏向性。格里利什(Griliches)早在 1969 年就已提出这一观点，戈尔丁和卡茨(Goldin and Katz，1998)利用美国制造业 1909 到 1929 年的数据，达菲等(Duffy et al.，2004)使用 73 个国家、25 年的数据均验证了这一假说。克鲁塞尔等(Krusell et al.，2000)把资本区分为结构资本和设备资本，他们观察到 20 世纪后二十多年中，在技术进步作用下，美国的设备资本价格一直在下降，由于设备资本与高技能劳动力的替代弹性大于低技能劳动力，所以必然会提高高技能劳动力的需求。

另外一部分学者则试图把技术进步内生化，认为劳动力供给结构变化主导了技术进步的偏向性。基利(Kiley，1999)首先将不同类型劳动力的供给与技术进步的方向联系起来，从理论上证明了技术的偏向性与使用这种技术的劳动力的丰裕程度有关，当高技能劳动力相对丰裕时，技术进步就会沿着偏向高技能劳动力的方向进行。随后，阿西莫卢(Acemoglu)在一系列论文中阐述了内生技术进步的影响机制，他的主要思想是技术是可以被"生产"出来的，生产技术的厂商根据不同类型技术的相对价格自主选择提供技术的类型。由此引出造成技术偏向的两种效应：价格效应和市场规模效应。价格效应是指稀缺要素的相对价格较高导致密集使用该要素的产品的相对价格也较高，对于生产这种产品的新技术需求也就更高，创新或技术进步主要集中于该产品部门，因此价格效应导致技术进步偏向稀缺要素；市场规模效应指如果新技术能让丰裕要素投入更多生产，那么这项技术的市场规模会与使用这项技术的丰裕要素市场成正比，导致技术进步偏向丰裕要素，市场规模效应与价格效应正好相反。这两种因素的影响效果取决于不同要素之间的替代弹性，当要素替代弹性比较低时,价格效应占主导因素,反之,市场规模效应则占主导因素。卡塞利和科尔曼(Caselli and Coleman,2002)的研究支持了技术进步偏向丰裕要素,促使该要素更好得以利用的结论。他们发现,随着高技能劳动力和资本变得越来越丰裕,其"绝对效率"在 1970 年以后一直在上升,而低技能劳动力则呈现下降趋势。

因此,对于高技能劳动力相对需求上升的现象,已有的研究主要从国际贸易和技术进步两个角度予以解释,但是,从国际贸易影响劳动力需求结构的路径,可以部分解释贸易和非贸易行业以及同一行业贸易前和贸易后劳动力需求结构发生的变化,但无法解释同样出口的两个行业之间的差异,特别地,无法解释发展中国家的状况;从技能偏向型技术进步的角度可以解释高技能劳动力的需求增加,但都没有涉及行业间劳动力需求结构变化的差别,即使有个别的文献进行了分行业的分析,也只是列举了不同行业相对工资的变化,没有解释差异产生的原因,更为重要的是未能解释新技术是如何与高技能劳动力互补的,生产中不同技能劳动力的分工过程仍然是一个"黑匣子"。部分学者进行了这方面的努力,主要是人利用信息化改变传统生产方式,以及由此造成的影响方面展开。

三、最近几年有关信息化、数字化和人工智能对就业市场的研究

最近几年信息化、人工智能和机器人等相关技术对劳动力需求结构的影响,比较系统的研究来自阿西莫卢和雷斯特雷波(Acemoglu and Restrepo)。他们构建了一套理论模型研究了这些技术进步导致不同技能、不同年龄结构劳动力需求的差异性影响。

阿西莫卢和雷斯特雷波(Acemoglu and Restrepo,2018a,2018b)构建理论模型,将生产区分为不同的任务,这些任务有一个连续的区间,部分区间只能由劳动力承担,而另外一部分区间则既可以由机器承担,又可以由劳动力承担。由于机器的边际产出要大于劳动力,因此利润最大化的选择会让厂商只选择采用机器生产。自动化和人工智能对劳动力市场的影响有两个方面的效应:一

方面,自动化和人工智能会替代部分劳动力,减少劳动力需求;另一方面,自动化和人工智能提高了生产效率,由于在生产过程中并不是所有任务环节都是可以被替代的,劳动生产率的提高会增加非自动化任务部分的劳动力的需求。这两种相反的效应并不能正好抵消。自动化导致的劳动力产出的增加幅度超过了工资增加幅度,因此会降低劳动收入占比。增加劳动密集型任务的占比可以抑制这种效应,但是如果新技术的技能要求不匹配,过快的技术引入的生产率效应有可能并不能覆盖引入的成本。

阿西莫卢和雷斯特雷波(Acemoglu and Restrepo,2018c)将劳动力根据年龄区分为中年和老年两个群体。中年人在生产性任务中有专业化优势,而老年人在非生产性任务中有专业化优势。由于机器可以替代参与生产性任务的劳动力,因此替代效应主要发生在生产性任务中。如果一国人口结构发生变化,比如老龄化导致中年劳动力供给减少,那么就会引致人工智能等相关技术的开发。在这一模型中技术是内生的。他们利用美国数据证实了理论分析得到的结论。其他学者分别就机器人对劳动力市场的影响进行了不同角度的研究。相似的研究还有多特等(Dauth et al.,2018)及格雷茨和迈克尔斯(Graetz and Michaels,2018)。

国内方面,刘飞和田高良(2019)的研究发现与国外有所差异,采用锐思金融数据库提供的 1999—2017 年四万多条上市公司员工层面的微观数据进行检验,发现信息技术投资可以显著促进就业,相对于软件资本,硬件资本对就业的影响更大,并且涉及的行业更广;研究还发现,企业员工学历水平提高,硬件资本会产生相反的作用,即减少就业,而且软件资本则反之。他们认为是由于员工劳动生产率越高就会减少硬件投资,而需要软件资本投资。

张鹏飞(2018)总结了人工智能对就业影响的相关研究,他认为人工智能带来的影响类似于之前的科技革命,尽管会产生机器替代人的现象,但是并不会产生大规模的失业。由人工智能导致的劳动生产率提高效应一定程度会提高就业。不过他肯定了原有的就业结构有可能会发生变化,比如技术进步的偏向性就会导致不同技术劳动力需求的差异性影响。程承坪和彭欢(2018)讨论了人工智能影响就业的机制,他们认为从经济学的角度来看,人工智能对就业的影响分为就业创造和就业替代两种效应。就业创造是指由技术进步导致效率提高、成本降低和分工加深造成的劳动力需求增加;就业替代是指技术进步降低劳动强度提高效应从而替代部分原有的劳动,并且技术换代会导致短暂的结构性失衡,渗透性的技术创新以及管理技术进步等都会对就业结构产生较大影响,从而替代部分冗余就业及淘汰的产业和技术相关的就业。从非经济学的机理来看,这方面变革包括人口学机理和哲学两个方面。这两个方面事实上是把人口与技术内生化,从人口学的角度来分析,技术进步会导致人口增长,从而导致需求增加,就业提高,又会导致新一轮技术进步的产生;从哲学的角度分析,是人的欲望推动了技术进步,进而影响需求和就业。据此,程承坪和彭欢给出了一系列发展人工智能的建议。

关于收入分配方面,贺娅萍和徐康宁(2019)研究了互联网对城乡收入差距的影响。他们基于搜寻匹配理论,认为互联网的运用提高了搜寻效率,降低了搜寻成本,效率的提高有利于工资水平的上升。基于中国区域间的互联网普及差异现实,可以推断由互联网导致收入水平上升,会拉大城乡收入差距。这一推断在实证中得到了证实,通过省级面板数据的回归分析发现城乡互联网普及的差异越大,对缩小城乡收入差距的抑制作用也就越大。张奕芳(2018)将互联网和人口红利放在同一分析框架中,构建内生贸易模型,把互联网作为内生变量,研究探讨互联网的发展带来的福利改善是否可以抵消人口红利消失导致贸易福利的损失。通过省际面板数据的实证分析,发现虽然人口红利消失会对贸易福利产生负面影响,但互联网发展造成了贸易福利巨大改善,可以弥补这种影响。从区域层面来看,互联网造成的贸易福利改善效应在中部地区最为明显。相似的研究还有郭凯明(2019),他在理论上证明了人工智能发展通过促进生产要素在产业部门间流动,会导致不同部门劳动收入份额变动。

第三节　信息化、生产方式与劳动力需求

一、信息化通过改变生产方式影响劳动力市场

如前所述,从技术进步角度对劳动力需求的研究,缺少新技术与高技能劳动力互补机制,不能解释劳动与资本之间的具体投入变化产生的原因,生产中资本与劳动的关系,以及不同技能劳动力的分工过程仍然是一个"黑匣子"。为打开这个"黑匣子",一些学者试图从代表技术进步的信息技术与厂商生产组织方式之间关系的角度出发,即从微观角度寻求新的发现。

奥斯特曼(Osterman,1994,1999)和伊奇尼奥夫斯基等(Ichniowski et al.,1996)发现传统的由标准化生产线批量生产的方式已经发生改变,代之以更为灵活和专业性的生产过程。林贝克和斯诺尔(Lindbeck and Snower,2000)对此的解释是生产技术和信息技术的发展促进了任务之间的互补性,劳动力对于多样性工作的偏好以及人力资本积累培养了更多的多样性人才这几个方面共同主导了生产方式从"泰勒式"的专业化向"传统式"的协作生产转变,这种转变增加了对多样型人才的需求。米尔格罗姆和罗伯茨(Milgrom and Roberts,1990)认为厂商的行销、生产、组织和管理是一个互补性的整体,当信息技术发展造成生产组织方式的变化以后会引起连锁的效应。具体而言,计算机网络和电子通信系统的发展降低了数据收集、处理和交换的成本以及产品开发和设计的成本,同时使得生产方式更为灵活,不仅减少了存货,而且可以更快适应用户的要求,厂商在增加信息技术投入的同时也会带来生产以及组织管理方式等各个相关方面配套改变,从而增加了人力资本的需求。持相似观点的还有布雷斯纳汉等(Bresnahan et al.,2002),他们认为信息技术、生产方式重组以及新产品的设计和开发三者的共同作用形成了技能偏向型技术进步。当技术进步造成信息技术产品的价格降低,厂商提高信息技术投入,产生与信息技术相关的生产组织转变和新产品的设计和开发,引致了高技能劳动力的需求增加,进一

步又会提高信息技术投资的需求。他们通过对美国 300 家大型企业 1987—1994 年调查数据的证实研究验证了上述结论。

博根和威尔(Borghans and Weel,2006)研究了信息技术发展对劳动力分工的影响,他们认为劳动力专业化分工加深可以提高劳动生产率,但这会增加协调成本,最优的分工是专业化收益与交流和协调成本之间权衡的结果。信息技术一方面减少了生产时间,另一方面降低了协调和交流的时间,这两个方面的影响对于分工的作用是完全相反的,生产时间的减少提高了劳动生产率,使得分工程度降低,不同技能劳动力承担更多的任务;协调时间的减少则扩大了不同技能劳动力劳动生产率的差异,使得分工程度进一步深化,高技能劳动力承担更多的任务,增加了高技能劳动力的需求。最后使用荷兰 1990—1996 年企业层面的调查数据进行了经验分析。

从以上的内容可以看出,现有的研究就信息技术的使用对传统生产方式的影响,以及由此造成生产组织的改变,从不同的侧面进行了分析,对于剖析信息化过程的微观影响机制问题可以算得上是一种"破冰"的研究。但是这些研究仍然略显"宏观",因为信息技术发展非常迅速,由其造成的影响也是一个复杂和系统的问题,涉及管理学,以及具体的生产技术,并且针对不同的国家、不同的行业以及不同的企业,特别是在不同的阶段,影响过程的差异性也非常明显,因此,对于这一方面的问题,未来仍然有很大的研究空间。在已有的研究中,博根和威尔(Borghans and Weel,2006)创新性地将生产过程中劳动力的生产时间和交流时间引入,从信息技术影响劳动力的生产时间和交流时间方面考察了信息化对劳动分工的影响,本书在国家和行业层面的分析中,正是借鉴了这一思想,将生产中劳动力之间的交流时间考虑在内,采用理论模型说明了信息技术造成高技能劳动力相对需求增加的微观机制,并且引入了团队合作程度,考察了行业间的差异。

二、信息化、生产方式与劳动力需求相关研究评述

总结了现有关于信息化问题的相关研究,发现已有的研究主要从信息化对

经济增长和贸易的影响方面展开。这些研究从不同的角度肯定了信息对经济增长和劳动生产率的促进作用,彰显了信息化过程的积极作用,但是对于信息化对其他方面如就业的影响的研究不足。

接下来,针对就业问题,从劳动力需求数量和劳动收入占比的变化,以及高技能劳动力相对于低技能劳动力的需求两个方面,对已有的研究进行了总结,我们发现,针对第一个方面,即劳动力需求数量相对下降的问题,现有的研究已经注意到增长的就业弹性在下降,但是却未能明确导致这一问题产生的主要原因,连同劳动收入占比的下降,更多的研究主要从经济结构的变化、制度等方面寻找问题的原因,都忽视了一个重要的现实,就是出现劳动力相对需求下降的现象是与信息化发展过程恰好同步的,鲜有研究着手从信息化的角度寻找原因。

针对第二个方面,高技能劳动力的相对需求上升的趋势,已有研究主要从技能溢价上升的现象入手,对于这一现象的解释主要集中于国际贸易和偏向型技术进步两个方面。毫无疑问,国际贸易会造成发达国家高技能劳动力的相对需求上升,但是对于发展中国家却应该相反,这就无法解释几乎是全球范围内普遍发生的技能溢价提高现象;再将问题落到偏向型技术进步上,很多实证研究显示新技术确实是偏向于高技能劳动力的,但是这里同样存在一个问题,就是新技术为什么会偏向高技能劳动力? 虽然部分学者如阿西莫卢(Acemoglu)从内生技术角度,认为高技能劳动力的供给增加最终造成偏向于高技能的技术更多的供给,但是生产方式的变更是一个长期和彻底的过程,从历史上看,任何一次足以改变传统生产方式的大的科技革命都是一次外生的技术冲击,所以,在几十年的时间内,由劳动力供给结构造成生产技术方向变革的看法也值得商榷。但是同样不可否认的一个事实就是,生产中智能化的设备确实替代了很多简单、重复的生产工序,比如富士康已经开始引进机械人进行生产,并且对智能化设备的管理、使用也需要技能水平更高的工人,这就是信息化的结果,已有的研究同样忽视了这一事实。

　　既然信息化非常重要,并且我们认为信息化的过程不单是对增长有促进作用,同时由于信息化改变了传统的生产方式,从而对就业也产生了深远的影响,那么下一步针对信息化对传统生产方式的改变方面的研究进行总结,总结已有的研究发现,虽然针对这方面的问题部分学者基于企业层面,从不同的维度进行了相关的研究,但是仍然很难完整地诠释信息化的影响过程。博根和威尔(Borghans and Weel,2006)创新性地从信息化影响生产时间和交流时间讨论劳动力分工,相对而言更为准确地把握了信息技术对劳动力分工的主要影响过程,为本书的理论部分提供了有益的借鉴。

　　因此,本章在总结已有文献的基础上,发现了存在的问题,并且汲取了这些研究有益的思想。接下来,我们试图将资本信息化与劳动力需求的变化结合起来,首先在理论部分,就资本信息化的过程影响劳动力需求的路径进行详细的分析,然后,在实证中对于理论分析的结论进行经验分析。

第三章　信息化对劳动力需求的影响机制

　　首先,区分两大生产过程:生产性过程和服务性过程。生产性过程对应制造业,服务性过程对应服务业。区分生产过程的原因在于两大产业的生产过程完成方式有差异。具体地,借鉴阿西莫卢和雷斯特雷波(Acemoglu and Restrepo)的思想,假设完成一个生产过程有多个生产任务组成。机器是否可以替代人来完成生产任务,主要取决于一点,就是生产任务可否被标准化。从现实来看,制造业生产任务可标准化程度很高,相反服务业生产任务个性化程度更高。所以,机器替代劳动力更多体现在生产性过程中。因此我们可以假设生产性过程中生产任务一部分是由机器承担,另一部分由劳动力承担;而服务性过程中只有少量任务可以由机器承担。

　　其次,替代效应主导生产性过程,互补效应主导服务性过程。由于生产性过程的生产任务可标准化,因此部分任务可以由机器承担,并且随着信息资本渗透的加速,由机器承担的任务越来越多,对劳动力的需求就越来越少,所以主要体现为替代效应;服务性过程由于只有少量生产任务可由机器承担,所以信息化过程对服务性过程的作用主要体现为劳动生产率的提高,从而导致劳动力需求的增加,主要体现为互补效应。

　　再次,替代效应主要影响技能结构。生产性过程中一部分可以标准化的任务可以被机器所替代。可以标准化的任务,意味着任务属性是相对简单和一致的工序。当然,随着机器智能化程度提高,可以替代任务的复杂程度也在提高。但无论如何,这些任务主要由低技能劳动力承担。高技能劳动力承担需要复杂的、个性化的决策思维才能实现的任务一般无法用机器替代。信息资本渗透会导致不同技能劳动力的需求差异——高技能劳动力需求增加,而低技能劳动力需求降低。

还有,互补效应既影响技能结构又影响年龄结构。在生产性过程(对应制造业)中互补效应主要导致高技能劳动力需求的增加,因为信息化导致劳动生产率提高会增加高技能劳动力的需求,因为无法用机器替代的任务主要由高技能劳动力完成。在服务性过程(对应服务业)中互补效应主要体现在年龄结构方面。服务性过程在生产任务的低端,一般要求体力和反应能力比较快的年轻人,比如快递、洗车等等;而另一端则需要技术、经验丰富,能力比较强的劳动力,这部分劳动力一般入行时间较久,年龄较大(例如金融、律师等)。如果不考虑供给因素,互补效应会导致年龄较小劳动力和年龄较长的劳动力的需求增加。

事实上从年龄结构和技能结构的分析也能很大程度上解释为什么年纪轻的劳动力出现招工难,而新毕业的大学生却出现就业难的现象。从年龄结构上,服务业对年轻劳动力的需求较大,但是这部分劳动力大多数是要承担体力劳动的,新毕业大学生一般不愿意承担这样的工作;与此同时,新毕业大学生虽然受教育程度较高,但由于是新毕业,并不能算是高技能劳动力,无论在制造业还是在服务业,很难一开始就能从事管理岗位,导致这部分劳动力就业困难的现实。

因此,从结构上来看,信息化导致高低技能劳动力需求结构变化主要体现在制造业,而导致不同年龄结构劳动力需求结构变化则主要体现在服务业。

第一节　信息化与劳动力需求数量

基于总量的角度来看,在生产中,信息资本渗透会导致资本相对投入增加,劳动相对投入减少。亦即信息资本的价格下降,导致其边际产出增加,资本的投入增加,劳动的投入减少,进而导致劳动力需求数量减少。这一影响机制是:半导体价格下降—信息资本价格下降—信息资本投入增加—资本边际产出增加—劳动相对投入减少。

一、国家和行业层面分析

信息技术的飞速发展源于 20 世纪中叶半导体技术的突破,使得半导体的价格大幅下降,半导体技术的广泛应用推动了信息产业的壮大以及信息技术在生产生活中的推广。由此,造成了生产和生活方式的转变,尤其是生产方式。在生产中,传统的由劳动力进行操作的简单工序被智能化的设备所取代,信息资本比重上升,资本的投入增加,相对而言,对劳动力的需求会下降,由此致使劳动在收入中的分配比重下降。

为了阐述这一影响机制的具体过程,本节基于宏观层面建立理论模型,详细说明信息化对劳动力需求数量和劳动收入占比的影响。

关于技术进步对劳动收入占比的影响,卡拉巴布尼斯和内曼(Karabarbounis and Neiman,2014)已经采用理论模型进行了详细的讨论,不过他们更多是为了能采用计量方法予以证实,并没有对技术进步的来源、影响的具体原因进行详细的解释,但是模型本身却体现了技术的影响,因此本节将卡拉巴布尼斯和内曼(Karabarbounis and Neiman,2014)的理论模型进行适当的简化,在该模型的基础上进行简单的拓展分析,并试图作出新的诠释:重点是引入信息技术的影响,对信息化的影响过程进行详细的解释,并且,考虑不同行业资本与劳动替代弹性差异。需要说明的是,为了分析方便,在建模中我们主要考察的是劳动收入占比的变化,以此来分析劳动力需求数量的变化,因为理论上,在供给等其他条件不变的情况下,如果均衡的劳动收入占比下降,那么均衡的劳动力需求数量必然是下降的。

(一) 基本假定

假定全社会分为生产部门和家庭部门两大部门,生产部门又细分为最终产品 Q(消费品)生产部门、投资品 H 生产部门和中间产品 M,$M \in [0, 1]$ 生产部门。其中最终产品和资品的生产只有一种要素投入,就是中间品 M,并且这两个部门都是完全竞争的;中间品的生产的要素投入有两种,资本 K 和劳动 L,

是垄断竞争的生产部门。家庭部门购买最终产品用以消费,并且提供劳动和资本。

(二) 最终产品生产部门

最终产品的生产是由连续的中间品 M 的投入产生,为分析方便,假定生产函数是 CES 形式的,在时期 t,最终产品 Q_t 为:

$$Q_t = \left[\int_0^1 q_t(m)^{\frac{\varepsilon-1}{\varepsilon}} dm\right]^{\frac{\varepsilon}{\varepsilon-1}}, \varepsilon > 1 \qquad (3-1)$$

其中, $q(m)$ 表示投入 m 的中间品能生产最终产品的数量; $\varepsilon > 1$ 体现了不同中间品投入的替代弹性。

记中间产品 m 的价格为 $p_t(m)$,最终产品的价格为 P_{Ct} ,根据成本最小化的优化过程,可以得到:

$$q_t(m) = \left[\frac{p_t(m)}{P_{Ct}}\right]^{-\varepsilon} Q_t \qquad (3-2)$$

那么,厂商的总成本为:

$$TC_t = \int_0^1 \left[p_t(m)q_t(m)\right] dm = P_{Ct}Q_t \int_0^1 p_t(m)^{1-\varepsilon} dm \qquad (3-3)$$

边际成本为:

$$MC_t = P_{Ct} \int_0^1 p_t(m)^{1-\varepsilon} dm \qquad (3-4)$$

将最终产品的价格 P_{Ct} 标准化为 1,并且由于最终产品部门是完全竞争的, $P = MC$,因此,有:

$$P_{Ct} = \left[\int_0^1 p_t(m)^{1-\varepsilon} dm\right]^{\frac{1}{1-\varepsilon}} = 1 \qquad (3-5)$$

(三) 投资品生产部门

投资品的生产同样只有一种投入要素 M ,与最终产品的生产不同,在这里

我们考虑技术因素 η，η 越大表示生产的技术水平越高，或者 η 可以看成是生产投资品与消费品的技术水平之比，生产函数如下：

$$H_t = \eta\left[\int_0^1 h_t(m)^{\frac{\varepsilon-1}{\varepsilon}} dm\right]^{\frac{\varepsilon}{\varepsilon-1}}, \varepsilon > 1 \qquad (3-6)$$

结合式(3-1)的分析容易得到，投资品的价格 $P_{Ht} = 1/\eta$，当生产投资品的技术相对于生产最终产品的技术获得改进，η 上升，投资品的价格降低。同样，由厂商成本最小化的优化结果可以得到：

$$h_t(m) = \frac{1}{\eta} p_t(m)^{-\varepsilon} H_t \qquad (3-7)$$

（四）　中间产品的生产部门

中间产品生产部门处于垄断竞争市场中，生产中需要投入资本 K 和劳动 L，具体生产函数为：

$$Y_t = F(K_t, L_t) = \left[\alpha(A_t K_t)^{\frac{\sigma-1}{\sigma}} + (1-\alpha)(N_t L_t)^{\frac{\sigma-1}{\sigma}}\right]^{\frac{\sigma}{\sigma-1}}, \sigma > 1 \quad (3-8)$$

上式中，参数 A 和 N 分别代表了资本增进型技术进步和劳动增进型技术进步；σ 表示资本和劳动之间的替代弹性，$\sigma > 1$ 的假定参照了许多已有研究的结果，比如卡拉巴布尼斯和内曼（Karabarbounis and Neiman，2014）通过实证研究估计得到 σ 在 1.25 左右。

（五）　家庭部门

家庭部门购买最终产品用于消费，购买投资品用于资本积累，并且将拥有的资本以价格 R 租借给中间品生产厂商，同时以价格 W 向其提供劳动 L。家庭的收入为资本的收入、劳动的收入以及利润 Π——所有的企业的所有权都属于家庭。假定家庭同时持有部分财富 B，利率为 r，那么 t 时期家庭的最外优化问题就是购买多少消费品 Q_t、购买多少投资品 H_t、提供多少劳动 L_t、K_{t+1} 以及保留多少财富 B_{t+1}。假定贴现因子为 β，偏好转移效应为 λ，那么家庭的最优化问题就是：

$$\max_{\{Q_t, H_t, L_t, K_{t+1}, B_{t+1}\}_{t=t_0}^{\infty}} \sum_{t_0}^{\infty} \beta^{t-t_0}(Q_t, L_t; \lambda) \tag{3-9}$$

约束条件：

$$Q_t + \frac{H_t}{\eta} + B_{t+1} - (1+r_t)B_t = W_t L_t + R_t K_t + \Pi_t$$

$$= \int_0^1 [W_t l_t(m) + R_t k_t(m) + \pi_t(m)] dm \tag{3-10}$$

$$K_{t+1} = (1-\delta)K_t + H_t \tag{3-11}$$

其中，劳动为 $L_t = \int_0^1 l_t(m) dm$，总资本存量 $K_t = \int_0^1 k_t(m) dm$。一阶条件可以得到：

$$R_{t+1} = \frac{1}{\eta_t}(1+r_{t+1}) - \frac{1}{\eta_{t+1}}(1-\delta) \tag{3-12}$$

其中 $1+r_{t+1} = \frac{1}{\beta}\frac{V(Q_t, L_t)}{V(Q_{t+1}, L_{t+1})}$，以上结果表明家庭投资的最优结果是资本的边际成本等于边际收益。

(六) 均衡分析

首先，中间品厂商的利润最大化问题为：

$$\max_{p_t(m), y_t(m), k_t(m), l_t(m)} \Pi_t(m) = p_t(m)y_t(m) - R_t k_t(m) - W_t l_t(m) \tag{3-13}$$

约束条件为：

$$y_t(m) = p_t(m)^{-\varepsilon}\left(Q_t + \frac{H_t}{\eta}\right) = Y_t \tag{3-14}$$

因此，可以得到以下结果：

$$p_t(m)\frac{\partial F}{\partial k} = \rho R_t \qquad (3-15)$$

$$p_t(m)\frac{\partial F}{\partial l} = \rho W_t \qquad (3-16)$$

其中 ρ 为企业成本加成定价的加成率，$\rho = \varepsilon/(\varepsilon-1)$。

进一步，结合中间品的生产函数式(3-8)，可以得到：

$$\frac{\partial F}{\partial k} = \alpha A_t^{\frac{\sigma-1}{\sigma}}\left(\frac{Y_t}{K_t}\right) = \rho R_t \qquad (3-17)$$

$$\frac{\partial F}{\partial l} = (1-\alpha)N_t^{\frac{\sigma-1}{\sigma}}\left(\frac{Y_t}{K_t}\right) = \rho W_t \qquad (3-18)$$

经济社会均衡的条件为：家庭部门实现效用最大化、生产部门实现利润最大化，并且，产品市场、劳动力市场以及资本市场出清。稳态下，所有的变量随着时间变化保持恒定。结合对称性，在均衡的稳态，有：

$$p_t(m) = P_{Ct} = 1, \ k_t(m) = K_t, \ l_t(m) = L_t,$$

$$q_t(m) = Q_t, \ h_t(m) = \frac{H_t}{\eta_t}, \ y_t(m) = Q_t + \frac{H_t}{\eta}。$$

（七）劳动收入占比的影响

因此，劳动收入占比 S_{Lt}、资本收入占比 S_{Kt} 和利润占比为：

$$S_{Lt} = \frac{W_t L_t}{Y_t} = \frac{1}{\rho}\left(\frac{W_t L_t}{W_t L_t + R_t K_t}\right) \qquad (3-19)$$

$$S_{Kt} = \frac{R_t K_t}{Y_t} = \frac{1}{\rho}\left(\frac{R_t K_t}{W_t L_t + R_t K_t}\right) \qquad (3-20)$$

$$S_{\Pi t} = \frac{\Pi_t}{Y_t} = 1 - \frac{1}{\rho} \qquad (3-21)$$

三式之和为 1。结合式(3-17)和式(3-18)，可以得到下式：

$$1 - \rho S_{Lt} = \alpha^\sigma \rho^{1-\sigma} A_t^{\sigma-1} R_t^{1-\sigma} \qquad (3-22)$$

考虑到稳态下 $R = \dfrac{1}{\eta}$，并且令 $G = 1 - \rho S_L$，$J = \alpha^\sigma \rho^{1-\sigma}$ 那么有：

$$G_t = JA_t^{\sigma-1}\eta_t^{\sigma-1} \qquad (3-23)$$

由于 $\sigma - 1 > 0$，因此有：

$$\frac{\partial G}{\partial A} > 0,\ \frac{\partial G}{\partial \eta} > 0 \ 和\ \frac{\partial^2 G}{\partial \eta \partial A} > 0 \qquad (3-24)$$

上式说明，无论是资本增进型技术进步（实际就是资本相对于劳动的边际产出增加），或者是生产资本的技术改进，都会造成 G 的增加，并且，当发生技术进步，导致资本的价格降低时，如果资本相对于劳动的边际产出增加时，那么由技术进步导致 G 增加得更多。而 G 与劳动收入占比成反比，说明生产资本的技术改进以及资本增进型的技术进步都会造成劳动收入占比的下降。

在以上的讨论中我们将所有的行业作为一个整体来处理，现在可以进行进一步拓展考察，如果很多行业，不同的行业差别仅在于劳动与资本之间的替代弹性 σ，由式(3-23)很容易可以得到 $\dfrac{\partial G}{\partial \sigma} > 0$，$\dfrac{\partial^2 G}{\partial A \partial \sigma} > 0$ 和 $\dfrac{\partial^2 G}{\partial \eta \partial \sigma} > 0$，这说明替代弹性大的行业劳动收入占比更少，并且，由技术进步造成劳动收入占比变化的影响效应更大。

（八）劳动力需求数量的影响

以上我们讨论的是劳动收入占比，考察劳动收入占比的变化主要是为劳动力需求数量的变化做准备。因此接下来在此基础上考虑劳动力需求的影响。由于在模型的整体设定中，劳动力的供给没有弹性，即劳动力的数量是固定的，因此劳动力收入的变化就体现了劳动力需求的变化。当劳动收入占比下降时，表明劳动的报酬下降，在劳动力供给数量固定的条件下，说明全社会对于劳动力的需求数量也是下降的，换句话说，在宏观整体的分析框架内，劳动收入占比与劳动力数量的变化是一致的。

（九）　具体的影响路径总结

式(3-7)和(3-8)说明：首先，如果发生资本增进型技术进步，亦即资本相对于劳动的边际产出增加(实际上信息技术出现以后，信息资本比传统的资本边际产出更高，生产中信息技术的应用更多造成整体资本投入的边际产出增加就是一种资本增进型技术进步)，在其他条件不变的情况下，厂商会增加资本的投入，减少劳动力的投入，一方面，造成劳动力需求数量的减少，另一方面，劳动收入占比也会随之降低；其次，如果其他情况相同，当生产投资品技术改进，资本的价格下降，厂商同样会增加资本的投入，劳动的相对投入就会下降，劳动收入占比也会降低；再次，生产资本的技术改进导致资本价格下降造成的影响与资本的属性有关，如果资本相对于劳动的边际产出更大，那么技术进步导致资本下降，进而影响劳动力需求和劳动收入占比的效应也就更大；最后，这种效应对于不同行业的影响有差异，在资本与劳动替代弹性更大的行业则体现得更为明显。

以上的分析结果与现实情况比较相符，20世纪中后期，由于半导体技术进步，半导体的价格大幅度下降，半导体技术的发展和应用，造成信息设备生产部门劳动生产率的提高导致信息技术设备的价格大幅度下降，使得经济社会中计算机、通信设备以及其他信息设备使用增加，信息资本的使用成本降低，生产中信息资本投入比重增加(Jorgenson，2001)，由于信息资本相对于劳动的边际产出更高(Jorgenson and Stiroh，1999；Ark and Piatkowski，2004；Venturini，2009；Basu and Fernald，2007；Brynjolfsson and Hitt，2000；Bharadwaj，2000；Karlsson et al.，2010；Bayo-Moriones et al.，2013)，相当于模型中的资本增进型技术进步，因此总的资本投入增加，从而造成劳动力需求下降，劳动收入占比降低。并且，信息资本替代劳动的数量还取决于一个重要的行业特征，就是资本与劳动之间的替代弹性(Krusell et al.，2000)，对于替代弹性大的行业，用信息资本替代劳动更为容易，自然这种效应也就越明显。

总结有命题3.1.1。

命题3.1.1：资本信息化的过程会对劳动力的需求数量和劳动收入占比产

生影响。当技术进步导致信息资本价格下降,导致生产中信息资本在资本投入中所占比重上升的信息化过程,造成资本的边际产出增加,在资本与劳动的投入选择上,厂商会增加资本的投入,降低劳动投入,不仅造成劳动力需求数量的降低,而且还会造成劳动收入占比的下降;并且,这种效应在资本与劳动的替代弹性更大的行业体现得更为明显。

二、微观分析:异质性企业框架

(一) 需求

沿用梅里兹(Melitz,2003)的假定,假定全社会生产多种差异化消费品 $q(i)$, $i \in \Omega$,Ω 表示产品的种类。代表性消费者的效用函数是 CES 形式:

$$U = \left[\int_{i \in \Omega} q(i)^{\rho} di \right]^{\frac{1}{\rho}}, \text{且 } 0 < \rho < 1 \tag{3-25}$$

产品之间的替代弹性为 $\varepsilon = (1-\rho)^{-1} > 1$,接下来本章将看到 ε 同样也是企业面临的需求弹性。根据迪克西特及斯蒂格利茨(Dixit and Stiglitz,1977)及梅里兹(Melitz,2003)的已有结论,产品的总体价格指数、需求函数以及厂商的收益分别为:

$$P = \left[\int_{i \in \Omega} p(i)^{1-\sigma} di \right]^{\frac{1}{1-\varepsilon}} \tag{3-26}$$

$$q(i) = Q \left(\frac{p(i)}{P} \right)^{-\varepsilon} \tag{3-27}$$

$$r(i) = R \left(\frac{p(i)}{P} \right)^{1-\varepsilon} \tag{3-28}$$

其中 $R = PQ = \int_{i \in \Omega} r(i) di$ 表示总支出。

(二) 生产

假定社会有两大生产部门:资本品和消费品,前者是中间产品,对其需求属于引致需求,用于生产最终产品即消费品,并且资本品市场是完全竞争的,消费品市场是垄断竞争的。

1. 资本品生产

借鉴克鲁塞尔等(2000)的思想,将资本分为两种,一种是信息资本 K_1,另一种是传统资本 K_2[①],生产函数分别为:

$$K_h = \eta_h L,\ h = 1,\ 2 \tag{3-29}$$

其中 L 表示劳动投入,η 为代表生产技术的参数。如果把劳动力的工资标准化为1,那么资本的价格为:

$$r_h = 1/\eta_h \tag{3-30}$$

本章的分析主要集中于消费品市场,接下来对消费品的生产和消费进行详细讨论。

2. 消费品生产

(1) 基本设定

每个企业选择生产一种产品,企业 i 的生产函数为:

$$q(i) = \left[\phi(i)K_1(i)^{\frac{\sigma-1}{\sigma}} + (K_2(i)^{\frac{\delta-1}{\delta}} + L(i)^{\frac{\delta-1}{\delta}})^{\frac{\delta}{\delta-1}\frac{\sigma-1}{\sigma}}\right]^{\frac{\sigma}{\sigma-1}},\ 1 < \delta < \sigma \tag{3-31}$$

其中 K_1、K_2 和 L 分别表示信息资本、传统资本和劳动;δ 为传统资本和劳动的替代弹性,$\delta > 1$;ϕ 是大于0的参数。上述生产函数的含义是:企业可以投资两种资本,一种是信息资本,如机器手臂、数控车床,其特点是需要配置以信息技术才可以使用,即信息资本投入的效率要受到企业应用信息技术能力的限制,体现在参数 ϕ 的差异;第二种资本是传统资本,如传统车床,其特点是

---

① 克鲁塞尔等(Krusell et al., 2000)将资本分为结构资本和设备资本,用以区别不同资本对于高、低技能劳动力互补程度差异;本书着重考察信息化的影响,因此将资本区分为与信息技术、设备相关的资本,如智能化控制系统和柔性制造系统(Flexible Manufacture System, FMS)等,其他的更接近于传统生产方式所使用的资本,如传统的车床等,我们将其定义为传统资本。

在具体操作中需要人的更多介入。信息资本的投入一方面会替代传统的资本，另一方面也会替代部分劳动力（Karabarbounis and Neiman，2014），并且替代弹性为 σ，$\delta < \sigma$ 意味着与信息资本相比，传统资本对劳动力的替代性较少，甚至与劳动投入之间是互补性的，即机器设备的增加需要操作工人的投入相应增加。

受到教育背景、工作经验、年龄等因素的影响，不同企业家对信息化的认知、对信息资本的配置和利用等方面的能力是有差异的，这一差异决定了厂商对信息技术、设备的利用效率，在此本书称之为厂商的信息利用效率。结合生产函数的定义可知，不同厂商信息利用效率的异质性反应在生产函数上就是参数 ϕ 的差异，效率更高则 ϕ 更大，因此可以用 ϕ 表示信息利用效率。类似于梅里兹（Melitz，2003），企业家在付出一定的沉没成本（如研发、培训和学习等）后，发现自身与信息化相关的综合能力差异，但是，在进入行业之前，企业家无法确认投入信息资本进行生产过程中，对于信息资本的利用效率。

由企业的成本最小化：$\min\limits_{K_1,K_2,L} TC = r_1 K_1 + r_2 K_2 + wL$

$$s.t. \quad q = \left[\phi K_1^{\frac{\sigma-1}{\sigma}} + (K_2^{\frac{\delta-1}{\delta}} + L^{\frac{\delta-1}{\delta}})^{\frac{\delta}{\delta-1}\frac{\sigma-1}{\sigma}}\right]^{\frac{\sigma}{\sigma-1}}$$

可以得到三种要素的需求函数[①]为：

$$K_1 = \frac{\phi^\sigma \eta_1^\sigma}{\Gamma(\phi)^{\frac{\sigma}{\sigma-1}}} q \qquad (3-32)$$

$$K_2 = \frac{(1+\eta_2^{\delta-1})^{\frac{\sigma-\delta}{\delta-1}}}{\Gamma(\phi)^{\frac{\sigma}{\sigma-1}}} \eta_2^\delta q \qquad (3-33)$$

[①] 由于本节所讨论的企业异质性来源于参数 ϕ，不同企业的要素投入、产出、价格以及收益等都是 ϕ 的函数，因此本书在后文的分析中主要通过 ϕ 的变化考察不同企业的差异，而不再以 i 进行标识。

$$L = \frac{(1 + \eta_2^{\delta-1})^{\frac{\sigma-\delta}{\delta-1}}}{\Gamma(\phi)^{\frac{\sigma}{\sigma-1}}} q \qquad (3-34)$$

其中 $\Gamma(\phi) = \phi^\sigma \eta_1^{\sigma-1} + (1 + \eta_2^{\delta-1})^{\frac{\sigma-1}{\delta-1}}$。

边际成本为：

$$MC(\phi) = \Gamma(\phi)^{\frac{1}{1-\sigma}} \qquad (3-35)$$

首先不考虑企业的异质性，每个垄断竞争厂商面对的剩余需求曲线的替代弹性为 ε，利润最大化的厂商选择的定价为 $p/MC = 1/\rho$，即：

$$p(\phi) = \frac{1}{\rho} \Gamma(\phi)^{\frac{1}{1-\sigma}} = \frac{\varepsilon}{\varepsilon-1} \Gamma(\phi)^{\frac{1}{1-\sigma}} \qquad (3-36)$$

利润为：

$$\pi(\phi) = r(\phi) - r_1 K_1(\phi) - r_2 K_2(\phi) - wL(\phi) = \frac{1}{\varepsilon} r(\phi) \qquad (3-37)$$

由式(3-5)、(3-6)和(3-12)可得：

$$r(\phi) = \left(\frac{\varepsilon}{\varepsilon-1}\right)^{1-\varepsilon} RP^{\varepsilon-1} \Gamma(\phi)^{\frac{1-\varepsilon}{1-\sigma}} \qquad (3-38)$$

$$\pi(\phi) = \left(\frac{\varepsilon}{\varepsilon-1}\right)^{1-\varepsilon} \frac{RP^{\varepsilon-1}}{\varepsilon} \Gamma(\phi)^{\frac{1-\varepsilon}{1-\sigma}} \qquad (3-39)$$

不同厂商的产出、收益和利润差异仅取决于 ϕ 的大小：

$$\frac{q(i)}{q(j)} = \frac{q(\phi_i)}{q(\phi_i)} = \left(\frac{\Gamma(\phi_i)}{\Gamma(\phi_j)}\right)^{\frac{-\varepsilon}{1-\sigma}} \qquad (3-40a)$$

$$\frac{r(i)}{r(j)} = \frac{r(\phi_i)}{r(\phi_j)} = \left(\frac{\Gamma(\phi_i)}{\Gamma(\phi_j)}\right)^{\frac{1-\varepsilon}{1-\delta}} \qquad (3-40b)$$

$$\frac{\pi(i)}{\pi(j)} = \frac{\pi(\phi_i)}{\pi(\phi_j)} = \left(\frac{\Gamma(\phi_i)}{\Gamma(\phi_j)}\right)^{\frac{1-\varepsilon}{1-\delta}} \qquad (3-40c)$$

式(3-40a)—(3-40c)的含义是信息利用效率高的企业,会生产更多的产品,并且获得更大的利润①。

在均衡情况下,有数量为 M 的厂商,其信息利用效率为 $\phi \in [0, +\infty)$ 的分布为 $\mu(\phi)$,因此产品的总体价格指数 P 为:

$$P = \left[\int_0^{+\infty} p(\phi)^{1-\varepsilon} M\mu(\phi)d\phi\right]^{\frac{1}{1-\varepsilon}} = M^{\frac{1}{\varepsilon-1}} p(\tilde{\phi}) \tag{3-41}$$

其中 $p(\tilde{\phi}) = \left[\int_0^{+\infty} p(\phi)^{1-\varepsilon}\mu(\phi)d\phi\right]^{\frac{1}{1-\varepsilon}}$,$\tilde{\phi}$ 表示所有厂商的加权平均信息利用效率。产品的总产量 Q、厂商的总收益 R 和总利润 Π 以及平均收益 $\bar{r}$ 和平均利润 $\bar{\pi}$ 分别为:

$$Q = M^{\frac{1}{\rho}} q(\tilde{\phi}), \quad R = Mr(\tilde{\phi}), \quad \Pi = M\pi(\tilde{\phi})$$
$$\bar{r} = R/M = r(\tilde{\phi}), \quad \bar{\pi} = \Pi/M = \pi(\tilde{\phi})$$

(2) 厂商的选择

潜在厂商在进入时需要投入一个初始固定成本 F(以劳动力来衡量),F 属于沉没成本,投入后不可回收。不同的潜在厂商企业家与信息化相关的综合能力差异决定了信息利用效率 ϕ,因为企业组织(Brynjolfsson and Hitt, 2000; Brynjolfsson et al., 2002; Liang et al., 2010)及对劳动力的组织和培训(Boothby et al., 2010)等都会影响信息资本投入的效率,而这些与管理者的能力密切相关。本节假定潜在厂商企业家与信息化相关的综合能力所决定的 ϕ 服从概率密度为 $f(\phi)$ 的分布,分布函数为 $H(\phi)$,如前所述,潜在厂商在进入前不能准确确定自身的能力在整体分布中所处的位置。

沿用梅里兹(Melitz, 2003)的假定,在每一期,生产中的企业有 λ 的可能性会受到不利的冲击而退出,注意与梅里兹(Melitz, 2003)不同的是,在这里即使 $\phi = 0$,利润也不会为零,因此生产厂商最低的 ϕ 就是 0,并且 $\mu(\phi) = f(\phi)$。

---

① 注意 $\sigma > \delta > 1$、$\varepsilon > 1$ 和 $\partial\Gamma/\partial\phi > 0$,因此当 $\phi_i > \phi_j$ 时,式(3-40)的比值均大于1。

那么厂商进入的条件为 $\frac{1}{\lambda}\bar{\pi} - F > 0$，即当 $\pi(\tilde{\phi}) > \lambda F$ 时，厂商会选择进入。

（三）均衡

与梅里兹（Melitz，2003）中的分析相同，总劳动力 $L = L_p + L_k + L_e$，其中 L_p、L_k 和 L_e 分别表示最终消费品生产、资本品生产和新进入厂商前期投资所使用的劳动力。如果在位厂商的数量为 M，新进入厂商的数量为 M_e，那么 $M_e = \lambda M$。因此 $L_e = M_e F = \lambda M \frac{1}{\lambda}\bar{\pi} = M\bar{\pi} = \Pi$，$L_k = M\left(\frac{K_1(\tilde{\phi})}{\eta_1} + \frac{K_2(\tilde{\phi})}{\eta_2}\right)$，并且 $L_p + L_k = R - \Pi$，从而 $R = L_p + L_k + L_e$。

这说明总收益 R 一部分用于支付生产中工人的工资，另一部分用于信息资本和传统资本的投入，剩余部分就是获得的总利润 Π，而总利润全部补偿了前期的固定投入（以劳动力来衡量）L_e，收入与支出相等，实现了均衡。

厂商数量也是内生决定的，$M = \frac{R}{r} = \frac{L}{\varepsilon \bar{\pi}}$，均衡价格 $P = M^{\frac{1}{1-\varepsilon}} p(\tilde{\phi})$。

（四）厂商的要素投入差异

1. 要素投入比重的差异

记 $k_1 = \frac{r_1 K_1}{pq} = \frac{\varepsilon - 1}{\varepsilon} \frac{\phi^\sigma \eta_1^{\sigma-1}}{\Gamma(\phi)}$、$k_2 = \frac{r_2 K_2}{pq} = \frac{\varepsilon - 1}{\varepsilon} \frac{(1 + \eta_2^{\delta-1})^{\frac{\sigma-\delta}{\delta-1}}}{\Gamma(\phi)} \eta_2^{\delta-1}$ 和 $l = \frac{wL}{pq} = \frac{\varepsilon - 1}{\varepsilon} \frac{(1 + \eta_2^{\delta-1})^{\frac{\sigma-\delta}{\delta-1}}}{\Gamma(\phi)}$ 分别表示信息资本、传统资本和劳动投入在收益中所占的份额，亦即不同要素收入占比。考察两个厂商：厂商 i 和 j，并且 $\phi_i > \phi_j$。结合式（3-32）、（3-33）和（3-10），这两个厂商对应的单位要素投入之比为：

$$a = \frac{k_1(\phi_i)}{k_1(\phi_i)} = \left(\frac{\Gamma(\phi_i)}{\Gamma(\phi_j)}\right)^{-1} \left(\frac{\phi_i}{\phi_j}\right)^\sigma \qquad (3-42)$$

$$b = \frac{k_2(\phi_i)}{k_2(\phi_i)} = \left(\frac{\Gamma(\phi_i)}{\Gamma(\phi_j)}\right)^{-1} \qquad (3-43)$$

$$c = \frac{l(\phi_i)}{l(\phi_j)} = \left(\frac{\Gamma(\phi_i)}{\Gamma(\phi_j)}\right)^{-1} \qquad (3-44)$$

由 $\phi_i > \phi_j$ 和 $\sigma > \delta > 1$ 可以很容易得到 $a > 1$、$b < 1$ 和 $c < 1$。说明对信息利用效率更高的厂商,会投入相对更多的信息资本,而使用较少的传统资本和劳动。结合式(3-40)的结果,有命题3.1.2。

命题 3.1.2: 其他条件相同的情况下,信息利用效率高的厂商所投入的信息资本占其收益的比重更高,而传统资本和劳动的占比则相反,并且这类厂商生产效率更高、规模更大并获得更高的利润。

2. 要素投入数量的差异

以上考察了异质性厂商单位收益中不同要素投入份额差异,研究的是既定规模条件下不同要素之间投入比例的差异,然而信息利用效率差异会导致劳动生产率差异,进而影响相对价格和产出,产出的变化同样会影响要素的投入,为此,本节进一步分析信息利用效率不同的厂商在要素投入数量上的差异。

把式(3-27)分别代入式(3-32)、(3-33)和(3-34),结合式(3-36)并且记 $A = \left(\frac{\varepsilon}{\varepsilon-1}\right)^{-\varepsilon} P^\varepsilon Q$,可以将厂商的对信息资本、传统资本和劳动的需求改写为:

$$K_1 = A \eta_1^\sigma \phi^\sigma \Gamma(\phi)^{\frac{\sigma-\varepsilon}{1-\sigma}} \qquad (3-45)$$

$$K_2 = A(1+\eta_2^{\delta-1})^{\frac{\sigma-\delta}{\delta-1}} \eta_2^\delta \Gamma(\phi)^{\frac{\sigma-\varepsilon}{1-\sigma}} \qquad (3-46)$$

$$L = A(1+\eta_2^{\delta-1})^{\frac{\sigma-\delta}{\delta-1}} \Gamma(\phi)^{\frac{\sigma-\varepsilon}{1-\sigma}} \qquad (3-47)$$

为了考察厂商信息利用效率对不同要素需求的影响,同样考察厂商 i 和 j,厂商的差异仅在于 $\phi_i > \phi_j$,其他条件完全相同。其对应的要素投入之比为:

$$d = \frac{K_1(\phi_i)}{K_1(\phi_j)} = \left(\frac{\phi_i}{\phi_j}\right)^\sigma \left(\frac{\Gamma(\phi_i)}{\Gamma(\phi_j)}\right)^{\frac{\sigma-\varepsilon}{1-\sigma}} \qquad (3-48)$$

$$e = \frac{K_2(\phi_i)}{K_2(\phi_j)} = \left(\frac{\Gamma(\phi_i)}{\Gamma(\phi_j)}\right)^{\frac{\sigma-\varepsilon}{1-\sigma}} \qquad (3-49)$$

$$f = \frac{L(\phi_i)}{L(\phi_j)} = \left(\frac{\Gamma(\phi_i)}{\Gamma(\phi_j)}\right)^{\frac{\sigma-\varepsilon}{1-\sigma}} \qquad (3-50)$$

由于 $\sigma > 1$、$\varepsilon > 1$，因此 $d > 1$，说明其他条件都相同的条件下，厂商的信息利用效率越高，对信息资本的需求也就越大。这是由替代效应和规模效应共同决定的，一方面，信息利用效率高的厂商对信息资本的利用效率更高，在规模不变的条件下，信息资本的相对投入会增加，这就是替代效应，替代效应就是在本节"要素投入"重差异"中分析的结果，其大小与信息资本同其他投入的 σ 正相关；另一方面，厂商的信息利用效率高也意味着劳动生产率更高，边际成本更低从而价格也更低，相对价格降低必然造成需求提高，在产品需求弹性 ε 大于 1 的条件下，支出于该产品的份额增加[①]，厂商收益增加，规模扩大，增加了信息资本的投入，这就是规模效应，规模效应大小与 ε 正相关。

传统资本和劳动的需求同样存在替代效应与规模效应，不同的是，替代效应会造成与信息资本需求相反的结果，因为规模不变的条件下，信息利用效率高的厂商会用信息资本替代其他要素，造成传统资本与劳动的需求降低。但是替代效应受到信息资本替代其他要素的难易程度 σ 的限制，σ 越大意味着用 K_1 替代 K_2 和 L 越容易，替代效应也就越大；规模效应的影响与信息资本的需求相同，相对价格降低造成总收益的增加与 ε 正相关，提高了所有要素的需求。因此信息利用效率不同的厂商对传统资本和劳动的需求差异取决于两种效应的综合结果，亦即 σ 和 ε 的相对大小。当 $\sigma > \varepsilon$ 时，$e < 1$、$f < 1$，说明信息利用效率高的厂商投入的传统资本和劳动更少；当 $\sigma < \varepsilon$ 时则反之。

总结有命题 3.1.3。

---

① 花费在 i 产品上的支出份额为 $e_i = \frac{r_i}{R} = \frac{p_i q_i}{PQ} = \left(\frac{p_i}{P}\right)^{1-\varepsilon}$。

命题 3.1.3：在其他条件相同的情况下，信息利用效率高的厂商会使用更多的信息资本进行生产，造成其劳动收入占比相对更低，对传统资本和劳动的需求取决于两个因素：信息资本与其他要素的 σ 和产品的需求弹性 ε，当 $\sigma > \varepsilon$ 时，传统资本和劳动的需求减少，当 $\sigma < \varepsilon$ 时则反之。

信息资本与其他要素的替代弹性 σ 很大程度上取决于信息资本自身的特点，具体而言，如果信息技术、设备的智能化程度很高，就有可能更容易替代更多的人工劳动以及落后的传统生产方式，比如从计算机辅助设计（CAD）到柔性制造系统（FMS）再到 3D 打印，从传统手工操作到流水线再到智能化机器人在生产中的运用，都说明信息技术的发展使得信息资本对传统资本和劳动的替代性在加强，戈登（Gordon，1990）和克鲁塞尔等（Krusell，2000）的研究可以作为一个佐证。他们将资本分为结构资本和设备资本，发现设备资本的增长速度要远远大于其他投入，并且在 20 世纪 70 年代以后增长速度更快，实际上正是从 20 世纪中后期开始，半导体技术的发展促使信息技术设备的价格大幅下降，信息技术得以迅猛发展（Jorgenson，2001），生产设备的智能化程度提高，替代其他资本和劳动更为容易。因此，信息技术的发展水平决定了信息资本的智能化程度，通过影响信息资本与其他要素的替代弹性进而影响要素的需求。

另一方面，消费者对不同产品的需求弹性 ε 则主要反映了产品市场的竞争程度，其他条件相同的情况下，厂商垄断势力越大，市场集中度越高，那么产品的需求弹性也就越小[①]。产品需求弹性越小，由相对价格下降造成收益增加的幅度也就越小，意味着厂商的信息化程度提高造成的总收益增加也就越小，由规模扩大导致要素需求提高的效应——规模效应缩小。由于规模效应对传统资本和劳动的需求是正向的，因此当替代效应不变的条件下，市场垄断程度提高使得传统资本和劳动的需求减少。

---

① 由勒纳指数 $L = \dfrac{p - MC}{p} = \dfrac{1}{\varepsilon}$，很容易得到这一结论。

总结以上两点分析本节有以下推论：

推论 3.1：信息利用效率不同的厂商对传统资本和劳动的需求影响与信息技术发展状况和产品市场的垄断程度有关。如果产品市场垄断性较高，从而企业面临的需求弹性较小，则信息利用效率高的厂商对传统资本和劳动的需求也就越少。

以上从国家和行业层面，以及企业层面通过理论模型研究了信息化造成劳动力需求数量和劳动收入占比的影响效应，接下来开始分析信息化造成劳动力需求技能结构方面的差异性变化。

第二节　信息化与劳动力需求技能结构

由于信息资本与不同技能劳动力之间的替代弹性有差异，因此，在使用资本替代劳动力的过程中，对劳动力需求数量的影响有着结构上的差异。具体地，由于高技能劳动力与信息资本的替代弹性要小于低技能劳动力与信息资本的替代弹性——信息技术的使用使得那些简单、重复性的工序由智能化的设备承担，造成了高技能劳动力相对需求增加，在供给不变化的条件下技能溢价会上升。本节就这一问题，同样从国家和行业，以及企业层面建立理论模型进行分析。

一、国家和行业层面分析

本节的理论模型借鉴了博根和威尔（Borghans and Weel，2006）的建模思想，他们主要讨论信息技术如何通过影响生产和协调时间，导致专业化的变化，而与博根和威尔（Borghans and Weel，2006）不同的是，本节侧重于分析信息技术如何通过节约协调时间导致不同技能劳动力劳动生产率差异的扩大，进而影响劳动力的需求结构。

（一）建模的基本思路

首先对行业的团队合作程度进行具体界定：不同产品的生产过程对劳动

力之间的合作程度要求有差异,有的产品生产过程需要劳动力之间更多地进行合作和协调,表现为劳动力之间进行协调交流的次数更多;有的产品生产中劳动力的独立性更强,对团队合作的要求不高,表现为相互之间协调次数相对较少。因此我们可以根据产品生产过程劳动力之间协调次数来定义行业的团队合作程度,协调频率越高也就意味着团队合作程度更高。

然后将劳动力按照技能水平分为高、低技能两大类,差别在于完成同一生产任务高技能劳动力所花费时间更少,并且,随着任务的难度提高这种差别越来越大,也就是相对于低技能劳动力,高技能劳动力在高复杂度的任务中有比较优势。很自然,两类劳动力在生产任务之间的分工依据,是要求边际任务由任何一类劳动力来完成所需要支付的报酬无差异,并且不同劳动力劳动生产率的差异决定了低技能劳动力承担复杂度相对低的任务,高技能劳动力反之。

信息化密度①提高意味着生产中信息技术的应用更多,使得劳动力之间进行协调和交流更为便利,节约了交流的时间。在高、低技能劳动力节约了相同时间的情况下,由于高技能劳动力劳动生产率更高——相同时间内产出更大,也就是高技能劳动力的时间更"贵",这会扩大原有均衡条件下高、低技能劳动力之间的劳动生产率差异,厂商自然会增加高技能劳动者的投入,高技能劳动力的相对需求上升。并且,这种影响在团队合作程度高的行业获得更大的体现,原因在于这类行业的协调频率更高,在单位协调时间减少后总的协调时间节约得更多。

进一步,国家的技术水平差异通过影响信息化投入的利用效率进而影响信息技术对劳动力需求结构的作用效应。由于在高技术国家信息技术以及与之相关的设备等可以获得充分利用,所以即使在同一行业,相同信息化密度造成高低技能劳动力的相对需求要大于低技术国家,并且这种差距随着行业的团队合作程度提高而提高。

---

① 即资本投入中信息资本占总资本的比重。

（二）需求

假定全社会生产多种产品，$i \in \Omega$，Ω 表示产品的种类。代表性消费者的效用函数是 CES 形式：$U = \left[\int_{i \in \Omega} q_i^\rho \mathrm{d}i \right]^{\frac{1}{\rho}}$，且 $0 < \rho < 1$，因此，产品之间的替代弹性为 $\sigma = (1-\rho)^{-1} > 1$，根据迪克西特和斯蒂格利茨（Dixit and Stiglitz，1977）与梅里兹（Melitz，2003）已有的结论，对应的产品需求函数为：

$$q_i = \frac{E}{P} \left(\frac{p_i}{P} \right)^{-\sigma} \tag{3-51}$$

其中，$P = \left[\int_{i \in \Omega} p_i^{1-\sigma} \mathrm{d}i \right]^{\frac{1}{1-\sigma}}$ 为产品的总体价格指数，那么花费在每种产品上的支出份额为：

$$e_i = \frac{E_i}{E} = \frac{p_i q_i}{PQ} = \left(\frac{p_i}{P} \right)^{1-\sigma} \tag{3-52}$$

其中，$E = PQ$ 表示总支出，$Q = \int_{i \in \Omega} q_i \mathrm{d}i$。

（三）生产

1. 基本假定

(1) 假定所有的单位产品生产都需要完成一系列连续的生产任务 $x \in [0, 1]$，x 从小到大表示任务的复杂程度越来越高，服从概率密度为 $f(x)$ 的分布，分布函数为 $F(x)$。

(2)根据技能将劳动力划分为两种，高技能劳动力 h 和低技能劳动力 l。技能为 $j (j = h, l)$ 的劳动力完成任务 x 所需要的生产时间为 $\eta_j(x)$。$\eta_h(x) < \eta_l(x)$，假定：

$$\partial [\eta_l(x)/\eta_h(x)]/\partial x > 0 \tag{3-53}$$

式(3-53)表明高技能劳动力在复杂度更高的任务生产上有相对优势。同时进一步假定 $\partial^2 [\eta_l(x)/\eta_h(x)]/\partial x^2 > 0$。

（3）完成整个生产过程需要劳动力之间团队协作，因此不仅需要生产时间，而且还需要花费一定的时间进行协调。对于协作要求高的行业，换言之亦即团队合作程度高的行业，要求劳动力之间协调和交流更为频繁，反之则较少需要协调。假定产品或者行业之间的差异仅体现在团队合作程度上。

记 i 产品生产过程每个任务的平均协调时间为 Z_i，$Z_i = k_i J$，其中 k_i 表示平均协调的频率，$k_i > 0$，J 表示单位协调时间。平均协调频率反映了生产中劳动力之间相互协调的频繁程度，体现了生产中对团队合作的要求，亦即 k_i 代表了 i 行业生产的团队合作程度。

（4）假定单位协调时间 $J = \theta^{-a}$，其中 θ 为信息化密度，θ 越大表示信息化投入越多，$\theta \in (0,1)$，a 表示技术水平状况，这一假定暗含了 $\partial J / \partial \theta < 0$ 和 $\dfrac{\partial^2 J}{\partial \theta \partial a} < 0$。含义是信息化的设备的使用会节约交流所需要的时间，在相同的信息化投入条件下，技术水平越高，对于信息化设备的利用也就越充分[①]。那么 i 产品生产中任务 x 所花费的总时间是由生产时间 $\eta(x)$ 与协调时间 Z 之和：

$$G_{ij}(x) = \eta_{ij}(x) + Z_i = \eta_{ij}(x) + k_i \theta^{-a} \qquad (3-54)$$

其中，$j = h, l$，假定每个任务的生产时间要大于交流时间，即 $\eta_{ij}(x) > Z_i$。

（5）由假定（4）有 $G_i'(x) > 0$，$G_i''(x) > 0$，即生产任务复杂度大，相同劳动力完成任务的时间也就越多，并且随任务复杂度上升而提高得更快，进一步假定：

$$G_{ih}(1) > G_{il}(1-\varepsilon) \qquad (3-55)$$

其中，ε 是任意小的正数。做此假定是为了避免两类劳动力完成生产任务

---

① 比如说电子监控和视频通话等技术可以大大缩短交流所需要的时间，并且，中国和美国相比较，美国的技术水平更高，具备更为先进的网络系统，因而可以更好地运用信息化设备，这一假定在本书考察国家间差异时会进行详细的阐述。

的时间差别过大造成高技能劳动力花费很少比例的时间就可以承担绝大部分任务。

（6）假定高、低技能劳动力的总量分别为 S 和 L，生产过程都需要雇佣两种技能的劳动力，高技能劳动力不能跨行业流动。

2. 厂商决策

根据式（3-53），高技能劳动力在复杂度更高的任务上有相对优势，那么厂商的成本最小化会使得低技能劳动力承担相对简单的任务，高技能劳动力则反之，生产任务被划分为两个区间，边际任务复杂度为 u，复杂度小于 u 的由低技能劳动力承担，其余由高技能劳动力承担。边际任务复杂度确定了以后，不但两类劳动力的相对比例得以确定，而且由于高技能劳动力不能跨行业流动，S_i 是固定不变的，故而产量和低技能劳动力的雇佣总量 L_i 也随之确定，i 行业的高、低技能劳动力雇佣比例和产量分别为：

$$\frac{L_i}{S_i} = \frac{\int_0^{u_i} (\eta_{il}(x) + k_i \theta^{-a}) \mathrm{d}x}{\int_{u_i}^1 (\eta_{ih}(x) + k_i \theta^{-a}) \mathrm{d}x} \tag{3-56}$$

$$q_i = \frac{S_i}{\int_{u_i^*}^1 (\eta_{ih}(x) + k_i \theta^{-a}) \mathrm{d}x} = \frac{L_i}{\int_0^{u_i^*} (\eta_{il}(x) + k_i \theta^{-a}) \mathrm{d}x} \tag{3-57}$$

因此，厂商的决策主要是选择最优的 u。将低技能劳动力的工资标准化为 1，记 w_i 为 i 行业高技能劳动力的工资，则单个产品的生产成本为：

$$C_i = w_i \int_{u_i}^1 (\eta_{ih}(x) + k_i \theta^{-a}) \mathrm{d}x + \int_0^{u_i} (\eta_{il}(x) + k_i \theta^{-a}) \mathrm{d}x \tag{3-58}$$

由 $\partial C_i / \partial u = 0$，整理可得：

$$w_i = \frac{\eta_{il}(u_i^*) + k_i \theta^{-a}}{\eta_{ih}(u_i^*) + k_i \theta^{-a}} \tag{3-59}$$

结合需求部分的分析，i 行业总收益为 $R_i = p_i q_i = w_i S_i + L_i$，均衡条件下总收益等于总支出，$R_i = E_i$，因此：

$$w_i = \frac{R_i}{S_i} - \frac{L_i}{S_i} = \frac{E_i}{S_i} - \frac{\int_0^{u_i^*} (\eta_{il}(x) + k_i \theta^{-a}) \mathrm{d}x}{\int_{u_i^*}^1 (\eta_{ih}(x) + k_i \theta^{-a}) \mathrm{d}x} \qquad (3-60)$$

式(3-59)和(3-60)确定了均衡条件下的边际任务复杂度 u_i^* 和均衡的相对工资 w_i。

(四) 信息化密度变化的影响

乔根森(Jorgenson，2001)指出技术进步降低了信息设备的价格，增加了生产中信息化的投入，本节主要考察的是信息化投入提高对不同技能劳动力需求结构的影响，因此本节的分析框架不讨论信息化密度变化的来源，而是通过比较静态的方法分析信息化密度提高后对高技能劳动力相对工资的影响。

1. 总体影响

首先不考虑行业差异，从总体上分析信息化密度变化的影响。通过式(3-59)对 θ 求导：

$$\frac{\partial w}{\partial \theta} = \frac{1}{G_h^2(u^*)} \left\{ \begin{array}{l} [G_h(u^*)\eta_l'(u^*) - G_l(u^*)\eta_h'(u^*)]\dfrac{\partial u^*}{\partial \theta} + \\[2mm] + ak\theta^{-(a+1)}[G_l(u^*) - G_h(u^*)] \end{array} \right\} \qquad (3-61)$$

式(3-61)说明信息化造成相对工资的变化主要由两部分组成：一部分是由信息化投入变化造成最优的边际任务复杂度变化，进而影响相对工资；另一部分则是信息化造成不同技能劳动力相对劳动生产率差异性变化从而影响相对工资，这两个部分分别对应式(3-61)右侧的两项。第二部分很显然是大于零的，要最终确定对工资的影响，还必须考察 $\partial u^* / \partial \theta$。

由于劳动力的总量没有变化[①]，因此不同技能劳动力的投入比例 L/S 不

---

① 这里不考虑劳动力供给弹性影响，在供给数量既定的基础上分析工资变化，以此考察劳动力需求的变化。

变,必然有 $\dfrac{\partial(L/S)}{\partial\theta}=0$,但是信息化的变化会影响厂商对 u 的选择,由

$$\partial\left[\frac{\displaystyle\int_0^{u^*}(\eta_l(x)+k\theta^{-a})\mathrm{d}x}{\displaystyle\int_{u^*}^1(\eta_h(x)+k\theta^{-a})\mathrm{d}x}\right]/\partial\theta=0,\text{整理可得:}$$

$$\frac{\partial u^*}{\partial\theta}=ak\theta^{-(a+1)}\frac{\Gamma(u^*)}{\Lambda(u^*)} \tag{3-62}$$

其中, $\Gamma(u^*)=F(u^*)\displaystyle\int_{u^*}^1 G_h(x)f(x)\mathrm{d}x-[1-F(u^*)]\displaystyle\int_0^{u^*}G_l(x)f(x)\mathrm{d}x$

$$\tag{3-63}$$

$$\Lambda(u^*)=G_l(u^*)\int_{u^*}^1 G_h(x)f(x)\mathrm{d}x+G_h(u^*)\int_0^{u^*}G_l(x)f(x)\mathrm{d}x$$

$$\tag{3-64}$$

由 $\Gamma(u^*)>0$[①],则有 $\partial u^*/\partial\theta>0$,这是因为信息化密度提高造成协调时间节约,节约的时间对所有劳动力都相等,但由于高技能劳动力承担了更为复杂的任务,完成每个复杂任务花费的时间要大于低技能劳动力完成简单任务所花费的时间,在每个任务节约相同时间的前提下,高技能劳动力的节约比例小于低技能劳动,必然造成单位产品生产过程高、低技能劳动力投入总时间之比增加,大于劳动力相对供给,因此 u^* 必须提高以实现均衡。从而式(3-61)右端两部分均大于0[②], $\partial w/\partial\theta>0$,说明信息化密度增加提高了高技能劳动力相对工资。

命题 3.2.1: 在其他条件相同的情况下,信息化密度的提高会减少协调时间,扩大了高、低技能劳动力的劳动生产率差距,造成高技能劳动力的需求上

---

① 根据假定(5)可知 $\displaystyle\int_{u^*}^1 G_h(x)f(x)\mathrm{d}x/\int_0^{u^*}G_l(x)f(x)\mathrm{d}x>[1-F(u^*)]/F(u^*)$。

② 通过假定(3)可能很容易得出 $G_h(u^*)\eta_l'(u^*)-G_l(u^*)\eta_h'(u^*)>0$。

升，在劳动力供给既定的情况下必然会提高相对工资。

2. 拓展：考虑行业团队合作程度差异的影响

考察行业差异之后，因为信息化密度提高造成团队合作程度高的行业节约了更多的协调时间，因此信息化密度增加造成相对工资提高的效应会随着协调频率 k 的增加而得到放大。不仅如此，这种差异还造成了不同行业产出变化的差异，均衡的相对价格和消费的支出份额都会有所变化，表现为团队合作程度高的行业产出增加得更大，从而相对价格降低得更多，对该行业产品的支出增加，相对工资提高。

本节主要目的是分析信息化密度变化后对不同行业的影响，因此为了分析方便可以对初始均衡进行一定的限定。本节假定不同行业高技能劳动力的供给确保了在信息化密度变化前均衡条件下所有行业的 u^* 无差异[①]，在此基础上就可以重点分析在信息化密度改变导致相对工资变化的行业差异。

首先分析信息化密度变化后低技能劳动力的行业间流动。低技能劳动力在一个单位产品生产中贡献的时间总和为：

$$l_i = \int_0^{u_i^*} G_l(x) f(x) \mathrm{d}x = \int_0^{u_i^*} \eta_{il}(x) f(x) \mathrm{d}x + k_i \theta^{-a} \int_0^{u_i^*} f(x) \mathrm{d}x$$

当边际任务复杂度没有发生改变的条件下，$\frac{\partial^2 l_i}{\partial \theta \partial k_i} = -a\theta^{-(a+1)} < 0$，说明团队合作程度高的行业，由于信息化密度提高造成低技能劳动力在单个产品中的工作时间减少得更高，亦即劳动生产率提高得更高，必然会导致低技能劳动力更多地流向团队合作程度高的行业，从而使得行业的高技能劳动力相对比重降低，均衡条件也必然导致单个产品中高技能劳动力相对工作时间降低，边际任务复杂度提高，所以可以得到：

---

① 这一条件表明团队合作程度不同的行业在信息化密度变化前均衡的边际任务复杂度相等，$\partial u_i^* / \partial k_i = 0$。

$$\frac{\partial^2 u_i^*}{\partial\theta\partial k_i} > 0 \tag{3-65}$$

式(3-65)的含义是信息化密度的提高造成了团队合作程度大的行业边界任务复杂度有了更大的提高。由于边界任务复杂度越大,高、低技能劳动力的劳动生产率差异也就越大,也就意味着相对工资更高,因此通过式(3-65)其实就可以得到信息化密度变化造成不同行业相对工资变化差异的结论。为进一步反映这一点,在式(3-61)的基础上继续对 k_i 求导数:

$$\frac{\partial^2 w_i}{\partial\theta\partial k_i} = \frac{1}{G_h^2(u^*)}\left\{ \begin{array}{l} \left[G_h(u^*)\eta_l'(u^*) - G_l(u^*)\eta_h'(u^*)\right]\frac{\partial^2 u_i^*}{\partial\theta\partial k_i} + \\ + a\theta^{-(a+1)}\left[G_l(u^*) - G_h(u^*)\right] \end{array} \right\} > 0$$

$$\tag{3-66}$$

式(3-66)表明信息化密度提高造成了团队合作程度更高的行业高技能劳动力相对工资上升得更多。

命题3.2.2:信息化密度提高对高技能劳动力相对需求和相对工资的影响具有显著的行业特征,对于团队合作程度高的行业,由于其生产过程对于团队合作程度要求高,协调更为频率,劳动力花费在交流上的时间更多,因此信息技术通过节约交流时间扩大高、低劳动力专业化分工进而提高高技能劳动力的相对需求的效应在这类行业体现得更为明显。

3. 进一步拓展:考虑国家技术水平差异的影响

以上本节对信息技术与劳动力就业结构关系的讨论集中于一国范围内,主要考察了行业团队合作的差异,然而相同信息化投入在不同国家所获得的收益也是有差异的,因为信息化投入的效果还要受到内外因素的影响,比如与信息技术相关的其他资源、贸易伙伴和经济环境等(Melville et al.,2004)和与信息技术相关的配套投入(Brynjolfsson and Hitt,2000;Brynjolfsson et al.,2002;Liang et al.,2010)以及对劳动力的组织和培训(Boothby et al.,2010)等等,这些因素都与一国资本禀赋和技术禀赋相关,在技术水平更高的国家,信息技术投入可以获得更有效的利用,国家的技术水平差异主要体现在 a 的大小上,技术水平高的国家 a 就更大。由于劳动力不能跨国流动,因此每个国家既有的劳动力比例是固定的, L/S 固定,与一国总体的分析方法类似,有 $\partial(L/S)/\partial\theta = 0$,在式(3-62)的基础上考察国别差异,继续对 a 求偏导[①],并结合假定式(3-54)有:

$$\frac{\partial^2 u^*}{\partial\theta\partial a} > 0 \qquad\qquad (3-67)$$

式(3-67)的经济含义是在国家技术水平高的国家,信息化设备的利用效率也更高,相对于技术水平低的国家,相同的信息化投入会节约更多的协调时间,从而使得高技术国家的边界任务复杂度也更大。

考察两个国家 d 和 f, $a_d > a_f$,由于本节主要分析信息化密度变化以后,对不同国家相对工资的影响差异,因此为了分析方便,本节同样可以假定两国的初始均衡状态完全相同,然后通过比较两国信息化密度变化以后的相对工资之差来实现。由式(3-67)可知信息化密度提高后,均衡的边界任务复杂度 u_d^* $> u_f^*$,并且,协调时间 $Z_d < Z_f$。因此:

$$w^d - w^f = \frac{\eta_l(u_d^*) + Z^d}{\eta_h(u_d^*) + Z^d} - \frac{\eta_l(u_f^*) + Z^f}{\eta_h(u_f^*) + Z^f} > \frac{\eta_l(u_d^*) + Z^d}{\eta_h(u_d^*) + Z^d} - \frac{\eta_l(u_d^*) + Z^f}{\eta_h(u_d^*) + Z^f} > 0$$

$$(3-68)$$

通过上式简单的分析可知技术水平更高的国家在信息化密度提高过程中相对工资上升得更多。注意到出现这种差异主要取决于两个方面:其一是信息化密度提高造成高技术国家边界任务复杂度有了更大的提高,其二是其为高技术国家节约了更多的协调时间造成的不同技能劳动生产率差异扩大。两个方面的根源都在于高技术国家的协调时间减少得更多。

---

① 具体求导过程与之前分析方法相同,限于篇幅,不再展示详细计算过程。

命题 3.2.3： 信息化密度对高技能劳动力相对需求和相对工资的影响还受到国家技术水平差异的限制，高技术国家由信息化提高造成高技能劳动力相对需求和相对工资增加得更多。

二、微观分析：异质性企业框架

在本节第一部分中，为考察信息化导致劳动投入的变化，模型中将资本划分为普通资本和信息资本，并没有考虑劳动力的技能结构。本节需要考察的是信息化造成不同技能劳动力相对需求的变化，因此需要将劳动力根据技能水平进行区分。为此，本节同样在第一部分中的模型内，将劳动力细分为高、低技能两种，为分析简便，只考虑信息资本一种[①]来进行建模。

（一）需求

同样沿用梅里兹（Melitz，2003）的假定，假定全社会生产多种差异化消费品 $q(i)$，$i \in \Omega$，Ω 表示产品的种类。代表性消费者的效用函数是 CES 形式：

$$U = \left[\int_{i \in \Omega} q(i)^\rho di \right]^{\frac{1}{\rho}}, \text{且 } 0 < \rho < 1 \qquad (3-69)$$

产品或者企业之间的替代弹性为 $\varepsilon = (1-\rho)^{-1} > 1$，同样，产品的总体价格指数、需求函数以及厂商的收益分别为：

$$P = \left[\int_{i \in \Omega} p(i)^{1-\varepsilon} di \right]^{\frac{1}{1-\varepsilon}} \qquad (3-70)$$

$$q(i) = Q \left(\frac{p(i)}{P} \right)^{-\varepsilon} \qquad (3-71)$$

$$r(i) = R \left(\frac{p(i)}{P} \right)^{1-\varepsilon} \qquad (3-72)$$

其中 $R = PQ = \int_{i \in \Omega} r(i) di$ 表示总支出。

[①] 本节主要目的是考察劳动力的技能结构，因此没有将资本进行细分，并且，如果根据本章第一节第二部分的模型将资本进行分类也不会影响分析结论。

（二）生产

假定社会有两大生产部门：资本品和消费品，前者是中间产品，对其需求属于引致需求，用于生产最终产品即消费品，并且资本品市场是完全竞争的，消费品市场是垄断竞争的。

1. 基本设定

每个企业选择生产一种产品，企业 i 的生产函数为：

$$q(i) = [(\phi(i)K(i)^{\frac{\delta-1}{\delta}} + S(i)^{\frac{\delta-1}{\delta}})^{\frac{\delta}{\delta-1}\frac{\sigma-1}{\sigma}} + L(i)^{\frac{\sigma-1}{\sigma}}]^{\frac{\sigma}{\sigma-1}}, \delta < 1, \sigma > 1$$

$$(3-73)$$

其中 K、S 和 L 分别表示信息资本、高技能劳动力和低技能劳动力；δ 为信息资本和高技能劳动力的替代弹性，$\delta < 1$；σ 是信息资本与低技能劳动力之间的替代弹性；ϕ 是大于 0 的参数。上述生产函数的含义是，企业在投入上有三种选择：一是信息资本，如机器手臂、数控车床，其特点是需要配置以信息技术才可以使用，即信息资本投入的效率受到企业应用信息技术能力的限制，体现在参数 ϕ 的差异；二是高技能劳动力，主要从事技术复杂度相对更高的技术型工作；三是低技能劳动力，主要从事简单、重复的劳动。信息资本的投入不仅会替代高技能劳动力，而且也会替代低技能劳动力（Karabarbounis and Neiman，2014），并且，$\delta < \sigma$ 意味着与低技能劳动力相比，信息资本对高技能劳动力的替代性较少，甚至是互补性的，即信息化的资本需要技术水平相对较高的劳动力进行操作和运用，或者说新技术是偏向高技能劳动力的（Krueger，1993；Krusell et al.，2000；Duffy et al.，2000）。

同样，企业家对信息资本的配置和利用等方面的能力差异决定了厂商的信息利用效率。根据式(3-73)，不同厂商信息利用效率的异质性反映在生产函数上就是参数 ϕ 的差异，效率更高则 ϕ 更大，因此可以用 ϕ 表示信息利用效率。与本章第一节第二部分的假定相同，企业家在付出一定的沉没成本后，发现自身与信息化相关的综合能力差异，但在进入行业之前，企业家无法确认投入信息资本进行生产过程中，信息资本的利用效率。

由企业的成本最小化：$\min\limits_{K,S,L} TC = rK + w_s S + w_l L$

$$s.t. \quad q = \left[(\phi K^{\frac{\delta-1}{\delta}} + S^{\frac{\delta-1}{\delta}})^{\frac{\delta}{\delta-1}\frac{\sigma-1}{\sigma}} + L^{\frac{\sigma-1}{\sigma}} \right]^{\frac{\sigma}{\sigma-1}}$$

通过优化，可以得到三种要素的需求函数为：

$$K = \frac{(\phi^\delta r^{1-\delta} + w_s^{1-\delta})^{\frac{\sigma-\delta}{\delta-1}}}{\Lambda(\phi)^{\frac{\sigma}{\sigma-1}}} r^{-\delta} \phi^\delta q \qquad (3-74)$$

$$S = \frac{(\phi^\delta r^{1-\delta} + w_s^{1-\delta})^{\frac{\sigma-\delta}{\delta-1}}}{\Lambda(\phi)^{\frac{\sigma}{\sigma-1}}} w_s^{-\delta} q \qquad (3-75)$$

$$L = \frac{w_l^{-\sigma}}{\Lambda(\phi)^{\frac{\sigma}{\sigma-1}}} q \qquad (3-76)$$

其中 $\Lambda = w_l^{1-\sigma} + (\phi^\delta r^{1-\delta} + w_s^{1-\delta})^{\frac{\sigma-1}{\delta-1}}$。

总成本为：$TC = \left[w_l^{1-\sigma} + (\phi^\delta r^{1-\delta} + w_s^{1-\delta})^{\frac{\sigma-1}{\delta-1}} \right]^{\frac{1}{1-\sigma}} q$

边际成本为：

$$MC(\phi) = \Lambda(\phi)^{\frac{1}{1-\sigma}} \qquad (3-77)$$

同样，不考虑企业的异质性，垄断竞争厂商面对的剩余需求曲线的替代弹性为 ε，利润最大化的厂商选择的定价为 $p/MC = 1/\rho$，即：

$$p(\phi) = \frac{1}{\rho} \Lambda(\phi)^{\frac{1}{1-\sigma}} = \frac{\varepsilon}{\varepsilon-1} \Lambda(\phi)^{\frac{1}{1-\sigma}} \qquad (3-78)$$

利润为：

$$\pi(\phi) = r(\phi) - rK(\phi) - w_s S(\phi) - w_l L(\phi) = \frac{1}{\varepsilon} r(\phi) \qquad (3-79)$$

上式中 $r(\phi)$ 表示厂商的收益，r 则是资本的价格。与之前的分析完全相

同,厂商的收益和利润为:

$$r(\phi) = \left(\frac{\varepsilon}{\varepsilon-1}\right)^{1-\varepsilon} RP^{\varepsilon-1} \Lambda(\phi)^{\frac{1-\varepsilon}{1-\sigma}} \qquad (3-80)$$

$$\pi(\phi) = \left(\frac{\varepsilon}{\varepsilon-1}\right)^{1-\varepsilon} \frac{RP^{\varepsilon-1}}{\varepsilon} \Lambda(\phi)^{\frac{1-\varepsilon}{1-\sigma}} \qquad (3-81)$$

同样,不同厂商的产出、收益和利润差异仅取决于 ϕ 的大小:

$$\frac{q(i)}{q(j)} = \frac{q(\phi_i)}{q(\phi_i)} = \left(\frac{\Lambda(\phi_i)}{\Lambda(\phi_j)}\right)^{\frac{-\varepsilon}{1-\sigma}} \qquad (3-82a)$$

$$\frac{r(i)}{r(j)} = \frac{r(\phi_i)}{r(\phi_i)} = \left(\frac{\Lambda(\phi_i)}{\Lambda(\phi_j)}\right)^{\frac{1-\varepsilon}{1-\sigma}} \qquad (3-82b)$$

$$\frac{\pi(i)}{\pi(j)} = \frac{\pi(\phi_i)}{\pi(\phi_j)} = \left(\frac{\Lambda(\phi_i)}{\Lambda(\phi_j)}\right)^{\frac{1-\varepsilon}{1-\sigma}} \qquad (3-82c)$$

与本章第一节第二部分的情况相同,信息利用效率高的企业,会生产更多的产品,并且获得更大的利润。

在均衡情况下,有数量为 M 的厂商,其信息利用效率为 $\phi \in [0, +\infty)$ 的分布为 $\mu(\phi)$,因此产品的总体价格指数 P 为:

$$P = \left[\int_0^{+\infty} p(\phi)^{1-\varepsilon} M\mu(\phi)d\phi\right]^{\frac{1}{1-\varepsilon}} = M^{\frac{1}{\varepsilon-1}} p(\tilde{\phi}) \qquad (3-83)$$

其中 $p(\tilde{\phi}) = \left[\int_0^{+\infty} p(\phi)^{1-\varepsilon}\mu(\phi)d\phi\right]^{\frac{1}{1-\varepsilon}}$,$\tilde{\phi}$ 表示所有厂商的加权平均信息利用效率。产品的总产量 Q、厂商的总收益 R 和总利润 Π 以及平均收益 $\bar{r}$ 和平均利润 $\bar{\pi}$ 分别为:

$$Q = M^{\frac{1}{p}} q(\tilde{\phi}) \quad R = Mr(\tilde{\phi}) \quad \Pi = M\pi(\tilde{\phi})$$

$$\bar{r} = R/M = r(\tilde{\phi}) \quad \bar{\pi} = \Pi/M = \pi(\tilde{\phi})$$

2. 厂商的选择

厂商的选择与本章第一节第二部分完全相同，潜在厂商在进入时需要投入一个初始固定成本 F（以低劳动力来衡量），F 属于沉没成本，投入后不可回收。不同的潜在厂商企业家与信息化相关的综合能力差异决定了信息利用效率 ϕ。假定潜在厂商企业家与信息化相关的综合能力所决定的 ϕ 服从概率密度为 $f(\phi)$ 的分布，分布函数为 $H(\phi)$，潜在厂商在进入前不能准确确定自身的能力在整体分布中所处的位置。

同样沿用梅里兹（Melitz，2003）的假定，每一期，生产中的企业有 λ 的可能性会受到不利的冲击而退出。那么厂商进入的条件为 $\frac{1}{\lambda}\bar{\pi} - F > 0$，即当 $\pi(\tilde{\phi}) > \lambda F$ 时，厂商会选择进入。

（三）均衡

这里进一步做假设，即假定资本是由低技能劳动力生产的，并将低技能劳动力的工资标准化为 1，与梅里兹（Melitz，2003）中的分析相同，低技能劳动力总数为 $L = L_p + L_k + L_e$，其中 L_p、L_k 和 L_e 分别表示最终消费品生产、资本品生产和新进入厂商前期投资所使用的劳动力，高技能劳动力 S 只生产最终产品。如果在位厂商的数量为 M，新进入厂商的数量为 M_e，那么 $M_e = \lambda M$。因此：

$$L_e = M_e F = \lambda M \frac{1}{\lambda} \bar{\pi} = M\bar{\pi} = \Pi, \quad L_k = M\frac{K}{\eta}, \quad \eta \text{ 为资本的价格；并且 } L_p +$$

$L_k + w_s S = R - \Pi$，从而 $R = L_p + L_k + L_e + w_s S$。

这说明总收益 R 一部分用于支付生产中工人的工资 L_p 和 $w_s S$，另一部分用于信息资本和传统资本的投入，剩余部分就是获得的总利润 Π，而总利润全部补偿了前期的固定投入（以劳动力来衡量）L_e，收入与支出相等，实现了均衡。

厂商数量也是内生决定的，$M = \dfrac{R}{r} = \dfrac{L}{\varepsilon \bar{\pi}}$，均衡价格 $P = M^{\frac{1}{1-\varepsilon}} p(\tilde{\phi})$。

(四) 不同厂商对高技能劳动力相对需求的差异

把式(3-71)和式(3-78)代入式(3-75),并且记 $A = \left(\dfrac{\varepsilon}{\varepsilon-1}\right)^{-\varepsilon} P^{\varepsilon} Q$,可以得到高技能劳动力的需求函数:

$$S = A(\phi^{\delta} r^{1-\delta} + w_s^{1-\delta})^{\frac{\sigma-\delta}{\delta-1}} w_s^{-\delta} \Lambda(\phi)^{\frac{\sigma-\varepsilon}{1-\sigma}} \qquad (3-84)$$

同样方法可以得到低技能劳动力的需求函数:

$$L = A w_l^{-\sigma} \Lambda(\phi)^{\frac{\sigma-\varepsilon}{1-\sigma}} \qquad (3-85)$$

根据要素需求函数式(3-84)和式(3-85),可以得到高技能劳动力的相对需求为:

$$s = \frac{S}{L} = (\phi^{\delta} r^{1-\delta} + w_s^{1-\delta})^{\frac{\sigma-\delta}{\delta-1}} \frac{w_l^{\sigma}}{w_s^{\delta}} \qquad (3-86)$$

同样考察两个厂商:厂商 i 和 j,并且 $\phi_i > \phi_j$。这两个厂商对应的高技能劳动力相对需求为:

$$g = \frac{s(\phi_i)}{s(\phi_i)} = \frac{\left[\phi(i)^{\delta} r^{1-\delta} + w_s^{1-\delta}\right]^{\frac{\sigma-\delta}{\delta-1}}}{\left[\phi(j)^{\delta} r^{1-\delta} + w_s^{1-\delta}\right]^{\frac{\sigma-\delta}{\delta-1}}} > 1 \qquad (3-87)$$

同时,资本投入之比为:

$$f = \frac{K(\phi_i)}{K(\phi_j)} = \left(\frac{\phi_i}{\phi_j}\right)^{\delta} \frac{(\phi_i^{\delta} r^{1-\delta} + w_s^{1-\delta})^{\frac{\sigma-\delta}{\delta-1}}}{(\phi_j^{\delta} r^{1-\delta} + w_s^{1-\delta})^{\frac{\sigma-\delta}{\delta-1}}} \left(\frac{\Lambda(\phi_i)}{\Lambda(\phi_j)}\right)^{\frac{\sigma-\varepsilon}{1-\sigma}} > 1 \quad (3-88)$$

式(3-87)和式(3-88)说明对信息利用效率更高的厂商,资本投入更高,对高技能劳动力的需求更高,总结有命题 3.2.4。

命题 3.2.4:其他条件相同的情况下,信息利用效率高的厂商所投入的信息资本更多,对高技能劳动力的相对需求更多,并且这类厂商生产效率更高、规模更大并获得更高的利润。

（五） 进一步拓展： 考虑地区信息基础设施水平的影响

厂商对信息资本的利用效率还受其他因素的影响（Melville et al.，2004；Billón-Currás，2005），这里我们仅考虑信息基础设施的作用。信息基础设施包括信息化的硬件设施、相关的人才和配套服务等等，自然地，在信息基础设施水平高的国家或地区，信息服务的质量和效率也会更高，厂商可以更有效地利用信息技术。用 ϑ 表示一国或地区的信息基础设施发展程度，ϑ 越大表示信息基础设施发展越完善，那么对于两个完全相同的企业，分别位于 k 地区和 h 地区，如果 $\vartheta_k > \vartheta_h$，那么必然有 $\phi_k > \phi_h$。

之前的讨论中暗含了信息基础设施水平 ϑ 保持不变的假定，现在我们来分析当 ϑ 提高后对厂商的影响。

当信息基础设施水平提高，企业的信息技术利用效率提高，信息资本的投入增加，由于信息资本与高技能劳动力的替代弹性小于信息资本与低技能劳动力的替代弹性，因此，对高技能劳动力的相对需求会增加。总结有以下推论。

推论 3.2：信息利用效率不同的厂商对高技能劳动力相对需求的影响与地区的信息基础设施水平有关。如果地区信息基础设施水平较高，那么该地区的企业对于信息资本的利用效率更高，由信息化造成高技能劳动力相对需求上升的影响效应也就更明显。

第三节　信息化与劳动力需求年龄结构

参考阿西莫卢和雷斯特雷波（Acemoglu and Restrepo，2018a）的建模思路，将生产过程区分为若干个生产任务，不同生产任务分别由机器、低技能劳动力与高技能劳动力完成，讨论信息技术发展对总量以及劳动力技能结构的影响。不同的是，我们同时结合了阿西莫卢和雷斯特雷波（Acemoglu and Restrepo，2018b）关于年龄结构的思想。在建模的技术处理上我们参考了阿西莫卢和雷斯特雷波（Acemoglu and Restrepo）的思想，但是在作用机制、分析框架以及最终结论方面完全不同。

一、基本假定

与阿西莫卢和雷斯特雷波（Acemoglu and Restrepo，2018a）不同，我们假定一个社会中有两大行业，制造业和服务业。在建模型中，为区分两个行业分别进行构建。

首先，在制造业中，假定一个生产过程由无数个任务组成，任务 $\ln Y_c = \int_{S-1}^{N} \ln y(x) dx$，其中 $x \in [0, N]$ 表示生产任务，Y 表示总产出，c 表示制造业，$y(x)$ 表示任务 x 的产出。假定劳动力分为低技能与高技能两类，在生产任务中，从 0 到 I 既可由机器承担，又可由劳动力承担（为讨论方便，这里假定 $S-I < 1$、$N-S < 1$、$N-I > 1$，该假定只是为讨论方便，并不影响推导结果）；从 I 到 S 不能由机器承担，只能由劳动力承担；从 S 到 N 中只能由高技能劳动力承担，机器、低技能劳动力和高技能劳动力投入分别为：$m(x)$、$l(x)$、$h(x)$。那么有：

$$y(x) = \begin{cases} \gamma_l(x)l(x) + \gamma_m(x)m(x) & \text{当 } x \in [0, I] \\ \gamma_l(x)l(x) & \text{当 } x \in (I, S] \\ \gamma_h(x)h(x) & \text{当 } x \in (S, N] \end{cases}$$

其中 $\gamma_h(x)$、$\gamma_l(x)$、$\gamma_m(x)$ 分别为高、低技能劳动力和机器在 x 任务上的生产率。假定高、低技能的工资分别为 W_H 和 W_L，机器的租金为 R。并且假定：

$$\frac{\gamma_l(S)}{\gamma_m(S-1)} > \frac{W_l}{R} = \frac{\gamma_l(I)}{\gamma_m(I)}$$

$$\frac{\gamma_h(N)}{\gamma_l(N-1)} > \frac{W_h}{W_l} = \frac{\gamma_l(S)}{\gamma_h(S)}$$

$$\gamma_l(I) = \gamma_h(I), W_l < W_h$$

以上假设意味着机器的生产效率高于劳动力。而在高、低技能均可参与的任务中,生产效率是一样的,但是在工资上,高技能劳动力工资更高。

其次,在服务业中,同样假定一个生产过程由无数个任务组成,任务 $\ln Y_S = \int_{S-1}^{N} \ln y(x)dx$,其中 $x \in [0, N]$ 表示生产任务,Y 表示总产出,s 表示服务业,$y(x)$ 表示任务 x 的产出。假定劳动力分为年轻和年长两类,在生产任务中,从 0 到 I 只可由年轻劳动力承担(为讨论方便,这里假定 $S-I<1$、$N-S<1$、$N-I>1$,该假定只是为讨论方便,并不影响推导结果);从 I 到 S 既能由机器承担,又能由劳动力承担;从 S 到 N 中只能由年长劳动力承担,机器、年轻劳动力和年长劳动力投入分别为:$m(x)$、$d(x)$、$a(x)$。那么有:

$$
y(x) = \begin{cases} \gamma_d(x)d(x) & \text{当 } x \in [0, I] \\ \gamma_d(x)d(x) + \gamma_m(x)m(x) & \text{当 } x \in (I, S] \\ \gamma_h(x)h(x) & \text{当 } x \in (S, N] \end{cases}
$$

其中 $\gamma_a(x)$、$\gamma_d(x)$、$\gamma_m(x)$ 分别为年长、年轻劳动力和机器在 x 任务上的生产率。假定年长、年轻劳动力的工资分别为 W_a 和 W_d,机器的租金仍然为 R。并且假定:

$$
\frac{\gamma_m(S)}{\gamma_d(S-1)} > \frac{R}{W_d} = \frac{\gamma_m(I)}{\gamma_d(I)}
$$

$$
\frac{\gamma_a(N)}{\gamma_m(N-1)} > \frac{W_a}{R} = \frac{\gamma_m(S)}{\gamma_a(S)}
$$

由于我们研究的是信息化对劳动力需求的影响,因此我们同时假定劳动力供给是无弹性的。

理论模型的基本假设考虑了现实具体情况:我们将全社会区分为制造业和服务业两大产业,是因为这两大产业的生产过程和生产任务有着较大的区别。

制造业简单、重复的劳动比较容易标准化,也就更容易由机器进行操作,因此我们假定一个生产过程中,最简单的那部分机器操作有比较优势,而随着复杂度提升,就需要劳动力来承担,在劳动力承担的部分,复杂度更高的工作高技能劳动力有比较优势,因此厂商的利润最大化选择是在 I 以下由机器承担,I 到 S 之间由低技能劳动力承担,S 到 N 之间由高技能劳动力承担。

服务业生产过程中,如果按生产任务的复杂程度来区分,比较简单的工作个性化要求比较强,而复杂度稍微提升一点,可标准化的空间更大,但随着复杂度的提升,涉及决策管理等方面,标准化的余地又更小。以快递业为例,送件、取件是最简单的工作,但是由于个性化要求比较高,很难用机器人等非劳动力方式来替代劳动力;而快件的集中打包分拣等工作,则可以由机器承担;但是涉及地区的战略决策和管理等方面,以及应急处理等方面,又很难用机器承担。考虑到服务业的特点,我们主要以年龄结构来区分,复杂度低的工作年轻劳动力有比较优势,复杂度中的工作机器有比较优势,复杂度高的工作年长劳动力有比较优势(注意这里的年长实际指的是工作经验的年限)。因此厂商的利润最大化选择是在 I 以下由年轻劳动力承担,I 到 S 之间由机器承担,S 到 N 之间由年长劳动力承担。

二、基准模型均衡分析

我们首先以制造业为例分析均衡情况。有了以上的设定,可以推导[①]:

$$Y_c = B_C \left(\frac{K}{I-S+1}\right)^{I-S+1} \left(\frac{L}{S-I}\right)^{S-I} \left(\frac{H}{N-S}\right)^{N-S}$$

其中,$B_C = exp\left(\int_{S-1}^{I} \ln\gamma_m(x)dx + \int_{I}^{S} \ln\gamma_l(x)dx + \int_{S}^{N} \ln\gamma_h(x)dx\right)$。在此基础上可以分析工资的变化,在劳动力供给固定的情况下,工资的上升表示需求增加,反之则为需求减少。工资的表达式如下:

$$W_l = (S-I)\frac{Y_C}{L}, \quad W_h = (N-S)\frac{Y_C}{H}$$

---

① 限于篇幅,具体推导过程在本书中不再展示。

技术进步在制造业可以考虑两个方面，一是可替代的范围扩大，就是 I 的变化，二是任务的增加（意味着产品复杂度提高），就是 N 的增加。我们首先考虑 I 的变化，这是现实中最直接的例子：

$$\frac{d\ln W_l}{dI} = \frac{d\ln(S-I)}{dI} + \frac{d\ln(Y_C/L)}{dI} = -\frac{1}{S-I} < 0 \qquad (3-89)$$

上式中，第一项为替代效应，随着 I 的提高，替代的低技能劳动力更多，所以效应是负的，技术进步导致 I 提高，生产任务中机器可替代的范围更广，因此低技能劳动力需求减少；由于设定 $\dfrac{W_l}{R} = \dfrac{\gamma_l(I)}{\gamma_m(I)}$，因此第二项为0。

$$\frac{d\ln W_h}{dI} = \frac{d\ln(N-S)}{dI} + \frac{d\ln(Y_C/H)}{dI} = \ln\left(\frac{W_h}{\gamma_h(I)}\right) - \ln\left(\frac{R}{\gamma_m(I)}\right) > 0$$

$$(3-90)$$

$$\frac{d\ln W_h/W_l}{dI} = \frac{1}{S-I} > 0 \qquad (3-91)$$

上式说明，随着技术进步，I 提高，会导致高技能劳动力工资上升，高、低技能劳动力相对工资上升。式(3-89)中第一项为0，意味着技术进步并没有造成机器替代高技能劳动力；第二项是指技术进步导致高技能劳动力生产效率提升。

结合式(3-89)—(3-91)，我们可以得到命题3.3.1。

命题3.3.1：以信息和通信技术为基础的信息化过程，机器人、人工智能等技术的运用会导致制造业劳动力需求的改变。总体上，劳动力的需求数量会减少；在结构上，低技能劳动力的需求会减少，而高技能劳动力的需求会上升。

该命题与此前我们得到的结论完全相同。本节重点考察服务业的情况，服务业的逻辑和推导过程与制造业一致，限于篇幅具体推导过程不再赘述，需要注意的是技术进步导致的是 S 的提高，结果如下：

$$\frac{d\ln W_a}{dS} = \frac{d\ln(N-S)}{dS} + \frac{d\ln(Y_S/A)}{dS} = -\frac{1}{N-S} < 0 \quad (3-92)$$

$$\frac{d\ln W_d}{dS} = \frac{d\ln(I-N+1)}{dS} + \frac{d\ln(Y_S/D)}{dS} = \ln\left(\frac{W_d}{\gamma_d(S)}\right) - \ln\left(\frac{R}{\gamma_m(S)}\right) > 0$$

$$(3-93)$$

注意这里如果我们进一步假设随着生产任务复杂度的提升,劳动力的年龄也随之增加(主要指从业年龄),那么机器替代的部分主要是中等年龄的劳动力。

命题 3.3.2： 以信息和通信技术为基础的信息化过程,机器人、人工智能等技术的运用会导致服务业劳动力需求的改变。总体上,劳动力的需求数量会减少;在结构上,年轻的劳动力的需求会增加,而从业年龄相对较少的中等年龄劳动力的需求会减少。

三、拓展一：考虑行业间差异

有了基准模型的分析,我们可以很容易考虑行业间和地区间的差异。产业间我们已经在模型中进行了区别,主要区分为制造业和服务业。在制造业和服务业内部,行业间的差异主要体现在细分行业的生产过程差异。我们以制造业为例进行分析:

如果以 i 区分不同的行业,那么行业间影响劳动力需求结构的核心因素就是机器的可替代范围。设想如果没有机器,那么从 0 到 S 全部是由低技能劳动力承担。机器的引入使得由 0 到 I 由机器承担,I 的大小体现了生产任务的可标准化程度的高低。因此我们将 I 作为行业特征,I_i 体现了行业差异。

如果设定 $\dfrac{dI_i}{di}$,那么有:

$$\frac{\partial \ln W_l}{\partial I_i \partial i} > 0, \quad \frac{\partial \ln W_h}{\partial I_i \partial i} > 0, \quad \frac{\partial \ln W_h/W_l}{\partial I_i \partial I} > 0$$

说明行业生产任务的可标准化程度强化了机器导致劳动力需求结构变化

的效应。据此,形成命题3.3.3。

命题3.3.3:以信息和通信技术为基础的信息化过程,机器人、人工智能等技术的运用会导致制造业劳动力需求改变的效应有明显的行业间差异。如果一个行业生产任务的可标准化程度越高,那么,由技术进步导致劳动力的需求数量减少、低技能劳动力的需求减少和高技能劳动力需求上升的影响也就越大。

同理,服务业我们也可以进行类似的推导,过程不再赘述,考虑行业间差异,我们得到命题3.3.4。

命题3.3.4:以信息和通信技术为基础的信息化过程,机器人、人工智能等技术的运用会导致服务业劳动力需求改变的效应有明显的行业间差异。如果一个行业生产任务的可标准化程度越高,那么,由技术进步导致劳动力的需求数量减少、年轻的劳动力需求增加,从业年龄相对较少的中等年龄劳动力需求减少的影响也就越大。

四、拓展二:考虑地区间差异

接下来我们考虑地区间差异,同样以制造业为例进行分析。

考虑地区的差异性主要从两个角度展开:一个角度是地区的产业结构选择或者产业集聚禀赋,也就是某个地区重点发展的主要是哪些行业;另一个角度是地区的基础设施发展水平,更具体一点是信息基础设施发展水平。

基于地区产业结构的考虑,如果一个地区的制造业中生产任务的可标准化程度比较高的行业占的比重比较大(也就是 i 排序靠前的行业占比大),很显然技术进步导致劳动力需求结构的影响对该地区的影响就越大。

基于地区信息基础发展水平的考虑,如果一个地区的信息基础发展水平越高,在其他条件相同的情况下,相同的信息资本投入,在该地区产生的效应会更大,这种效应来自信息基础设施的"准外部性",之所以加了"准",是因为厂商同样是要付费的,但是基础设施越完善,规模效应越能体现,服务质量高并且费用更低。

综合以上两点,同样的逻辑也可应用到服务业,可以得到命题 3.3.5。

命题 3.3.5:以信息和通信技术为基础的信息化过程,机器人、人工智能等技术的运用会导致劳动力需求改变的效应在不同地区有明显差异。如果一个地区生产任务可标准化程度高的行业比较集中,或者该地区信息基础设施更加完善,那么,由技术进步导致劳动力的需求总量和结构的影响在该地区体现就越明显。

第四章 信息化与劳动力需求
——跨国分析

已有研究证实,最近几十年,半导体技术的发展造成信息资本的价格下降,信息资本的使用增加,催生了资本信息化的过程。通过第三章的理论模型,我们已经证明,信息化的过程中,由于信息技术的迅速发展和普及,使得生产中传统由人来完成的很多简单、重复和繁重的工序逐渐由智能化的设备完成,特别是信息资本的价格不断下降,使得生产过程中信息资本在总资本中所占的比重不断增加,资本的边际产出不断提高,厂商不断使用资本替代劳动力,造成了劳动力的投入逐渐减少和劳动收入占比的下降;并且,由于信息资本是偏向高技能劳动力的,因此信息资本投入的增加也会扩大高技能劳动力的相对需求;进一步,针对不同的国家,信息化水平越高、发展越快,这种效应也就越明显,同时还存在着行业间的差异。本章针对第三章国家和行业层面的理论分析,使用跨国数据进行实证检验。

第一节 信息化与劳动力需求数量跨国分析

一、计量模型设定

为验证理论部分得到的结论,针对命题3.1.1,本节从两个层面进行计量模型的设定,首先考虑时间变化的因素,主要考察随着时间变化,信息化对劳动力需求数量和劳动收入占比的影响,具体如式(4-1)所示。

$$\ln Y_{cit} = \chi_i + \xi_c + \alpha IT_{cit} + \gamma D_{cit} + \sum_i \omega_i Industry_i + \sum_c \psi_c Country_c + \varepsilon_{cit}$$

$$(4-1)$$

其中,i、c 和 t 分别表示行业、国家和时间,χ_i 和 ξ_c 分别表示行业固定效应和国家固定效应,ε 为残差项;被解释变量 Y 表示劳动力需求数量或劳动收入占比;解释变量 IT 表示行业的信息化密度;为了计量结果的稳健性,还加入行业随时间变化的其他控制变量 D,控制变量的选择参照了已有相关文献如许斌和李伟(Xu and Li,2008)等的做法,包括控制开放度的贸易指标 *trade*、控制行业规模的指标产出 *valueadded* 以及行业的资本深化 *kl* 和全要素生产率 *tfp*;*Industry* 和 *Country* 分别为行业和国家虚拟变量,用以控制行业和国家固定效应,如果 α 的系数为负,则与本节的预期相一致。

然后,我们同时控制时间和国家固定效应,单独考察不同行业信息化密度差异造成的劳动力需求数量和劳动收入占比的影响,具体如式(4-2)所示。

$$\ln Y_{cit} = \zeta_t + \xi_c + \alpha IT_{cit} + \gamma D_{cit} + \sum_i \omega_t Year_i + \sum_c \psi_c Country_c + \varepsilon_{cit}$$

$$(4-2)$$

式(4-2)中 ζ_t 表示时间固定效应,*Year* 表示时间虚拟变量,其他变量与式(4-1)相同。如果 α 的系数为负,则表示信息化密度高的行业劳动力相对需求更少,或者说劳动力吸纳更低。

以上我们考虑了随时间变化相同国家相同行业的情况,以及相同时间在同一国家内不同行业的情况,进一步,我们试图考虑不同国家的差异性影响。由于国家层面的影响因素很多,并且口径也不统一,如果采用控制行业和时间固定效应的方法容易引起较大的误差,主要是控制变量的选择比较困难,并且本书关心的主要是国家的信息化发展水平的影响,对其他的影响因素并不是本书关注的重点。为此,本节借鉴纳恩(Nunn,2007)的方法,使用国家信息化水平与行业信息化密度的交叉项作为解释变量进行验证,在式(4-1)和式(4-2)中将国家信息化水平 *INF* 加入解释变量,得到如下的式(4-3)和式(4-4)。

$$\ln Y_{cit} = \chi_i + \xi_c + \alpha IT_{cit} \times INF + \gamma D_{cit} + \\ \sum_i \omega_i Industry_i + \sum_c \phi_c Country_c + \varepsilon_{cit} \tag{4-3}$$

$$\ln Y_{cit} = \zeta_t + \xi_c + \alpha IT_{cit} \times INF + \gamma D_{cit} + \sum_i \omega_t Year_i + \sum_c \phi_c Country_c + \varepsilon_{cit} \tag{4-4}$$

上式中的相应变量与式(4-1)和式(4-2)相同。如果交叉项的回归系数为负,说明信息化发展水平高的国家,由信息化造成劳动力需求降低的效应也就更明显。

二、指标构建

(一) 劳动力需求数量(LD)和劳动收入占比(LS)

由于劳动力投入的统计口径有较大的差异,为了计量的稳健性,本节构建了四种指标予以衡量,分别是:从业人数(EMP)、从业人员工作时间(HMP)、雇佣人数($EMPE$)和雇佣人员工作时间($HEMPE$),均用对数表示。

劳动收入占比 $LS = \dfrac{COMP}{COMP + CAP}$,其中 $COMP$ 为雇佣劳动力的报酬,

CAP 为资本所得。

(二) 信息化密度(IT)

采用总固定资本中与信息技术相关的信息资本[①]所占的比重(对数)来表示该行业的信息化密度,以信息化密度的变化来衡量行业生产中信息化程度的变化,据此所造成劳动力投入结构的变化既较好地规避了内生性问题,又与理论模型相契合。

(三) 国家的技术水平指标

国家的技术水平差异主要从影响信息化技术、设备的使用效应渠道产生作用,因此,我们构建了三个指标进行衡量:国家人力资本禀赋(SE)、物质资本禀

---

① 如计算机以及监控设备等,对信息化资本的界定参照 EU KLEMS 数据库。

赋(CE)和法治水平(JQ)。之所以选用这三个指标,是因为如果一国劳动力的整体技能高,相对而言可以更好地掌握与信息化相关的知识,熟练并有效地驾驭信息化相关的资源;国家的物质资本越丰裕,各项基础设施和服务就相对完善,提高了先进设备的利用效率;法治水平则从制度环境的角度影响信息技术的运用。

(四) 其他指标

贸易($trade$)采用出口交货值占产出的比重来衡量;资本劳动比(kl)采用行业的资本存量除以行业的从业人数衡量;总产出($valueadded$)采用以美元计的该行业当年工业增加值;全要素生产率(tfp)直接采用 WIOD 数据库的计算结果。

三、数据来源、处理说明和描述性分析

分行业就业和工资结构数据主要来自 WIOD 数据库,该数据库提供了 40 个国家共 35 个行业(其中制造业 14 个),从 1995—2009 年分不同教育水平的人员工资和就业数据,劳动力按受教育水平分为高、中、低三类,分类标准是将国际教育标准分类(ISCED)1997 年所分的六个等级进一步划分为三类。部分在 WIOD 数据库中数据不全的国家取自 EU KLEMS 数据库中的劳动力投入数据。

信息资本占比主要来自 EU KLEMS 数据库,该数据库提供了部分国家的资本投入结构;中国的数据取自《中国科技统计年鉴》;分行业的贸易、总产出、总就业人数、资本存量数据均来自 WIOD 数据库;人口和面积数据来自世界银行数据库。

由于分行业、区分不同类型劳动力的工资和就业数据相对比较难以获得,虽然 WIOD 数据库提供了 40 个国家 14 个制造业的数据,但该数据库对数据不全的行业采用了直接应用其所属大类的行业数据方式处理,造成一些国家的行业实际分类很少,有很多国家的行业分类却远远没有 14 个,本节将这些国家剔除,并结合 EU KLEMS 数据库中有提供相关国家的数据,进行合并;同时,由于

区分国家和行业的资本投入结构数据更少,而信息化密度又是本书的主要解释变量,所以最后折中的结果是本节只能选取 12 个国家、14 个制造业 1996—2005 年的数据,具体的国家有中国、美国、加拿大、韩国、日本、瑞典、比利时、丹麦、德国、西班牙、荷兰、意大利;14 个行业分别是食品、饮料和烟草制造业,纺织和服装制造业,皮革毛皮羽绒及其制造业,木材加工及竹、藤、棕、草制品业,造纸、纸制品业及印刷和记录媒介复制,石油加工及炼焦业,化学原料、制品、纤维制造以及医药业,橡胶和塑料制造业,非金属矿物制造业,金属冶炼、加工以及金属制品业,机械设备制造业,电气机械、器材以及电子、通信设备制造业,交通运输设备制造业,家具、文教体育用品、仪器仪表、文化和办公用品制造以及其他制造业。

国家层面的数据来源分别是：SE 采用 Barro-Lee 全球教育数据库 2000 年国家平均教育年限(对数);CE 应用 Penn World Table 2000 年各国人均 GDP 的对数来衡量;JQ 则引用纳恩(Nunn,2007)中的数据。主要变量的统计描述见表 4-1。

表 4-1 主要变量的统计描述

变量名称	变量含义	观测数	均值	标准差	最小值	最大值
ln$EMPE$	从业人员工作时间	1 540	4.781	1.641	−1.097	7.894
lnEMP	从业人数	1 680	5.184	1.928	−0.947	9.871
ln$HEMPE$	雇佣劳动力工作时间	1 540	5.361	1.697	−0.624	8.655
ln$HEMP$	雇佣劳动力数量	1 680	5.789	2.006	−0.443	10.750
LS	劳动收入占比	1 680	0.631	0.183	0.041	3.047
IT	信息化密度	1 666	1.895	0.772	−0.702	4.006
ln$trade$	出口比重	1 680	−1.262	0.998	−5.336	0.181
lnkl	资本劳动比	14	2.038	1.119	2.806	6.371
lnkl	资本劳动比	1 680	2.038	1.119	−2.806	6.371
lntfp	全要素生产率	1 540	4.661	0.227	3.264	6.692
ln$valueadded$	产出	1 680	9.000	1.650	2.874	12.379
CE	国家物质资本禀赋	12	0.784	0.707	−1.390	1.255
SE	国家人力资本禀赋	12	2.221	0.226	1.748	2.506
JQ	国家法治水平	12	1.423	0.675	−0.298	1.963

接下来,通过散点图分析,初步判断信息化密度与劳动力需求数量的关系。我们选择 ln*EMPE* 为劳动力需求数量的衡量指标(其他衡量指标情况相似,不再赘述),画出劳动力需求数量信息化密度 *IT* 的散点图。

从图 4-1 中可以看出,劳动力需求数量与信息化密度有着较为明显的负向关系,符合我们的预期。并且,如果区分国家和行业,散点图同样显示这种负向的关系,限于篇幅,在此不再展示。

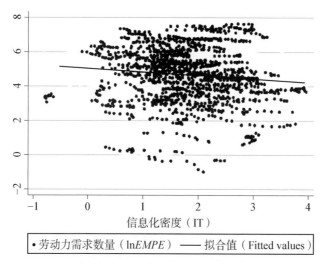

图 4-1 劳动力需求数量与信息化密度的关系

上述分析初步印证了关于资本信息化和劳动力需求数量的理论分析的结论,即信息资本比重的上升会造成劳动力需求数量的减少。但是除了信息化之外,还有影响劳动力需求数量的很多其他因素,如果要准确考察资本信息化对劳动力需求的影响,必须要控制其他影响因素,这需要通过计量方法实现。为此,引入计量分析结果。

四、计量结果

在以上数据的基础上进行具体的回归。对应计量模型的设定,首先,考虑国家和行业固定效应,重点考察随着时间变化,信息化对劳动力需求数量和劳动收入点比的影响。表4-2展示了初步回归结果,方程(1)—(4)为使用四种变量衡量的劳动力需求数量回归结果,被解释变量分别为 ln$EMPE$、lnEMP、ln$HEMPE$ 和 ln$HEMP$;方程(5)为劳动收入占比的回归结果,被解释变量为 LS。

表4-2　信息化密度与劳动力需求——时间效应

	(1) ln$EMPE$	(2) lnEMP	(3) ln$HEMPE$	(4) ln$HEMP$	(5) LS
IT	-0.0375^{***}	-0.0323^{**}	-0.0394^{***}	-0.0308^{**}	-0.00551
	(-2.61)	(-2.25)	(-2.69)	(-2.10)	(-0.76)
ln$trade$	0.104^{***}	0.0953^{***}	0.101^{***}	0.0924^{***}	-0.00472
	(6.78)	(6.24)	(6.48)	(5.94)	(-0.62)
lnkl	-0.476^{***}	-0.486^{***}	-0.483^{***}	-0.489^{***}	-0.0340^{***}
	(-27.65)	(-28.18)	(-27.48)	(-27.85)	(-3.93)
ln$valueadded$	0.756^{***}	0.738^{***}	0.747^{***}	0.729^{***}	-0.0852^{***}
	(65.57)	(63.97)	(63.55)	(62.04)	(-14.70)
lntfp	-0.0286	-0.00419	-0.0606^{*}	-0.0286	-0.0621^{***}
	(-0.92)	(-0.13)	(-1.91)	(-0.90)	(-3.97)
常数项	-0.526^{***}	-0.423^{**}	0.152	0.208	1.706^{***}
	(-3.04)	(-2.45)	(0.86)	(1.18)	(19.62)
行业固定效应	是	是	是	是	是
国家固定效应	是	是	是	是	是
时间固定效应	否	否	否	否	否
N	1526	1526	1526	1526	1526
R^2	0.981	0.981	0.981	0.981	0.571

　　注:***、**和*分别表示在1%、5%和10%的显著性水平上显著;括号内的数据为 t 值,后文中所有回归表格均相同,不再赘述。

　　从回归结果来看,主要解释变量 IT 的回归系数均为负,与我们的预期一致。不过具体到劳动力需求数量和劳动收入占比,前者的回归系数均显著为负,说明在其他条件相同的情况下,资本信息化的确造成了劳动力雇佣数量的减少,与理论分析的结论相一致,说明信息技术虽然造成了劳动力就业吸纳的下降。但是对劳动收入占比的回归系数却不显著,我们认为原因可能由劳动力市场的不完全造成的。具体地,由于最低工资保障制度和政府的就业政策,导致了实际工资并不能真实反映劳动力市场的供需状况,从而造成资本信息化对劳动收入占比的影响不显著,这一思想也在之后的交叉项回归中一定程度得到证实,具体将在表4-8中予以讨论。

控制变量方面,贸易和产出的回归系数为正,与现实情况相符,因为其他条件相同的情况下,产出越多,对劳动力的需求也就越多;同样出口越多,劳动力的需求也就越多。资本劳动比和全要素生产率代表了行业的资本密集度和技术密集度,这两个指标有一定的相关性,其回归系数为负,说明技术水平相对高的行业对劳动力的需求更少,也与我们的预期一致。在劳动收入占比方面,回归系数都为负,并且资本劳动比、全要素生产率以及产出的回归系数显著为负,说明行业的技术密集度越高,规模越大,随着时间的变化,劳动在收入中所占的比重会越来越低,这是因为这些行业在生产中可以更多使用先进的资本设备,资本的边际产出更高,导致劳动收入占比下降。

接下来,同时考虑国家和时间固定效应进行截面回归,考察在同一时间,由行业差异造成劳动力需求的差异。具体回归结果表4-3。

表4-3 信息化密度与劳动力需求——截面回归

	(1) ln$EMPE$	(2) lnEMP	(3) ln$HEMPE$	(4) ln$HEMP$	(5) LS
IT	−0.043 1***	−0.046 3***	−0.041 2***	−0.043 7***	0.006 96
	(−2.96)	(−3.11)	(−2.80)	(−2.90)	(0.97)
ln$trade$	0.017 9	−0.002 76	0.017 7	−0.008 66	0.020 5***
	(1.55)	(−0.24)	(1.52)	(−0.73)	(3.62)
lnkl	−0.623***	−0.660***	−0.612***	−0.653***	−0.142***
	(−65.41)	(−67.78)	(−63.57)	(−66.36)	(−30.26)
ln$valueadded$	0.917***	0.897***	0.918***	0.898***	−0.030 6***
	(138.21)	(132.27)	(136.96)	(131.00)	(−9.38)

续表

	(1) ln*EMPE*	(2) ln*EMP*	(3) ln*HEMPE*	(4) ln*HEMP*	(5) *LS*
ln*tfp*	0.0127	0.0421	−0.0171	0.0225	−0.0287*
	(0.38)	(1.23)	(−0.51)	(0.65)	(−1.75)
常数项	−1.882***	−1.715***	−1.339***	−1.208***	1.438***
	(−11.44)	(−10.20)	(−8.06)	(−7.11)	(17.81)
行业固定效应	否	否	否	否	否
国家固定效应	是	是	是	是	是
时间固定效应	是	是	是	是	是
N	1526	1526	1526	1526	1526
R^2	0.975	0.974	0.976	0.975	0.469

　　表中的回归方程和变量对应于表4－2。从表4－3中可以看出,在控制其他行业特征后,信息化密度高的行业对劳动力的需求更少,不过对劳动收入占比的影响不明确,原因与我们以上的分析相同。总体符合我们的预期。其他的控制变量与表4－2基本一致,说明无论是在时间维度,还是在截面维度,技术水平高的行业对劳动力的需求相对更少,劳动收入占比也相对更低。

　　值得一提的是,出口比重更高的行业其劳动收入占比显著为正,这一结果与斯托尔珀—萨缪尔森定理(以下简称"SS定理")相一致,因为对于发达国家而言,更多出口密集使用高技能劳动力的产品,高技能劳动力工资上升,自然会造成这些国家高技术行业劳动收入占比的上升,而对于发展中国家则正好相反。

　　由于不同行业资本与劳动之间的替代弹性数据难以获得,所以在行业间差异方面,就理论分析中得到资本与劳动替代弹性大的行业由信息化造成劳动力需求变化的效应更大这一问题无法进行验证。只能考察不同行业信息资本投入差异的影响,事实上,如果行业的资本和劳动的替代弹性大,意味着使用资本替代劳动更为容易,由于信息资本边际产出更大,因此,这类行业的信息资本投入也就更多,信息化密度更大。所以对行业信息化密度的差异的考察很大程度弥补了这一缺憾。在考察了信息技术随时间变化的影响,以及行业信息化密度差异的影响之后,进一步,在此基础上考察国家技术水平的差异性影响。

根据式(4-3),考虑国家和行业固定效应,采用国家技术水平与行业信息化密度为解释变量,回归结果如表4-4和表4-5所示。

表4-4 国家和行业信息化的交叉项与劳动力需求(1)——时间效应

	(1) ln$EMPE$	(2) ln$EMPE$	(3) ln$EMPE$	(4) ln$HEMPE$	(5) ln$HEMPE$	(6) ln$HEMPE$
$IT \times CE$	−0.032 7** (−2.29)			−0.029 8** (−2.05)		
$IT \times SE$		−0.014 7** (−2.36)			−0.015 2** (−2.40)	
$IT \times JQ$			−0.012 8 (−1.51)			−0.011 9 (−1.38)
ln$trade$	0.101*** (6.66)	0.103*** (6.74)	0.099 2*** (6.54)	0.097 9*** (6.32)	0.100*** (6.44)	0.096 2*** (6.22)
lnkl	−0.474*** (−27.55)	−0.476*** (−27.63)	−0.475*** (−27.55)	−0.480*** (−27.36)	−0.482*** (−27.45)	−0.481*** (−27.36)
ln$valueadded$	0.755*** (65.61)	0.756*** (65.41)	0.754*** (65.26)	0.745*** (63.51)	0.747*** (63.38)	0.745*** (63.20)
lntfp	−0.029 3 (−0.94)	−0.028 2 (−0.90)	−0.029 6 (−0.95)	−0.061 5* (−1.94)	−0.060 2* (−1.89)	−0.061 8* (−1.94)
常数项	−0.534*** (−3.09)	−0.545*** (−3.16)	−0.569*** (−3.30)	0.135 (0.76)	0.132 (0.75)	0.104 (0.59)
行业固定效应	是	是	是	是	是	是
国家固定效应	是	是	是	是	是	是
时间固定效应	否	否	否	否	否	否
N	1 526	1 526	1 526	1 526	1 526	1 526
R^2	0.981	0.981	0.981	0.981	0.981	0.981

表4-5 国家和行业信息化的交叉项与劳动力需求(2)——时间效应

	(1) lnEMP	(2) lnEMP	(3) lnEMP	(4) ln$HEMP$	(5) ln$HEMP$	(6) ln$HEMP$
$IT \times CE$	−0.031 0** (−2.17)			−0.025 5* (−1.76)		
$IT \times SE$		−0.012 1* (−1.94)			−0.011 2* (−1.76)	

	(1) ln*EMP*	(2) ln*EMP*	(3) ln*EMP*	(4) ln*HEMP*	(5) ln*HEMP*	(6) ln*HEMP*
$IT \times JQ$			−0.012 7 (−1.50)			−0.010 6 (−1.23)
ln*trade*	0.093 6*** (6.16)	0.094 6*** (6.19)	0.091 9*** (6.06)	0.090 3*** (5.84)	0.091 7*** (5.89)	0.088 9*** (5.76)
ln*kl*	−0.484*** (−28.11)	−0.485*** (−28.15)	−0.484*** (−28.11)	−0.487*** (−27.78)	−0.489*** (−27.82)	−0.488*** (−27.78)
ln*valueadded*	0.737*** (64.07)	0.737*** (63.80)	0.737*** (63.76)	0.728*** (62.08)	0.728*** (61.87)	0.727*** (61.81)
ln*tfp*	−0.004 61 (−0.15)	−0.003 89 (−0.12)	−0.004 87 (−0.16)	−0.029 2 (−0.92)	−0.028 3 (−0.89)	−0.029 3 (−0.92)
常数项	−0.425** (−2.45)	−0.441** (−2.56)	−0.456*** (−2.65)	0.199 (1.13)	0.190 (1.08)	0.174 (0.99)
行业固定效应	是	是	是	是	是	是
国家固定效应	是	是	是	是	是	是
时间固定效应	否	否	否	否	否	否
N	1 526	1 526	1 526	1 526	1 526	1 526
R^2	0.981	0.981	0.981	0.981	0.981	0.981

在表 4-4 中,方程(1)—(3)的被解释变量为 ln*EMPE*,方程(4)—(6)的被解释变量为 ln*HEMPE*,解释变量分别为 *IT* 与 *CE*、*SE* 和 *JQ* 的交叉项;与表 4-4 对应,表 4-5 中方程(1)—(3)的被解释变量为 ln*EMP*,方程(4)—(6)的被解释变量为 ln*HEMP*,其他情况相同。

从回归结果来看,代表国家资本禀赋的变量 *CE*,和代表国家技术禀赋的变量 *SE* 与不同指标衡量的行业信息化密度交叉项的回归系数均显著为负,说明在技术水平高的国家,信息技术、设备可以得到更好的利用,资本信息化造成劳动力需求降低的效应就会更明显。*JQ* 代表了国家的法治水平,一方面,国家经济发展水平越高,法治也就越完善,另一方面,法治水平高的国家,劳工制度相对完善和严格。因此,在同一行业内,随着时间变化法治水平的影响存在正反两个方面。从回归结果来看，JQ 交叉项的回归系数均不显著，印证了这一理论机制。其他控制变量的回归系数与之前的回归基本一致。

接着根据式（4－4），考虑国家和时间固定效应，采用国家技术水平与行业信息化密度为解释变量进行截面回归。回归结果如表 4－6 和表 4－7 所示，表中被解释变量和解释变量对应于表 4－4 和表 4－5。

表 4－6　国家和行业信息化的交叉项与劳动力需求(1)——截面回归

	(1) ln$EMPE$	(2) ln$EMPE$	(3) ln$EMPE$	(4) ln$HEMPE$	(5) ln$HEMPE$	(6) ln$HEMPE$
$IT \times CE$	−0.0335** (−2.30)			−0.0276* (−1.88)		
$IT \times SE$		−0.0190*** (−3.00)			−0.0180*** (−2.81)	
$IT \times JQ$			−0.0201** (−2.32)			−0.0170* (−1.94)
ln$trade$	0.0148 (1.30)	0.0179 (1.56)	0.0140 (1.24)	0.0139 (1.21)	0.0177 (1.52)	0.0134 (1.17)
lnkl	−0.623*** (−65.32)	−0.623*** (−65.41)	−0.623*** (−65.32)	−0.611*** (−63.45)	−0.612*** (−63.56)	−0.611*** (−63.45)
ln$valueadded$	0.915*** (138.50)	0.917*** (137.84)	0.915*** (138.24)	0.916*** (137.10)	0.918*** (136.57)	0.916*** (136.87)
lntfp	0.0129 (0.38)	0.0132 (0.40)	0.0128 (0.38)	−0.0171 (−0.51)	−0.0166 (−0.49)	−0.0172 (−0.51)
常数项	−1.892*** (−11.49)	−1.892*** (−11.54)	−1.906*** (−11.62)	−1.355*** (−8.14)	−1.350*** (−8.14)	−1.366*** (−8.23)
行业固定效应	否	否	否	否	否	否
国家固定效应	是	是	是	是	是	是
时间固定效应	是	是	是	是	是	是
N	1 526	1 526	1 526	1 526	1 526	1 526
R^2	0.975	0.975	0.975	0.976	0.976	0.976

表 4－7　国家和行业信息化的交叉项与劳动力需求(2)——截面回归

	(1) lnEMP	(2) lnEMP	(3) lnEMP	(4) ln$HEMP$	(5) ln$HEMP$	(6) ln$HEMP$
$IT \times CE$	−0.0382** (−2.57)			−0.0320** (−2.13)		

续表

	(1) lnEMP	(2) lnEMP	(3) lnEMP	(4) lnHEMP	(5) lnHEMP	(6) lnHEMP
$IT \times SE$		-0.0190^{***}			-0.0188^{***}	
		(-3.00)			(-2.87)	
$IT \times JQ$			-0.0242^{***}			-0.0211^{**}
			(-2.73)			(-2.36)
ln$trade$	-0.00570	0.0179	-0.00616	-0.0122	-0.00882	-0.0123
	(-0.49)	(1.56)	(-0.53)	(-1.03)	(-0.74)	(-1.05)
lnkl	-0.660^{***}	-0.623^{***}	-0.660^{***}	-0.653^{***}	-0.653^{***}	-0.653^{***}
	(-67.69)	(-65.41)	(-67.72)	(-66.25)	(-66.35)	(-66.28)
ln$valueadded$	0.896^{***}	0.917^{***}	0.896^{***}	0.896^{***}	0.898^{***}	0.897^{***}
	(132.59)	(137.84)	(132.44)	(131.20)	(130.61)	(131.08)
lntfp	0.0424	0.0132	0.0424	0.0226	0.0230	0.0226
	(1.24)	(0.40)	(1.24)	(0.65)	(0.66)	(0.65)
常数项	-1.723^{***}	-1.892^{***}	-1.738^{***}	-1.221^{***}	-1.220^{***}	-1.232^{***}
	(-10.23)	(-11.54)	(-10.36)	(-7.17)	(-7.20)	(-7.27)
行业固定效应	否	否	否	否	否	否
国家固定效应	是	是	是	是	是	是
时间固定效应	是	是	是	是	是	是
N	1526	1526	1526	1526	1526	1526
R^2	0.974	0.975	0.974	0.975	0.975	0.975

　　截面回归反映的主要是行业差异造成的影响,很显然,资本和技术水平更高的国家,由于其对信息技术的利用效率更高,因此,当其他条件相同时,在高技术水平国家信息化密度更高的行业劳动力的需求更低。与考虑时间效应的情况不同,截面回归中没有考虑时间因素,着重的是行业差异,因此,对于法治水平 JQ,在同一时期的比较中更多体现的是国家的发展水平差异,这也就解释了 JQ 交叉项的回归系数也显著为负的原因。其他变量的回归结果与之前的回归相一致。

　　以上对于交叉项的分析均考虑的是资本信息化对劳动力需求数量的影响,下一步分析对劳动收入占比的影响。

具体的回归结果如表4-8所示。其中方程(1)—(3)表示考虑了国家和行业固定效应的回归,主要考察随时间变化的影响效应,方程(4)—(6)则考虑了国家和时间固定效应的截面回归,重点考察行业的差异性影响,解释变量同上。

表4-8 国家和行业信息化的交叉项与劳动收入占比

	(1)	(2)	(3)	(4)	(5)	(6)
	LS	LS	LS	LS	LS	LS
$IT \times CE$	−0.004 04			0.013 6*		
	(−0.57)			(1.91)		
$IT \times SE$		−0.001 82			0.002 70	
		(−0.58)			(0.87)	
$IT \times JQ$			−0.001 22			0.006 92
			(−0.29)			(1.63)
ln$trade$	−0.005 16	−0.004 93	−0.005 45	0.019 5***	0.020 6***	0.020 1***
	(−0.68)	(−0.64)	(−0.72)	(3.48)	(3.66)	(3.62)
lnkl	−0.033 7***	−0.034 0***	−0.033 8***	−0.141***	−0.142***	−0.141***
	(−3.90)	(−3.92)	(−3.90)	(−30.26)	(−30.28)	(−30.27)
ln$valueadded$	−0.085 4***	−0.085 3***	−0.085 6***	−0.031 7***	−0.030 4***	−0.031 4***
	(−14.77)	(−14.69)	(−14.76)	(−9.78)	(−9.31)	(−9.66)
lntfp	−0.062 2***	−0.062 1***	−0.062 3***	−0.029 1*	−0.028 8*	−0.029 0*
	(−3.98)	(−3.97)	(−3.98)	(−1.77)	(−1.75)	(−1.76)
常数项	1.703***	1.702***	1.698***	1.429***	1.441***	1.437***
	(19.58)	(19.65)	(19.65)	(17.70)	(17.88)	(17.86)
行业固定效应	是	是	是	否	否	否
国家固定效应	是	是	是	是	是	是
时间固定效应	否	否	否	是	是	是
N	1 526	1 526	1 526	1 526	1 526	1 526
R^2	0.571	0.571	0.570	0.470	0.469	0.470

根据回归结果,交叉项的回归系数显示考虑了国家技术水平后对劳动收入占比的影响并不明显,这一点与我们在表4-2中的分析正好相对应,因为国家有关劳动保护方面的制度,以及相关的政策等等,造成了劳动力市场的扭曲,使得工资并不完全由供需决定。最低工资制度和保护就业措施等政策因素一般

会造成均衡工资更高,弱化或者抵消了信息化引起劳动收入占比下降的效应。控制变量的回归结果与之前的回归相符。

五、稳健性检验

对于被解释变量,在分析中采用了多种指标进行衡量,从回归结果来看,结论基本一致,并且,在以上的回归中,控制变量的回归系数也前后相符,一定程度上证实了计量结果是稳健和可靠的。不过虽然在回归中,本节是从投入的角度来考察信息化密度,一定程度规避了内生性的问题,但是也有人认为,少数厂商有可能会根据劳动力的状况而进行资本的投入,由此就造成了逆向因果关系。为避免由逆向因果关系造成的内生性问题,我们采用工具变量的回归试图克服这一问题。

工具变量的选择借鉴余林徽等(2013)的方法,由于单个行业对整个国家各行业信息化密度的平均值影响有限,因而本节使用同一国家除去某行业的其他行业信息化密度的平均值作为该行业信息化密度工具变量,并且使用两阶段广义矩(GMM)进行回归。具体的回归结果如表 4 - 9。

表 4 - 9 信息化与劳动力需求的工具变量 GMM 回归结果

	(1) ln$EMPE$	(2) ln$HEMPE$	(3) ln$EMPE$	(4) ln$HEMPE$
IT	−0.176*** (−5.23)	−0.192*** (−5.67)		
$IT \times SE$			−0.081 0*** (−5.39)	−0.087 3*** (−5.76)
ln$trade$	0.126*** (6.27)	0.126*** (6.01)	0.128*** (6.32)	0.128*** (6.05)
lnkl	−0.484*** (−13.27)	−0.491*** (−12.99)	−0.486*** (−13.25)	−0.493*** (−12.98)
ln$valueadded$	0.773*** (29.05)	0.765*** (29.03)	0.776*** (28.88)	0.768*** (28.85)
lntfp	−0.020 3 (−0.35)	−0.051 5 (−0.89)	−0.015 9 (−0.27)	−0.046 8 (−0.80)
常数项	−0.262 (−0.81)	0.444 (1.41)	−0.303 (−0.93)	0.395 (1.24)

	(1) ln*EMPE*	(2) ln*HEMPE*	(3) ln*EMPE*	(4) ln*HEMPE*
行业固定效应	是	是	是	是
国家固定效应	是	是	是	是
时间固定效应	否	否	否	否
N	1 526	1 526	1 526	1 526
Shea partial R^2	0.256 0	0.256 0	0.247 9	0.247 9
MES	515.136	515.136	493.419	493.419

鉴于劳动收入占比并不存在逆向因果关系造成的内生性问题,因此仅需考虑劳动力需求数量。表 4-9 中方程(1)和(3)被解释变量为 ln*EMPE*,(2)和(4)的被解释变量为 ln*HEMPE*,ln*EMP* 和 ln*HEMP* 的回归结论不变,不再赘述。从回归结果来看,考虑了内生性因素后,得到的结论与基准回归完全一致。

Shea partial R^2 和最小特征值统计量(Minimum Eigenvalue Statistic,MES)说明工具变量不是弱工具变量。回归结果显示,无论是单独的信息化密度,还是交叉项,回归系数均显著为负,与之前的分析结论完全相符;其他控制变量的回归结果也与基准回归相一致,由此可见,工具变量的回归结果与基准回归对比可以得到完全一致的结论。

因此,本节采用不同的方法构建被解释变量以及尝试采用工具变量克服内生性问题进行估计所得到的结论与基准回归完全相同,这充分说明了本节的计量结果是稳健可靠的。

第二节 信息化与劳动力需求技能结构跨国分析

上一节通过跨国数据验证了信息化对劳动力需求数量和劳动收入占比的影响,证实了在资本与劳动的投入中,信息化的过程会减少劳动力的需求。本节进一步验证劳动力需求的技能结构受到信息化的影响。根据理论部分得到的结论,针对命题 3.2.1—3.2.3,经验检验主要从以下几个方面展开:首先,不考虑国家和行业特征因素,单独考察资本信息化对高技能劳动力相对就业和相对工资的影响,验证命题 3.2.1;然后引入行业的团队合作程度,使用信息化密度与团队合作程度的交叉项作为解释变量检验资本信息化造成同一国内不同团队合作程度行业工资和就业结构的变化差异,亦即验证命题 3.2.2 的内容;最后,把国家特征考虑在内,检验资本信息化造成不同国家就业结构的变化,验证命题 3.2.3。

一、计量模型设定

（一） 信息化对劳动力需求结构的影响

根据命题 3.2.1,信息化密度的提高造成了劳动力需求结构的变化,即高技能劳动力的相对需求越来越高,所以本节在控制了国家和行业特征的前提下,考察信息化密度随时间变化与劳动力需求结构的关系。相对就业的变化有可能由两方面因素导致,一是需求的变化,另一个则是供给的变化,在需求不变的情况下如果高低技能劳动力的相对供给增加了,那么相对就业也会增加,但是相对工资则会下降,或者说至少不会上升。由此可见,考虑资本信息化造成劳动力相对需求的变化必须控制供给因素,然而分行业的专业人才供给数据相对难以获得。为了控制供给因素,所以本节借鉴宋冬林等(2010)的做法,用相对就业和相对工资分别作为被解释变量,如果回归结果显示相对就业和相对工资同时增加,这就说明资本信息化造成就业结构的变化主要是需求方面的原因,基本这一原则,本节建立如下计量模型:

$$\ln Y_{cit}^{j} = \chi_{i}^{j} + \xi_{c}^{j} + \alpha^{j} IT_{cit} + \gamma^{j} D_{cit} + \sum_{i} \omega_{i}^{j} Industry_{i} + \sum_{c} \psi_{c}^{j} Country_{c} + \varepsilon_{cit}^{j}$$

$$(4-5)$$

其中,i、c 和 t 分别表示行业、国家和时间,$j = 1, 2$ 分别表示劳动力的相对就业和相对工资方程回归方程;χ_{i}^{j} 和 ξ_{c}^{j} 分别表示行业固定效应和国家固定效应,ε 为残差项;被解释变量 Y^{j},$j = 1, 2$ 分别表示高技能劳动力的相对就业和相对工资;解释变量 IT 表示行业的信息化密度;为了计量结果的稳健性,我们还加入行业随时间变化的其他控制变量 D,控制变量的选择参照了许斌和李伟(Xu and Li,2008)、姚先国等(2005)以及宋冬林等(2010)的做法,包括控制开放度的贸易指标 $trade$、控制行业规模的指标总产出 $output$ 以及行业的资本深化 kl 和全要素生产率 tfp;Industry 和 Country 分别为行业和国家虚拟变量,用以控制行业和国家固定效应,如果 α^1 和 α^2 的系数同时为正,则与本节的预期相一致。

(二) 信息化对劳动需求结构影响的行业差异

命题3.2.2说明由于信息化密度提高造成高技能劳动力相对需求增加的效应随行业的团队合作程度上升而提高,为此本节采用信息化密度和行业团队合作程度交叉项作为解释变量,使用与式(4-5)相同的方法建立如下计量模型:

$$\ln Y_{cit}^{j} = \chi_i^j + \xi_c^j + \alpha^j IT_{cit} \times Team_i + \gamma^j D_{cit} + \sum_i \omega_i^j Industry_i +$$

$$\sum_c \psi_c^j Country_c + \varepsilon_{cit}^j$$

$$(4-6)$$

其中 $IT \times Team$ 表示信息化密度与行业团队合作程度的交叉项,其余变量不变。同样,如果 α^1 和 α^2 的系数同时为正,说明计量结果与命题3.2.2的结论相一致。

(三) 信息化对劳动需求结构影响的国家差异

命题3.2.3指出国家的技术水平会影响信息技术的作用效果,本节采用相同的分析方法,以信息化密度和代表国家技术特征的交叉项作为解释变量验证命题3.2.3。

$$\ln Y_{cit}^{j} = \chi_i^j + \xi_c^j + \alpha^j IT_{cit} \times SE_c + \gamma^j D_{cit} + \sum_i \omega_i^j Industry_i +$$

$$\sum_c \psi_c^j Country_c + \varepsilon_{cit}^j$$

$$(4-7)$$

其中，$IT \times SE$ 表示信息化密度与国家技术禀赋的交叉项，其余变量不变。与之前的分析方法相同，本节期望 α^1 和 α^2 的系数同时为正。

二、指标构建

（一）相对就业（Y1）和相对工资（Y2）

参考宋冬林等(2010)的方法，采用高低技能劳动力的工资比和就业比作为被解释变量，不过为了尽可能消除劳动力技能划分可能造成的影响，本节根据教育水平将劳动力分为高、中、低三类，Y1 表示同行业中高技能劳动力与低技能劳动力的工作时间之比，Y2 则表示这两类劳动力的单位工资之比(均用对数表示)。

（二）信息化密度（IT）

与上节相同，采用总固定资本投入中与信息技术相关的信息资本所占的比重(对数)来衡量该行业的信息化密度。

（三）团队合作指标（Team）

在理论分析中已经发现，资本信息化对不同行业的影响取决于一个重要的行业特征，即行业的团队合作程度。资本信息化造成团队合作程度不同的行业劳动力需求结构的变化，对于行业的团队合作程度，重点是不同行业的差别，单个行业的绝对水平并没有太大意义，并且，不同国家的相同行业的团队合作程度虽然有所差异，但是所有行业排序的先后顺序，一般不会产生很大的变化。

因此，本节采用与庞巴迪尼等（Bombardini，2012）相同的做法，以美国的数据构建行业层面的团队合作程度指标。本节所讨论的团队合作程度差异在于不同任务之间的交流协调的频繁程度，庞巴迪尼等（Bombardini，2012）将 O∗NET 数据库提供的劳动力对自身所属行业在团队合作、决策相互影响和交流频繁程度几个方面的打分进行了整合，构建了团队合作的指标，与本节的分析相一致，因此实证本节引用该指标，指标越大表示行业对团队合作程度要求越高。

根据该指标，团队合作程度要求最高的前三个行业为石油加工及炼焦业，化学原料、制品、纤维制造以及医药业,电气机械、器材以及电子、通信设备制造业;团队合作程度要求最低的三个行业为纺织和服装制造业,皮革毛皮羽绒及其制造业,木材加工及竹、藤、棕、草制品业。这与本节的直觉比较一致,团队合作程度与生产过程的复杂程度具有一定的相关性,生产过程复杂需要劳动力之间配合和协调更多,团队合作程度更高。

（四）国家的技术水平指标

与上节相同,国家的技术水平差异仍然从影响信息化技术、设备的使用效应渠道产生作用,构建了三个指标进行衡量：国家人力资本禀赋（SE）、物质资本禀赋（CE）和法治水平（JQ）。

（五）其他指标

控制变量主要用于控制行业特征,与上一节的研究基本一致,贸易（$trade$）采用出口交货值占产出的比重来衡量;资本劳动比（kl）则采用行业的资本存量除以行业的从业人数衡量;总产出（$output$）采用以美元计的该行业当年总产值;全要素生产率（tfp）直接采用 WIOD 数据库的计算结果。

三、数据来源、处理说明与统计性描述

数据来源方面,分行业就业和工资结构数据主要来自 WIOD 数据库;信息资本占比主要来自 EU KLEMS 数据库;中国的数据取自《中国科技统计年鉴》;分行业的贸易、总产出、总就业人数、资本存量数据均来自 WIOD 数据库;人口和面积数据来自世界银行数据库。国家层面的数据来源分别是：SE 采用 Barro－Lee 全球教育数据库 2000 年国家平均教育年限（对数）;CE 应用佩恩世界表（Penn World Table）2000 年各国人均 GDP 的对数;JQ 则引用纳恩（Nunn，2007）中的数据。

由于数据来源和处理与上一节并无二异,因此本节不再赘述,实证中使用的主要变量的统计描述见表 4－10。

表4-10 主要变量的统计描述

变量名称	变量含义	观测数	均值	标准差	最小值	最大值
Y1	高、低技能劳动力就业比	1 680	−0.784	1.543	−5.097	4.589
Y2	高、低技能劳动力报酬比	1 680	0.632	0.246	−0.028	1.736
hhs	高技能劳动力就业比重	1 680	2.050	0.944	−0.772	3.810
labhs	高技能劳动力报酬比重	1 680	2.433	0.968	−0.596	4.104
IT	信息化密度	1 666	1.895	0.772	−0.702	4.006
lntrade	出口比重	1 680	−1.262	0.998	−5.336	0.181
lnkl	资本劳动比	14	2.038	1.119	2.806	6.371
lntfp	全要素生产率	1 540	4.661	0.227	3.264	6.692
lnoutput	总产出	1 680	6.638	1.702	0.347	10.919
Team	行业团队合作程度	14	3.200	0.719	1.576	4.025
CI	行业资本密集度	14	0.938	0.498	0.429	2.353
SI	行业技术密集度	14	0.363	0.078	0.245	0.489
CE	国家物质资本禀赋	12	0.784	0.707	−1.390	1.255
SE	国家人力资本禀赋	12	2.221	0.226	1.748	2.506
JQ	国家法治水平	12	1.423	0.675	−0.298	1.963

与上一节分析相同,接下来仍然通过散点图,初步判断信息化密度与高技能劳动力相对需求的关系。我们以中国为例[1],画出高技能劳动力相对需求与信息化密度 IT 的散点图如下。

从图4-2可以发现,中国高技能劳动力相对需求数量与信息化密度有着较为明显的正向关系[2],符合我们的预期。

上述分析初步印证了关于资本信息化和高技能劳动力相对需求的理论分析的结论,即信息资本比重的上升会造成高技能劳动力相对需求的上升。同样,除了信息化之外,还有影响高技能劳动力相对需求的很多其他因素,如果要

---

[1] 其他国家情况相似,不再赘述。值得一提的是,由于国家间的差异较大,如果不区分国家,从总体上来观察散点图,很难发现两者之间的联系,但是当区分国家以后,同一国内两者的关系就比较明显了。

[2] 这里列出的是相对就业和信息化密度的散点图,相对工资的情况相同,在此并未列出,两者的综合可以得到高技能劳动力相对需求与信息化密度正相关的初步结论。

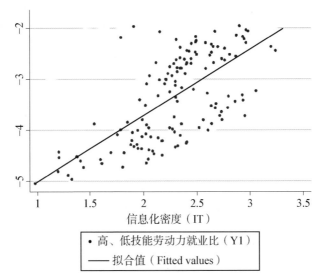

图 4‑2　中国高技能劳动力相对需求与信息化密度的关系

准确考察资本信息化对高技能劳动力相对需求的影响,必须要控制其他影响因素,为此,引入计量分析结果。

四、计量结果

(一) 信息化对劳动力需求结构的影响

首先我们不考虑行业和国家特征的影响,单独为考察资本信息化与劳动力需求结构的关系,依据式(4‑5)进行回归,为了估计结果的稳健性,我们在回归方程中逐步加入各个控制变量,信息化密度对相对就业和相对工资的具体回归结果见表 4‑11 和 4‑12 所示。

表 4‑11　信息化密度与相对就业

	Y1				
	(1)	(2)	(3)	(4)	(5)
IT	0.117***	0.135***	0.144***	0.163***	0.159***
	(3.44)	(3.96)	(4.48)	(5.13)	(4.74)

续表

	Y1				
	(1)	(2)	(3)	(4)	(5)
ln$trade$		−0.138***	−0.150***	−0.117***	−0.130***
		(−4.07)	(−4.74)	(−3.70)	(−3.63)
lnkl			0.559***	0.587***	0.556***
			(15.03)	(15.92)	(13.71)
ln$output$				−0.164***	−0.215***
				(−6.88)	(−7.92)
lntfp					0.291***
					(3.79)
常数项	−2.291***	−2.496***	−4.058***	−3.149***	−4.123***
	(−18.74)	(−18.95)	(−25.14)	(−15.22)	(−11.30)
行业固定效应	是	是	是	是	是
国家固定效应	是	是	是	是	是
N	1 666	1 666	1 666	1 666	1 526
R²	0.862	0.863	0.879	0.883	0.849

表 4-12　信息化密度与相对工资

	Y2				
	(1)	(2)	(3)	(4)	(5)
IT	0.019***	0.021***	0.021***	0.019***	0.019**
	(2.69)	(2.89)	(2.86)	(2.70)	(2.46)
ln$trade$		−0.012*	−0.011	−0.013*	−0.010
		(−1.66)	(−1.61)	(−1.85)	(−1.24)
lnkl			−0.016*	−0.017**	−0.020**
			(−1.89)	(−2.07)	(−2.09)
ln$output$				0.009*	0.008
				(1.69)	(1.23)
lntfp					0.035**
					(1.99)
常数项	0.797***	0.779***	0.823***	0.773***	0.644***
	(31.24)	(28.24)	(22.85)	(16.51)	(7.66)

	Y2				
	(1)	(2)	(3)	(4)	(5)
行业固定效应	是	是	是	是	是
国家固定效应	是	是	是	是	是
N	1 666	1 666	1 666	1 666	1 526
R^2	0.762	0.762	0.762	0.762	0.745

从回归结果来看,无论是对相对就业还是对相对工资的回归,解释变量信息化密度的系数均显著为正,并且在加入其他控制变量后符号与显著性都没有发生变化,与本节的预期完全一致,说明信息化密度的提高增加了高技能劳动力的相对需求,充分验证了命题 3.2.1 的结论。

继续简单分析一下控制变量的回归结果:贸易对劳动力需求结构存在不同的作用渠道,如 H－O 渠道(Heckscher-Ohlin Type)和贸易引致的偏向型技术进步(Export-induced Skill-biased Technical Change)渠道(Xu and Li,2008)以及外包(Hsieh and Woo,2005)等,不同渠道对发达国家和发展中国家所发挥的作用不同,有的可能恰好相反。总体上,世界范围内贸易对技能溢价的影响并没有明确一致的结论。本节的回归结果发现,在控制了行业的信息化密度、全要素生产率以及资本深化等因素,并考虑了国家和行业固定效应,贸易对相对就业的估计系数显著为负,对相对工资的估计系数虽然为负,但不显著。对此我们认为有可能是随着时间变化,发展中国家与发达国家的技术差距在减小,发达国家在资本技术密集型产品的出口比较优势有所减弱,从而在出口结构中,劳动密集型产品的相对数量上升(Levchenko and Zhang,2011),导致了随时间变化发达国家贸易与高技能劳动力相对就业的这种负向作用[1],由于本

---

[1]　我们想要说明的是这一结果有可能是随时间变化,发达国家在技术密集型产品上的比较优势有所减弱所造成的,并不是说发达国家在技术密集型产品上的比较优势被逆转,实际上如果不考虑时间变化,控制国家和时间的固定效应,贸易的回归系数是正的,这说明发达国家在技术密集型产品上的比较优势这一状态并没有变化,由于不是本节讨论的重点,所以这一回归结果并没有列出。

节的样本中发达国家占大多数,所以造成了回归系数为负。

资本劳动比对相对就业的回归系数为正,说明资本深化造成了行业对高技能劳动力需求增加,这与格里利什(Griliches,1969)、戈尔丁和卡茨(Goldin and Katz,1998)、克鲁塞尔等(Krusell et al.,2000)以及达菲等(Duffy et al.,2004)的研究结论相吻合,他们认为资本与高技能劳动力的互补程度大于资本与低技能劳动力的互补程度;对相对工资的回归系数为负,则有可能是供给增加的缘故,因为随着经济的发展,人们获得教育的机会增加,高技能劳动力的供给逐年上升,低技能劳动力则呈下降趋势。

行业规模的扩大造成了劳动力的需求增加,由于信息技术的发展使得高技能劳动的需求越来越多,厂商继续扩大规模就有可能要雇佣更多的低技能劳动力,一方面造成相对就业中高技能劳动力减少,另一方面也造成高技能劳动力相对工资提高,所以产出项对相对就业的回归系数为负,对相对工资的回归系数为正。

已有的研究在考察技术进步与劳动力需求结构的关系时大多采用 tfp 作为技术进步的衡量指标,如宋冬林等(2010)与姚先国等(2005)。一方面,造成技术进步的因素并不限于信息化,另一方面,为了考察在控制全要素生产率不变的条件下,信息化密度变化造成的高、低技能劳动力的生产率差异,本节加入其作为控制变量,回归结果与已有研究完全一致。

(二) 信息化对相同国家不同行业劳动力需求结构的影响

接下来考虑行业特征的影响。将行业的团队合作程度考虑在内,考察信息化密度变化对不同团队合作程度行业劳动力需求结构影响的差异,根据式(4-6)进行回归以验证命题3.2.2。

鉴于团队合作程度差异来源于生产过程中不同劳动力之间协调的频繁程度,一般而言,技术复杂程度更高的行业生产过程中协调要求相对较多,也就是说,技术复杂度与团队合作程度具有比较密切的相关性,因而除了团队合作程度之外,我们还考察了技术密集度(SI)和资本密集度(CI)这两种行业特征,分别用信息化密度与这三个指标的交叉项作为解释变量进行回归。回归结果如表 4 – 13 和 4 – 14 所示。

表 4 – 13　团队合作程度、信息化密度与相对就业

	$Y1$					
	(1)	(2)	(3)	(4)	(5)	(6)
$IT \times Team$	0.039***	0.054***				
	(3.71)	(5.28)				
$IT \times CI$			0.045*	0.107***		
			(1.80)	(4.34)		
$IT \times SI$					0.276***	0.348***
					(2.92)	(3.79)
ln$trade$		−0.126***		−0.129***		−0.115***
		(−3.53)		(−3.57)		(−3.24)
lnkl		0.567***		0.578***		0.555***
		(13.96)		(14.04)		(13.65)
ln$output$		−0.215***		−0.207***		−0.211***
		(−7.92)		(−7.65)		(−7.76)
lntfp		0.300***		0.294***		0.293***
		(3.91)		(3.83)		(3.81)
常数项	−2.323***	−4.245***	−2.061***	−4.043***	−2.243***	−4.045***
	(−18.83)	(−11.54)	(−21.82)	(−11.14)	(−18.23)	(−11.05)
行业固定效应	是	是	是	是	是	是
国家固定效应	是	是	是	是	是	是
N	1 666	1 526	1 666	1 526	1 666	1 526
R^2	0.862	0.849	0.861	0.848	0.861	0.848

表 4 – 14　团队合作程度、信息化密度与相对工资

	$Y2$					
	(1)	(2)	(3)	(4)	(5)	(6)
$IT \times Team$	0.009***	0.009***				
	(4.26)	(3.86)				
$IT \times CI$			0.025***	0.025***		
			(4.81)	(4.42)		
$IT \times SI$					0.080***	0.079***
					(4.06)	(3.77)

	Y2					
	(1)	(2)	(3)	(4)	(5)	(6)
ln$trade$		−0.011		−0.013		−0.010
		(−1.32)		(−1.58)		(−1.21)
lnkl		−0.017*		−0.013		−0.019**
		(−1.85)		(−1.41)		(−2.01)
ln$output$		0.007		0.008		0.007
		(1.16)		(1.32)		(1.17)
lntfp		0.036**		0.035**		0.035**
		(2.06)		(2.01)		(1.99)
常数项	0.764***	0.603***	0.792***	0.614***	0.768***	0.616***
	(29.76)	(7.12)	(40.50)	(7.40)	(30.06)	(7.34)
行业固定效应	是	是	是	是	是	是
国家固定效应	是	是	是	是	是	是
N	1 666	1 526	1 666	1 526	1 666	1 526
R^2	0.763	0.747	0.764	0.747	0.763	0.747

其中行业技术和资本密集度数据来自纳恩(Nunn，2007)。表 4 - 13 和 4 - 14 中的被解释变量分别是相对就业和相对工资,方程(1)、(3)和(5)分别用信息化密度与团队合作指数、资本密集度和技术密集度的交叉项作为解释变量;方程(2)、(4)和(6)则分别加入了相应的控制变量。

从回归结果看,交互项回归系数显著为正,并且在加入其他控制变量后显著性没有发生变化,这就充分验证了命题 3.2.2,即信息化密度提高造成了高技能劳动力的相对需求增加,在团队合作程度高的行业增加得更多;其他控制变量的回归结果与表 4 - 11 和 4 - 12 基本一致。

(三) 信息化对不同国家劳动力需求结构的影响

在考察了行业差异的基础上,我们进一步将国别差异引入,验证国家技术水平差异的影响。分析中分别使用国家人力资本禀赋(SE)、物质资本禀赋(CE)及法治水平(JQ)与信息化密度的交叉项作为解释变量,根据式(4 - 7)进行回归,考察同一行业信息化密度变化在不同国家的影响差异。

进一步,把团队合作程度加入交叉项,考察信息化密度变化在不同国家团队合作程度不同的行业所造成劳动力需求结构的变化,具体结果见表4-15和4-16。

表4-15　国家技术水平、信息化密度与相对就业

	Y1					
	(1)	(2)	(3)	(4)	(5)	(6)
$IT \times CE$	0.161***					
	(4.85)					
$IT \times SE$		0.064***				
		(4.42)				
$IT \times JQ$			0.069***			
			(3.47)			
$IT \times CE \times Team$				0.054***		
				(5.69)		
$IT \times SE \times Team$					0.022***	
					(5.08)	
$IT \times JQ \times Team$						0.020***
						(3.61)
ln$trade$	−0.123***	−0.128***	−0.113***	−0.116***	−0.124***	−0.106***
	(−3.44)	(−3.57)	(−3.18)	(−3.28)	(−3.47)	(−2.98)
lnkl	0.548***	0.556***	0.552***	0.557***	0.566***	0.557***
	(13.52)	(13.70)	(13.56)	(13.77)	(13.92)	(13.68)
ln$output$	−0.214***	−0.217***	−0.215***	−0.217***	−0.219***	−0.218***
	(−7.88)	(−7.95)	(−7.85)	(−8.01)	(−8.04)	(−7.93)
lntfp	0.292***	0.290***	0.295***	0.306***	0.295***	0.303***
	(3.80)	(3.77)	(3.82)	(4.00)	(3.85)	(3.93)
常数项	−4.122***	−4.051***	−3.945***	−4.236***	−4.140***	−3.966***
	(−11.32)	(−11.16)	(−10.90)	(−11.61)	(−11.38)	(−10.94)
行业固定效应	是	是	是	是	是	是
国家固定效应	是	是	是	是	是	是
N	1526	1526	1526	1526	1526	1526
R^2	0.849	0.848	0.848	0.850	0.849	0.848

表 4 - 16　国家技术水平、信息化密度与相对工资

	Y2					
	(1)	(2)	(3)	(4)	(5)	(6)
$IT \times CE$	0.020***					
	(2.58)					
$IT \times SE$		0.008**				
		(2.47)				
$IT \times JQ$			0.010**			
			(2.20)			
$IT \times CE \times Team$				0.009***		
				(3.94)		
$IT \times SE \times Team$					0.004***	
					(3.96)	
$IT \times JQ \times Team$						0.005***
						(4.25)
$\ln trade$	−0.009	−0.010	−0.008	−0.010	−0.011	−0.008
	(−1.14)	(−1.24)	(−1.04)	(−1.11)	(−1.31)	(−0.97)
$\ln kl$	−0.021**	−0.019**	−0.020**	−0.019**	−0.017*	−0.018*
	(−2.20)	(−2.08)	(−2.13)	(−2.05)	(−1.84)	(−1.91)
$\ln output$	0.008	0.007	0.007	0.007	0.006	0.005
	(1.25)	(1.18)	(1.19)	(1.11)	(1.01)	(0.85)
$\ln tfp$	0.035**	0.035**	0.036**	0.037**	0.036**	0.038**
	(1.99)	(1.98)	(2.01)	(2.12)	(2.02)	(2.13)
常数项	0.642***	0.649***	0.658***	0.608***	0.615***	0.623***
	(7.66)	(7.77)	(7.93)	(7.24)	(7.36)	(7.52)
行业固定效应	是	是	是	是	是	是
国家固定效应	是	是	是	是	是	是
N	1 526	1 526	1 526	1 526	1 526	1 526
R^2	0.745	0.745	0.745	0.747	0.747	0.747

表 4 - 15 和 4 - 16 分别表示被解释变量是相对就业和相对工资的回归结果,其中方程(1)—(3)分别是以国家的资本禀赋、技术禀赋和法治水平与行业信息化密度的交叉项作为解释变量;方程(4)—(6)则在交叉项中加入团队合作程度。

从最终回归结果来看,所有交叉项的回归系数均显著为正,与理论预期完

全一致,说明对于技术和资本禀赋高、法治程度完善的国家,相同的信息资本投入可以获得更大的利用效率,由此造成高技能劳动力相对需求的增加也更大,并且,国家的这种差别在团队合作程度高的行业体现得更为明显,与命题3.2.3的结论相一致。其他控制变量与之前的回归结果相一致,在一定程度上体现了估计结果的稳健性。

五、稳健性检验

(一) 使用高技能劳动力工资以及就业占比作为被解释变量

本节主要考察的是技能不同的两类劳动力相对需求变化情况,因而借鉴了宋冬林等(2010)的做法采用高技能劳动力与低技能劳动力的工资比和就业比作为被解释变量进行基准回归。相关的研究中很多采用高技能劳动力的投入占总投入的比重来衡量高技能劳动力的相对需求,如谢长泰和吴强(Hsieh and Woo,2005)与许斌和李伟(Xu and Li,2008)等,因此,本节采用高技能劳动力的就业占比 hhs(高技能劳动力的工作时间占总工作时间的比重)和报酬占比 $labhs$(高技能劳动力的报酬占总报酬的比重)作为被解释变量,对主要回归方程进行稳健性检验。

回归结果如表4-17所示,其中方程(1)—(4)的被解释变量为就业占比,方程(5)—(8)的被解释变量为报酬占比,主要解释变量分别为信息化密度、信息化密度与行业团队合作程度的交叉项、信息化密度与国家技术禀赋的交叉项以及信息化密度与国家技术禀赋和行业团队合作程度交叉项。

估计结果显示,主要解释变量回归系数均显著为正,控制变量方面,与基准回归不同的是资本劳动比对报酬占比 $labhs$ 的回归系数显著为正,与表4-11和4-12回归结果的解释相同,资本深化过程会使用资本代替劳动力,在资本与高技能劳动力互补的情况下,高技能劳动力的相对投入会增加。这与表4-12中资本劳动比回归系数为负的结果并不矛盾,因为表4-12是以相对工资作为被解释变量,高技能劳动力的相对供给增加会降低高技能劳动力的相对工资,资本深化过程中高技能劳动力的相对投入会增加,因而总劳动力报酬中

表4-17 稳健性检验:以高技能劳动力投入比重为被解释变量

	hhs				labhs			
	(1)	(2)	(3)	(4)	(5)	(6)	(7)	(8)
IT	0.91***				1.27***			
	(3.74)				(4.24)			
$IT \times Team$		0.30***				0.44***		
		(4.02)				(4.82)		
$IT \times SE$			0.44***				0.61***	
			(4.18)				(4.68)	
$IT \times SE \times Team$				0.15***				0.22***
				(4.87)				(5.53)
$\ln trade$	-0.33	-0.30	-0.35	-0.32	-0.49	-0.45	-0.51	-0.47
	(-1.26)	(-1.15)	(-1.34)	(-1.23)	(-1.52)	(-1.42)	(-1.59)	(-1.48)
$\ln kl$	2.82***	2.88***	2.83***	2.90***	3.35***	3.44***	3.36***	3.46***
	(9.60)	(9.77)	(9.65)	(9.87)	(9.25)	(9.48)	(9.30)	(9.56)
$\ln output$	-0.35*	-0.34*	-0.37*	-0.38*	-0.39	-0.39	-0.42*	-0.45*
	(-1.75)	(-1.72)	(-1.87)	(-1.95)	(-1.61)	(-1.60)	(-1.74)	(-1.84)
$\ln tfp$	2.23***	2.28***	2.22***	2.26***	2.57***	2.64***	2.55***	2.60***
	(4.01)	(4.10)	(4.00)	(4.07)	(3.75)	(3.86)	(3.73)	(3.82)
常数项	-11.67***	-12.26***	-11.66***	-12.31***	-8.74***	-9.80***	-8.67***	-9.63***
	(-4.42)	(-4.60)	(-4.45)	(-4.68)	(-2.68)	(-2.98)	(-2.68)	(-2.98)
行业固定效应	是	是	是	是	是	是	是	是
国家固定效应	是	是	是	是	是	是	是	是
N	1526	1526	1526	1526	1526	1526	1526	1526
R^2	0.80	0.80	0.80	0.80	0.82	0.82	0.82	0.82

高技能劳动力报酬份额的增加,这就解释了资本劳动比为什么对相对工资的回归系数为负,对报酬占比的回归系数为正。其他控制变量的显著性与之前的回归结果基本一致,回归系数较基准回归更大的原因在于基准回归中的被解释变量是高、低技能劳动力的工资和就业比,而这里本节采用的是高技能劳动力的工资和就业的比重(百分数),被解释变量数量级更大造成回归系数也整体偏大,但这并不影响本节的结论。对比基准回归可见,本节采用两种方法构建被解释变量用以衡量两类劳动力的需求结构变化进行估计所得的结论是完全一致的。

(二) 内生性问题的处理

我们考察技术进步导致信息技术产品价格下降,厂商的信息资本投资增加,资本投入结构发生变化,即资本信息化的过程,由此导致劳动力需求结构的演变。但是以阿西莫卢(Acemoglu)为代表的部分学者认为劳动力供给结构的变化同样影响了技术进步的偏向性,因此技术进步与劳动力需求结构之间存在着互为因果关系,有可能产生内生性问题。但是本节的样本时间跨度只有 10 年,劳动力供给结构变化不大,由逆向因果关系造成的内生性影响也有限。然而为了稳健性,我们采用两种方法进行内生性处理。

1. 滞后一期回归

我们讨论的是信息化投入对劳动力需求结构造成影响,厂商的当期投入有可能会影响下期的劳动力雇佣决策,据此,我们将信息化密度滞后一期进行回归,表 4 - 18 报告了信息化密度变化对劳动力需求结构影响的滞后一期回归结果,其中方程(1)—(4)的被解释变量为相对就业,方程(5)—(8)的被解释变量为相对工资,解释变量与表 4 - 17 相同。表 4 - 18 与基准回归所得到的结果也完全一致。

2. 工具变量 GMM 回归

进一步采用工具变量来克服内生性问题。工具变量的选择借鉴余林徽等(2013)的方法,由于单个行业对整个国家各行业信息化密度的平均值影响有

表4-18 滞后一期回归:信息化密度变化对劳动力需求结构的影响

	Y1				Y2			
	(1)	(2)	(3)	(4)	(5)	(6)	(7)	(8)
IT	0.117*** (3.33)				0.022*** (2.64)			
$IT \times Team$		0.041*** (3.86)				0.010*** (3.97)		
$IT \times SE$			0.047*** (3.06)				0.010*** (2.68)	
$IT \times SE \times Team$				0.017*** (3.71)				0.004*** (4.11)
$\ln trade$	-0.152*** (-4.05)	-0.149*** (-4.00)	-0.150*** (-4.01)	-0.148*** (-3.96)	-0.009 (-1.05)	-0.010 (-1.09)	-0.009 (-1.06)	-0.009 (-1.09)
$\ln kl$	0.571*** (13.68)	0.580*** (13.88)	0.572*** (13.69)	0.579*** (13.87)	-0.017* (-1.73)	-0.015 (-1.53)	-0.017* (-1.71)	-0.015 (-1.52)
$\ln output$	-0.189*** (-6.68)	-0.189*** (-6.72)	-0.189*** (-6.69)	-0.192*** (-6.79)	0.008 (1.28)	0.008 (1.18)	0.008 (1.23)	0.007 (1.03)
$\ln tfp$	0.222*** (2.83)	0.232*** (2.95)	0.220*** (2.80)	0.227*** (2.90)	0.035* (1.90)	0.038** (2.06)	0.035* (1.89)	0.037** (2.01)
常数项	-3.878*** (-10.43)	-3.993*** (-10.62)	-3.822*** (-10.34)	-3.912*** (-10.53)	0.634*** (7.28)	0.589*** (6.70)	0.639*** (7.39)	0.601*** (6.93)
行业固定效应	是	是	是	是	是	是	是	是
国家固定效应	是	是	是	是	是	是	是	是
N	1386	1386	1386	1386	1386	1386	1386	1386
R^2	0.853	0.853	0.852	0.853	0.746	0.748	0.746	0.748

限,因而本节使用同一国家除去某行业的其他行业信息化密度的平均值作为该行业信息化密度工具变量,并且使用两阶段广义矩(GMM)进行回归。结果如表 4 - 19 所示。其中方程(1)—(4)的被解释变量为相对就业,方程(5)—(8)的被解释变量为相对工资,解释变量与表 4 - 17 相同。

Shea partial R^2 和最小特征值统计量(Minimum Eigenvalue Statistic,MES)说明工具变量不是弱工具变量。对比 *OLS* 回归结果本节可以得到完全一致的结论。

因此,本节采用不同的方法构建被解释变量以及尝试采用两种不同方法克服内生性问题进行估计,所得到的结论与基准回归完全相同,这充分说明了本节的计量结果是稳健和可靠的。

第三节　劳动力需求数量国家和行业层面实证总结

在理论部分的分析中,对劳动力需求数量和结构两个方面,分别从国家和行业层面,以及企业层面,通过数理模型诠释技术进步导致的资本信息化过程,由此导致劳动力需求变化的作用机制。本章主要针对理论部分国家和行业层面分析所得到的结论,使用国家、行业和时间三个维度的数据进行经验分析,以验证理论分析结果。

首先,关于资本信息化导致生产中劳动与资本的相对投入变化问题,理论分析中得到结论,资本信息化会对劳动力的需求数量和劳动收入占比产生影响,当信息资本价格下降时,生产中信息技术、设备的应用增加,资本中信息资本的比重提高导致资本的边际产出提高,从而在资本与劳动的投入选择上,厂商会增加资本的投入,降低劳动投入,不仅造成劳动力需求数量降低,而且还会造成劳动收入占比下降;并且,这种效应在资本与劳动的替代弹性更大的行业体现得更为明显。针对这一结论,在计量模型的构建上,使用行业资本投入中信息资本所占的比重用以衡量行业的信息化密度,以此作为解释变量,并且,分

表4-19 工具变量的GMM回归结果

	$Y1$				$Y2$			
	(1)	(2)	(3)	(4)	(5)	(6)	(7)	(8)
IT	0.84*** (11.31)				0.09*** (5.84)			
$IT \times Team$		0.21*** (10.75)				0.03*** (6.92)		
$IT \times SE$			0.36*** (11.24)				0.04*** (5.82)	
$IT \times SE \times Team$				0.09*** (11.11)				0.01*** (7.06)
$\ln trade$	-0.25*** (-5.98)	-0.20*** (-5.34)	-0.25*** (-5.94)	-0.19*** (-5.16)	-0.02*** (-3.21)	-0.02*** (-2.99)	-0.02*** (-3.18)	-0.02*** (-2.86)
$\ln kl$	0.60*** (12.35)	0.63*** (13.10)	0.60*** (12.41)	0.62*** (13.16)	-0.02* (-1.75)	-0.01 (-1.04)	-0.02* (-1.70)	-0.01 (-1.09)
$\ln output$	-0.27*** (-8.04)	-0.25*** (-8.20)	-0.28*** (-8.26)	-0.27*** (-8.66)	0.00 (0.37)	0.00 (0.44)	0.00 (0.17)	0.00 (0.03)
$\ln tfp$	0.27** (2.43)	0.31*** (2.81)	0.27** (2.39)	0.30*** (2.71)	0.03* (1.68)	0.04** (1.98)	0.03 (1.63)	0.04* (1.84)
常数项	-5.92*** (-11.65)	-5.87*** (-11.19)	-5.67*** (-11.32)	-5.46*** (-10.72)	0.45*** (4.69)	0.38*** (3.90)	0.48*** (5.11)	0.44*** (4.65)
行业固定效应	是	是	是	是	是	是	是	是
国家固定效应	是	是	是	是	是	是	是	是
N	1526	1526	1526	1526	1526	1526	1526	1526
Shea partial R^2	0.26	0.29	0.26	0.31	0.26	0.29	0.26	0.31
MES	535.59	614.32	517.29	670.28	535.59	614.32	517.29	670.28

别用劳动力就业数量和劳动收入占比作为被解释变量进行回归。结果显示,在控制了其他行业影响因素后发现信息化密度与劳动力就业数量有明显的负向关系;在劳动收入占比的回归中,信息化密度的回归系数虽然为负,但结果并不显著。综合这两点我们有理由相信资本信息化的确导致了劳动力需求的下降,但是一方面有可能因为劳动力供给数量下降,另一方面有可能由于国家的劳动保护制度,导致劳动收入占比并未出现明显下降的趋势。在此基础上,采用国家信息基础设施水平与行业信息化密度的交叉项进行了回归,发现交叉项的回归系数显著为负,说明国家的信息化基础设施水平会扩大资本信息化对劳动力需求数量的影响效果,与理论分析一致。

其次,关于资本信息化造成高技能劳动力的相对需求问题,理论分析结果主要有以下结论:其一,行业信息化密度的提高会造成该行业高技能劳动力的相对需求上升,主要原因在于信息资本与高技能劳动力的替代弹性大于其与低技能劳动力的替代弹性;其二,信息化密度提高造成行业高技能劳动力的相对需求变化与行业的一个重要特征有关,即团队合作程度,如果行业的团队合作程度高,那么,由信息化密度提高造成高技能劳动力相对需求提高的效应也就越大,主要是因为团队合作程度高的行业,劳动力之间用于交流和协调的时间更多,资本信息化的这一过程造成了劳动力分工深化的程度更高;其三,前两种效应还受到国家技术水平的限制,如果一国资本和技术禀赋比较高,信息技术比较发达,由资本信息化造成高技能劳动力相对需求上升的效应也就越大,这是由于资本和技术禀赋高的国家,信息技术更为发达,从而由资本信息化造成的影响也就更大。针对理论分析的这三个方面,实证中首先考察了行业的信息化密度变化造成高技能劳动力相对需求数量的变化,在控制了国家和行业固定效应,并且加入其他可能影响的变量后,高技能劳动力相对就业和相对工资对信息化密度的回归系数均显著为正,证实了理论分析的第一方面问题;然后,分别使用行业团队合作程度与信息化密度的交叉项,以及国家资本、技术禀赋与信息化密度的交叉项作为解释变量,同样分析用高技能劳动力的相对就业数量和相对工资分别进行回归,结果发现交叉项的回归系数均显著为正,这就证实了理论分析部分第二和第三方面的问题。

最后,在实证分析中,使用了多种指标衡量关键变量,以避免指标构建方面出现偏差;并且使用了多种计量方法进行回归,特别是采用了不同的办法用以克服内生性,结果发现最终得到的结果是比较一致的,充分说明了本章实证结果的稳健性。

第五章　信息化与劳动力需求
——中国经验

　　上一章从国家和行业层面,使用跨国数据就资本信息化对劳动力需求的影响进行了实证检验。在理论分析中可以看出,在国家和行业层面以及企业层面,分析的视角不同,信息化对劳动力需求的影响也有差异。微观企业层面的研究则更注重企业的行为,研究框架在国家和行业内,着重考察企业异质因素造成的差异性影响。因此,为了通过实证从微观企业层面验证理论分析所得到的结论,本章将针对理论分析,采用中国的微观企业数据进行实证研究。

第一节　信息化与劳动力需求数量

　　本节的重点在于讨论企业的信息资本投入与劳动力需求之间的关系,因此针对理论分析得到的结论,实证中本节就企业信息资本投入对劳动收入占比和劳动力需求数量的影响分别进行验证,并且在劳动力需求数量部分的回归中考虑了行业集中度和地区市场化程度,用以从行业和地区两个层面考察垄断的影响。

一、计量模型设定

(一) 企业信息资本投入与劳动投入之间的关系

　　首先采用 OLS 回归模型,考察企业信息资本投入与劳动投入之间的关系建立回归方程如下:

$$\ln Y_{cij}^{h} = \alpha + \beta ICT_{cij} + \gamma D_{fic} + \sum_{i} \lambda_{i} Industrydummy_{i} + \tag{5-1}$$

$$\sum_{c} \lambda_{c} Citydummy_{c} + \varepsilon_{cij}$$

其中 c、i 和 j 分别表示地区、行业和企业编号；$h = 1,2$ 表示两个回归方程，其中被解释变量 Y^1 表示劳动收入占比 LIS、Y^2 表示劳动力需求数量 L；解释变量 ICT 代表企业的信息投入密集度（以下简称为"信息密度"），本节期望该项的回归系数为负，因为如果是这样就说明企业的信息密度提高会降低劳动力的需求，与理论分析中得到的命题 3.1.2 相一致。

为计量的稳健性，模型中本节还加入了其他控制变量 D 用以控制企业的规模、出口、工会势力以及其他影响劳动投入的因素。在控制变量的选择借鉴了已有的相关文献，如本托利拉和圣·保罗（Bentolila and Saint-Paul，2003）、迪万（Diwan，2000）、哈姆森（Hamson，2002）、罗长远和张军（2009b）以及周明海等（2010）等，主要有：平均工资 $awage$、出口 $export$、企业成立年限 age、总销售收入 $income$、工会支出费用 $labor union$、是否为国有企业的虚拟变量 soe 以及行业虚拟变量 $Industrydummy$ 和城市虚拟变量 $Citydummy$ 分别用以控制行业和地区的固定效应。

（二） 建立计量模型

进一步考察垄断的影响，验证命题 3.1.3。参考纳恩（Nunn，2007）的主要思想，将垄断程度与企业信息密度的交叉项作为解释变量，建立计量模型：

$$\ln Y^2_{cij} = \alpha + \beta ICT_{cij} \times MO + \gamma D_{cij} + \sum_i \lambda_i Industrydummy_i + \sum_c \lambda_c Citydummy_c + \varepsilon_{cij} \tag{5-2}$$

其中 MO 表示垄断程度，本节采用行业的集中度 hhi 和地区的市场化程度 $market$ 分别衡量行业和地区的垄断程度[①]，以期从不同维度考察垄断的影响。如果回归结果显示交叉项回归系数 β 显著为负，则说明垄断程度的提高放大了企业信息资本投入造成劳动力需求数量减少的效应，验证理论分析的结论；其

---

① market 是用地区市场化程度来衡量垄断程度，一般而言，市场化程度越高，垄断程度也就越低，为了交叉项分析方便，我们借鉴了纳恩（Nunn，2007）的做法，将 market 定义为一个大数减去地区市场化指数的数值，因此，market 越大也就意味着垄断程度越高。

他控制变量与式(5-1)相同。

二、指标构建和数据来源

被解释变量有两个,劳动收入占比 LIS 为主营业务支出的工资和津贴之和与工业增加值的比值,劳动力的需求数量 L 采用当年平均雇佣劳动力数量衡量;对于主要被解释变量——企业的信息化程度 ICT,采用 2004 年末企业拥有的计算机数量与固定资产之比来衡量,该指标的大小很大程度上反映了企业对信息资本投入的多寡。

本节使用行业集中度来反映行业层面的垄断程度,采用二分位行业的赫芬达尔指数业衡量,计算公式为:

$$hhi = \sum_j \left(sale_{ij} \Big/ \sum_j sale_{ij} \right)^2$$

其中 $sale_{ij}$ 表示 i 行业 j 企业的总销售额。该指标越高说明少数企业在行业中占有的份额越高,亦即垄断程度也就越高,两个极端情况分别是完全垄断的 hhi 为 1,完全竞争时 hhi 则是 0,因此通过该指数可以较好地反映行业的垄断程度差异。另一个衡量地区垄断程度的指标是地区的市场化程度,本节采用樊纲等(2010)的市场化指数报告,选择 2004 年各省份的数据,为了交叉项分析方便,借鉴了纳恩(Nunn,2007)的做法,定义 $market = 15 -$ 市场化指数,这样 $market$ 越大,则表示市场化程度越低,其他条件相同的情况下意味着该地区的垄断程度相对更高。

控制变量方面,$awage$ 表示企业的平均工资;$export$ 表示企业的出口额,包括出口到国外和我国港澳台地区的总额;$income$ 反映企业的规模,用企业的主营业务收入来衡量;$labor\ union$ 反映的是工会的势力,本节采用企业 2004 年工会支出费用来衡量;soe 为是否国有企业的虚拟变量,当企业的国有股份超过 50% 时取 1,否则取 0。

企业层面的数据均来自国家统计局 2004—2007 年规模以上工业企业年度

调查数据[①](以下简称为"工业企业数据库")。对工业企业数据库样本的处理参照了其他学者如谢千里等(2008)的处理方法,删除了部分异常样本,处理了部分异常值。

三、回归结果

(一) 基准回归结果

1. 劳动收入占比(LIS)

根据回归方程(5-1),首先就劳动收入占比对信息密度进行回归,回归结果如表5-1所示。其中方程(1)为2004年的回归结果,方程(2)加入了其他控制变量;方程(3)—(5)分别表示滞后1—3期(2005—2007年)的回归结果。

表5-1的结果显示,企业的信息资本投入提高对其劳动收入占比确实有显著的负向作用,当期的回归系数为-0.102,在1%的统计水平上显著,说明企业的信息密度每增加一个单位,会造成劳动收入占比减少0.102个百分点;并且这种效应存在明显的滞后效应,滞后1—3期的回归系数均显著为负,而且绝对值越来越大。

表5-1 基准回归: 劳动收入占比与信息密度

	(1) lnLIS	(2) lnLIS	(3) lnLIS	(4) lnLIS	(5) lnLIS
ICT	-0.058 7***	-0.102***	-0.149***	-0.162***	-0.167***
	(-2.87)	(-5.50)	(-4.88)	(-5.34)	(-5.19)
ln*export*		0.030 9***	0.030 2***	0.031 0***	0.032 2***
		(63.78)	(63.58)	(65.94)	(67.47)
labor union		0.000 118***	0.000 115***	0.000 117***	0.000 107***
		(21.90)	(21.91)	(22.54)	(20.32)

---

① 工业企业数据库目前收录的是1999—2010年的数据,但是一方面2007年以后的数据有很多指标缺失,另一方面2004年以后的数据我们主要用于滞后期回归,并不需要太长的时间跨度;2004年以前没有有关信息化(计算机终端)的数据,所以我们选取2004—2007年的数据。

	(1) ln*LIS*	(2) ln*LIS*	(3) ln*LIS*	(4) ln*LIS*	(5) ln*LIS*
ln*awage*		0.473***	0.496***	0.506***	0.541***
		(121.78)	(123.80)	(123.21)	(131.48)
age		0.012 5***	0.012 3***	0.011 7***	0.010 8***
		(61.49)	(58.43)	(54.20)	(48.09)
ln*income*		−0.321***	−0.315***	−0.323***	−0.321***
		(−185.61)	(−180.81)	(−185.70)	(−180.77)
soe		0.070 2***	0.050 9***	0.075 3***	0.116***
		(12.16)	(7.73)	(10.67)	(15.31)
常数项	−2.636***	−0.881***	−0.300***	−0.238***	−0.307***
	(−101.83)	(−30.24)	(−10.01)	(−7.71)	(−9.69)
N	197 278	197 244	161 259	151 332	142 554
R^2	0.173	0.322	0.367	0.408	0.430

注：括号内的数据为 *t* 值,本节所有回归均控制了行业固定效应和地区固定效应,后面各表情况相同,不再赘述。

控制变量方面,出口 *export* 的回归系数显著为正,说明对外贸易可以增加企业的劳动收入占比,针对我国出口主要是劳动密集型产品的事实,这一现象与 SS 定理的预测相一致,同时部分已有的实证研究也得到了类似的结果,如周明海等(2010)以及白重恩和钱震杰(2010)等。本托利拉和圣·保罗(Bentolila and Saint-Paul,2003)指出工会力量的增加会提高劳动在收入中所占的份额,本节的回归结果也印证了这一点;*labor union* 项的回归系数显著为正,说明在我国,工会在维护劳动者的权益,提高劳动报酬方面起到了积极的作用,同时,企业成立的时间越久,各项规章制度更加完善,工会的建设、工资和绩效制度以及工人的权益保障等方面相对于新企业要更为规范,*age* 项的回归结果符合本节的预期。在其他条件相同的情况下,由于劳动力市场并不是完全的,支付更高工资的企业其劳动收入份额显然要更高,因此平均工资项 *awage* 的回归系数显著为正。国有企业的虚拟变量回归结果说明国有企业的劳动收入份额更高,与白重恩等(2008)、白重恩和钱震杰(2009)以及周明海等(2010)的研究结论相一致。除了主要解释变量 ICT,本节还关注一个重要指标,就是企业的产出规模 income,因为根据理论分析的结论,由于规模效应的作用会造成劳动收入占比下降,income 恰好体现了规模效应的这一作用效果,其回归系数显著为负,与本书第三章理论部分所得到的结论完全一致。

2. 劳动力需求数量(L)

接下来开始考察企业的劳动力需求数量与信息化的关系。在第三章第一节的理论分析中已经证明,信息密度的提高对企业的劳动力雇佣的影响取决于要素的替代弹性和产品市场的竞争程度,因此,同样基于式(5-1)用企业对劳动力的需求数量作为被解释变量进行回归,结果如表5-2所示。回归方程的含义与表5-1相同,只是被解释变量为劳动力的需求数量。

表5-2 基准回归：劳动力需求数量与信息密度

	(1) $\ln L$	(2) $\ln L$	(3) $\ln L$	(4) $\ln L$	(5) $\ln L$
ICT	−0.334*** (−14.29)	−0.120*** (−7.65)	−0.156*** (−6.12)	−0.215*** (−7.74)	−0.162*** (−5.54)
ln export		0.035 0*** (84.18)	0.032 7*** (76.44)	0.034 2*** (79.79)	0.035 8*** (82.98)
labor union		0.000 168*** (35.47)	0.000 157*** (32.63)	0.000 150*** (31.03)	0.000 139*** (28.56)
ln awage		−0.403*** (−124.03)	−0.362*** (−102.90)	−0.359*** (−98.16)	−0.337*** (−92.33)
age		0.015 9*** (93.10)	0.015 5*** (84.26)	0.014 5*** (75.78)	0.013 4*** (67.05)
ln income		0.585*** (405.26)	0.582*** (381.86)	0.581*** (375.61)	0.587*** (372.70)
soe		0.113*** (22.96)	0.101*** (17.27)	0.109*** (17.23)	0.124*** (18.37)
常数项	3.528*** (118.10)	−1.306*** (−52.87)	−1.342*** (−50.39)	−1.365*** (−49.30)	−1.524*** (−53.69)
N	207 404	206 947	172 157	160 277	150 564
R^2	0.159	0.625	0.627	0.633	0.642

白重恩和钱震杰(2009)的研究结果说明资本与劳动之间的替代弹性大于1,而产品之间的替代弹性一般小于1,因此根据命题 3.1.1,信息密度的提高会降低企业劳动力的雇佣,实证结果也证实了这一点,*ICT* 项的回归系数显著为负,并且同样存在滞后效应,滞后三期仍然显著,不过从第二期以后作用效果开始下降,体现在回归系数绝对值在第三期开始下降。

对于控制变量,*export* 的回归系数为正是由于我国出口的主要是劳动密集型商品,出口数量的增加必然会增加劳动力的需求;企业的规模以及用于工会的支出费用与劳动力的需求数量很明显是正向的关系,因此 *labor union* 和 *income* 项的回归系数显著为正[①];*awage* 项的回归系数显著为负,说明支付更低工资的企业雇佣了更多的劳动力,本节认为这可能是因为平均工资一定程度上也代表了企业雇佣劳动力的技能水平,平均工资低说明企业更多雇佣的是低技能劳动力,采用劳动密集型的生产方式,因此需要雇佣更多的劳动力;大量研究已经证实在其他条件相同的情况下,国有企业会雇佣更多的劳动力,如曾庆生和陈信元(2006)以及薛云奎和白云霞(2008),*soe* 项的回归结果也进一步证实了这一结论,并且本节还发现,企业成立的时间越久,相对而言会雇佣更多的劳动力。

理论分析结果表明,资本信息化对劳动力雇佣的作用很大程度上受到产品市场垄断程度的影响,根据推论 3.1,在其他条件不变的情况下,市场的垄断程度越高,信息资本投入增加造成劳动力雇佣减少的效应就会越明显,为此,首先借鉴齐俊妍等(2011)的方法,对数据进行统计分析。根据样本量大致相同的原

---

① 在理论部分,我们证明了当要素的替代弹性大于产品的替代弹性时,规模效应会降低劳动力的需求,这里代表规模的回归系数为正并不矛盾,因为理论分析中的规模扩大完全是由于企业的信息化水平决定的,没有考虑其他因素,实际上,企业的规模受到很多其他因素的影响,如融资约束以及企业家对未来的预期等等,我们所采用的被解释变量是直接根据企业雇佣的劳动力人数,显然与企业的生产规模正相关,如果将劳动力数量根据企业的初始规模(如总资产)进行平减,以消除除信息化以外的其他因素造成的企业规模的影响,此时的回归结果显示 *income* 回归系数是显著为负的,这一结果并未展示,如有需要可向作者索取。

则,按照指标的中值对样本进行分组:首先根据 *ICT* 的中值将样本划分为低信息密度和高信息密度两类,在此基础上,分别用衡量行业垄断程度的赫芬达尔指数 *hhi* 和代表地区垄断程度的市场化指数 *market* 将样本又分为低垄断和高垄断两类,然后对不同样本企业劳动力需求数量的均值进行对比,具体如表 5-3 所示。

表 5-3　根据垄断程度、信息密度分样本的劳动力需求数量平均数

		hhi		*market*	
		高	低	高	低
ICT	(i)高	184.25	170.70	177.25	177.74
	(ii)低	329.19	239.02	333.80	221.06
	(iii)差	−144.94	−68.32	−156.55	−43.32

从表 5-3 中至少可以得到如下信息:首先,平均而言,信息密度高的企业劳动力需求数量更少——表中第(ii)行的数值要明显大于对应的第(i)行的数值;其次,无论是在行业层面,还是在地区层面,垄断程度高的两类企业的劳动力需求数量之差的绝对值要明显大于垄断程度低的企业,说明垄断程度的提高扩大了信息密度变化造成劳动力需求的差异;再次,如果将−68.32 看成是行业垄断程度之外其他因素造成两类企业劳动力需求量的差异性影响,那么两个均值之差−144.94−(−68.32)=−76.72 就是行业垄断程度造成的两类企业劳动力需求影响的差异,该数值为负说明行业垄断程度提高造成高信息密度企业的劳动力需求减少,对地区垄断程度的分析方法相同,得到的结论也一致。因此,通过数据分析本节比较直观地验证了第三章第一节的理论分析。接下来,本节采用回归分析进一步进行验证。

接下来根据式(5-2),分别将 *hhi* 和 *market* 与 *ICT* 做交叉项,作为解释变量进行回归分析,具体的回归结果如表 5-4 所示。其中方程(1)是直接用 *hhi* 与 *ICT* 的交叉项作为解释变量的回归结果,方程(2)则加入了其他控制变量,方

程(3)则表示滞后一期(即 2005 年)的回归;方程(3)—(6)为 *market* 与 *ICT* 的交叉项对应的回归结果[①]。

表 5-4 的回归结果显示,交叉项回归系数均显著为负,在加入其他控制变量以后仍然显著,与本节的预期完全一致,说明无论是行业还是地区层面,垄断程度的加深都会扩大信息化降低劳动力需求的作用效果,同时滞后期的回归结果表明这种影响存在一定的滞后效应。其他控制变量与表 5-2 的回归结果完全一致。并且根据回归结果可以将影响进一步量化:对于一个信息密度为平均水平(*ICT* 的均值 0.007 1)的企业,*hhi* 一个单位的增加会造成该企业劳动力需求数量减少 2.03%,*market* 一个单位的增加会造成该企业劳动力需求数量减少 0.02%[②]。

表 5-4　基准回归:劳动力需求数量与信息密度——垄断的影响

	(1) ln*L*	(2) ln*L*	(3) ln*L*	(4) ln*L*	(5) ln*L*	(6) ln*L*
hhi×*ICT*	−9.900*** (−12.86)	−2.854*** (−5.55)	−4.949*** (−6.16)			
market×*ICT*				−0.056 9*** (−15.33)	−0.021 3*** (−8.55)	−0.035 5*** (−7.73)
ln*export*		0.035 0*** (84.16)	0.032 7*** (76.39)		0.035 0*** (84.19)	0.032 7*** (76.44)
labor union		0.000 17*** (35.45)	0.000 16*** (32.61)		0.000 17*** (35.47)	0.000 16*** (32.64)
ln*awage*		−0.403*** (−123.97)	−0.362*** (−102.85)		−0.403*** (−124.03)	−0.362*** (−102.88)

[①] 在交叉项的回归中,由于共线性问题,控制变量中并未加入 *ICT* 项,但是引入 *ICT* 并不会影响我们的分析结果,受篇幅所限,我们没有报告所有回归结果,感兴趣的读者可以向作者索取;另外我们仅列出了滞后一期的回归结果,其他滞后期的回归结果相似,同样限于篇幅未列出。

[②] 计算方法为:1.0(一个单位的 hhi)×0.007 1(*ICT* 的均值)×2.854(交叉项回归系数)＝2.03%,*market* 项的计算方法相同,具体方法可参照马跃等(Ma et al.,2010)。

	(1) ln$L$	(2) ln$L$	(3) ln$L$	(4) ln$L$	(5) ln$L$	(6) ln$L$
age		0.015 9*** (93.15)	0.015 5*** (84.29)		0.015 9*** (93.07)	0.015 5*** (84.21)
ln*income*		0.585*** (405.29)	0.582*** (381.95)		0.585*** (405.24)	0.582*** (381.78)
soe		0.113*** (22.93)	0.101*** (17.27)		0.113*** (22.97)	0.101*** (17.28)
常数项	3.528*** (118.06)	−1.308*** (−52.94)	−1.343*** (−50.45)	3.529*** (118.13)	−1.305*** (−52.84)	−1.340*** (−50.32)
N	207 404	206 947	172 157	207 404	206 947	172 157
R^2	0.159	0.625	0.627	0.160	0.625	0.628

（二）进一步拓展：考察地区的信息基础设施影响

在理论分析中,本书第三章第一节第二部分的模型没有考察不同地区企业的差异性,在实证中本节将通过控制地区固定效应予以处理,然而根据理论分析逻辑,可以很容易将地区的信息基础设施考察在内进行进一步拓展。

具体地,第三章已经证明企业的信息资本投入取决于企业对信息资本的利用效率,这正是本节分析框架中企业异质性的来源。对信息资本利用效率高的企业会增加信息资本的投入,由此造成劳动投入的变化,同样的道理,如果两个企业的其他情况都相同,唯一区别在于其所处地区的信息基础设施差异。很明显,位于信息基础设施更为完善地区的企业可以获得更好的与信息相关的技术支持和服务,相对而言对信息资本的利用效率也就更高。因此,地区的信息基础设施通过影响企业对信息资本的利用效率也会对企业的劳动力需求产生影响,在命题3.1.2和3.1.3的基础上进一步引申,并结合推论可知,地区信息基础设施水平提高会扩大企业信息资本投入造成劳动力需求影响的效果。

本节使用不同省份人均光缆线路长度[①] INF 作为地区信息基础设施衡量指标,通过地区信息基础设施与企业信息资本投入的交叉项检验上述分析结果。数据来源于国家统计局。首先以 2004 年为例,采用 OLS 截面回归进行验证,具体如表 5 - 5 所示。其中方程(1)的被解释变量为劳动收入占比,方程(2)—(4)则是以劳动力需求量为被解释变量,分别考察了信息基础设施与企业信息密度,以及加入代表行业垄断程度的 hhi 和地区垄断程度的 $market$ 后的影响。

表 5 - 5　拓展:地区信息基础设施、信息密度与劳动力需求——截面回归

	(1) $\ln LIS$	(2) $\ln L$	(3) $\ln L$	(4) $\ln L$
$INF \times ICT$	-46.72^{*} (-1.73)	-81.99^{***} (-3.53)		
$INF \times hhi \times ICT$			$-4\,540.7^{***}$ (-4.19)	
$INF \times market \times ICT$				-7.957^{***} (-3.03)
$\ln export$	$0.030\,9^{***}$ (63.79)	$0.035\,0^{***}$ (84.19)	$0.035\,0^{***}$ (84.18)	$0.035\,0^{***}$ (84.20)
$labor\ union$	$0.000\,118^{***}$ (21.89)	$0.000\,168^{***}$ (35.45)	$0.000\,168^{***}$ (35.44)	$0.000\,168^{***}$ (35.45)
$\ln awage$	0.473^{***} (121.78)	-0.403^{***} (-124.00)	-0.403^{***} (-123.98)	-0.403^{***} (-124.00)
age	$0.012\,5^{***}$ (61.55)	$0.015\,9^{***}$ (93.18)	$0.015\,9^{***}$ (93.16)	$0.015\,9^{***}$ (93.19)
$\ln income$	-0.321^{***} (-185.53)	0.586^{***} (405.40)	0.585^{***} (405.36)	0.586^{***} (405.42)

[①] 相对而言,该指标比较客观反映了地区的信息化基础设施发展水平,我们同时尝试采用人均固定电话数量和人均互联网用户数进行了相同的检验,结果基本一致。其实更理想的是在采用能反映地区信息化服务质量的指标的同时进行分析,但是在 2004—2007 年并没有相关指标的官方统计。

续表

	(1) lnLIS	(2) ln$L$	(3) ln$L$	(4) ln$L$
soe	0.070 1***	0.113***	0.113***	0.112***
	(12.13)	(22.92)	(22.93)	(22.92)
常数项	−0.884***	−1.310***	−1.310***	−1.310***
	(−30.36)	(−53.03)	(−53.02)	(−53.04)
N	197 244	206 947	206 947	206 947
R^2	0.322	0.625	0.625	0.625

　　回归结果显示交叉项的系数显著为负,说明地区的信息基础设施水平提高确实扩大了企业由于信息资本投入增加造成劳动力需求减少的效果,与我们之前的预期相符,并且其他控制变量的符号与基准回归相一致,一定程度体现了回归结果的稳健性。

　　本节将地区信息基础设施纳入考察进行拓展研究,重要原因在于,受数据所限企业的信息资本投入只有 2004 年的数据,因而本节只能做截面回归,无法体现时间变化的影响。由于地区的信息基础设施水平可以获得不同年份的数据,因此本节试图将企业的信息密度看成一种不变的"禀赋",采用信息基础设施水平与企业信息密度的交叉项进行面板回归,希望通过信息基础设施水平的变化来观察时间对劳动力需求的影响,以期一定程度上解决本节无法观察相同企业信息资本投入随时间变化的问题。

　　面板固定效应的回归结果如表 5-6 所示,各方程的代表含义与表 5-5 相同。需要说明的是,由于工会经费投入只有 2004 年的数据,本节以 2004 年为基准,根据劳动力数量的变化将工会经费的其他年份补齐,以控制劳方的谈判势力。

表 5 - 6　拓展：地区信息基础设施、信息密度与劳动力需求——面板回归

	（1） $\ln L\,IS$	（2） $\ln L$	（3） $\ln L$	（4） $\ln L$
$INF \times ICT$	-917.4^{*} (-1.69)	-416.7^{**} (-2.08)		
$INF \times hhi \times ICT$			-822.1 (-1.30)	
$INF \times market \times ICT$				-53.11^{**} (-2.17)
$\ln export$	$0.005\,69^{***}$ (13.73)	$0.006\,16^{***}$ (22.72)	$0.006\,16^{***}$ (22.72)	$0.006\,16^{***}$ (22.72)
$labor\ union$	$0.000\,271^{***}$ (3.33)	$0.000\,275^{***}$ (3.69)	$0.000\,275^{***}$ (3.69)	$0.000\,275^{***}$ (3.69)
$\ln awage$	0.697^{***} (226.24)	-0.214^{***} (-90.39)	-0.214^{***} (-90.38)	-0.214^{***} (-90.40)
age	$0.000\,935^{***}$ (2.86)	$0.001\,36^{***}$ (6.55)	$0.001\,36^{***}$ (6.55)	$0.001\,36^{***}$ (6.54)
$\ln income$	-0.509^{***} (-167.65)	0.317^{***} (148.31)	0.317^{***} (148.29)	0.317^{***} (148.31)
soe	$0.005\,69$ (1.25)	$0.011\,4^{***}$ (4.16)	$0.011\,4^{***}$ (4.15)	$0.011\,4^{***}$ (4.15)
常数项	1.261^{***} (43.16)	2.074^{***} (102.82)	2.073^{***} (102.86)	2.074^{***} (102.85)
N	$652\,389$	$689\,945$	$689\,945$	$689\,945$
R^2	0.415	0.218	0.218	0.218

　　面板回归的结果与截面回归基本一致，但是主要解释变量的显著性水平有所降低，个别解释变量变得不显著，作者认为这可能是因为本节只考察了地区信息基础设施水平的变化，无法考察与此同时企业信息资本投入的变化所导致的对劳动力需求的影响。但是即使如此，回归结果仍然支持本节以上所得到的结论。

四、稳健性检验

（一）样本选择性偏差问题的处理：Heckman 两步法

　　在所有的样本中，主要解释变量 ICT 有部分零值，接近 15%，这些零值有可能会产生选择性偏误。为此，本节采用 Heckman 两步法做稳健性检验。

第一步用企业是否进行 *ICT* 投入的虚拟变量 *DU* 作为被解释变量,采用
Probit 模型对所有企业进行回归,考察企业的 *ICT* 投入决策。第二步再对第一
步中所有选择 *ICT* 投入的企业进行回归。模型具体设定如下。

第一步,所有企业的 *ICT* 投入决策回归:

$$\text{Prob}(Du_{cij} = 1) = \Phi(\ln export_{cij},$$

$$labor\ union, \ln wage_{cij}, age, \ln income_{fic}, soe_{fic}) \qquad (5-3)$$

第二步,根据第一步回归计算得到的逆米尔斯比率(Inverse Mills Ratio)λ
(θX_{fic}),作为独立变量以控制样本的选择性误差进行回归:

$$\ln Y_{cij}^h = \alpha + \beta ICT_{cij} + \gamma D_{fic} + \sum_i \lambda_i Industry dummy_i ++$$

$$\sum_c \lambda_c Prov dummy_c + \rho\lambda(\theta X_{fic}) + \varepsilon_{cij} \qquad (5-4)$$

表 5-7 展示了两个阶段的回归结果,方程(1)是劳动收入占比与信息密度
的回归结果,方程(2)—(4)则是用劳动力需求数量作为被解释变量,解释变量
分别是信息密度和信息密度与垄断程度的交叉项。

表 5-7 稳健性检验:Heckman 两步法

	(1)		(2)	
	第一阶段 DU	第二阶段 lnL IS	第一阶段 DU	第二阶段 lnL
ICT		−0.102***		−0.121***
		(−5.50)		(−7.72)
hhi×*ICT*				
market×*ICT*				
ln*export*	0.023 0***	0.030 7***	0.025 1***	0.039 1***
	(22.59)	(57.37)	(24.95)	(76.07)
labor union	−0.000 006	0.000 119***	0.000 001	0.000 159***
	(−0.41)	(21.88)	(0.05)	(29.91)

续表

	(1)		(2)	
	第一阶段 DU	第二阶段 ln$L$IS	第一阶段 DU	第二阶段 ln$L$
ln$awage$	0.158***	0.472***	0.175***	−0.366***
	(22.12)	(106.51)	(25.09)	(−88.72)
age	0.001 15***	0.012 5***	0.001 95***	0.016 3***
	(2.89)	(61.41)	(5.05)	(86.04)
ln$income$	0.180***	−0.322***	0.155***	0.616***
	(53.40)	(−116.70)	(48.14)	(262.43)
soe	−0.116***	0.071 4***	−0.095 6***	0.089 3***
	(−11.22)	(11.85)	(−9.38)	(16.18)
常数项	−1.530***	−0.847***	−1.285***	−2.078***
	(−31.04)	(−14.60)	(−26.84)	(−41.06)
mills lambda	−0.028 4		0.683***	
	(−0.68)		(18.09)	

	(3)		(4)	
	第一阶段 DU	第二阶段 ln$L$	第一阶段 DU	第二阶段 ln$L$
ICT				
$hhi \times ICT$		−2.882***		
		(−5.56)		
$market \times ICT$				−0.021 4***
				(−8.56)
ln$export$	0.025 1***	0.039 1***	0.025 1***	0.039 1***
	(24.95)	(76.06)	(24.95)	(76.08)
$labor\ union$	0.000 001	0.000 159***	0.000 001	0.000 159***
	(0.05)	(29.90)	(0.05)	(29.91)
ln$awage$	0.175***	−0.365***	0.175***	−0.366***
	(25.09)	(−88.67)	(25.09)	(−88.72)
age	0.001 95***	0.016 3***	0.001 95***	0.016 2***
	(5.05)	(86.09)	(5.05)	(86.02)
ln$income$	0.155***	0.616***	0.155***	0.616***
	(48.14)	(262.44)	(48.14)	(262.41)

	(3)		(4)	
	第一阶段 DU	第二阶段 ln$L$	第一阶段 DU	第二阶段 ln$L$
soe	−0.095 6***	0.089 2***	−0.095 6***	0.089 3***
	(−9.38)	(16.16)	(−9.38)	(16.19)
常数项	−1.285***	−2.079***	−1.285***	−2.077***
	(−26.84)	(−41.10)	(−26.84)	(−41.05)
mills lambda		0.683***		0.683***
		(18.09)		(18.09)

对比 Heckman 两步法和 OLS 回归结果本节发现,两种方法所得到的结果完全一致——无论是主要解释变量还是控制变量,回归系数的符号和显著性水平都与基准回归基本一致;并且从第一阶段的回归结果还发现,成立时间长、规模大和出口多的企业更倾向选择信息资本投入。国有企业虚拟变量的回归系数显著为负,表明国有企业相对不太倾向于信息资本投入,这可能是因为一方面国有企业拥有一定的垄断势力,在先进技术和设备的应用以及创新上并不积极,另一方面也可能由于国有企业很多决策并不是基于利润最大化的原因。

(二) 垄断程度影响的进一步检验:分样本回归

在基准回归中,本节采用交叉项的回归方法对垄断的影响进行了考察,交叉项回归能够比较直观地反映出两个因素的共同影响所导致的结果,但是比较起来并不直观,并有可能会存在共线性问题,为此,本节进行分样本回归做进一步的稳健性检验,如表 5−8 所示。其中方程(1)—(4)是利用 *hhi* 将样本分为低垄断(*hhi* 中值以下)和高垄断(*hhi* 中值以上)两组的回归结果,方程(1)为低垄断样本,(2)为高垄断样本,方程(3)和(4)则对应地加入了其他控制变量;方程(5)—(8)则是根据 *market* 进行样本分组的对应回归结果。为了便于系数比较,回归结果展示的是经过标准化以后的系数。

表 5 - 8　稳健性检验: 分样本回归

		hhi 中值两侧样本回归		
	(1) ln$L$	(2) ln$L$	(3) ln$L$	(4) ln$L$
ICT	−0.016*** (−5.57)	−0.044*** (−15.20)	−0.004** (−2.25)	−0.017*** (−9.18)
ln$export$			0.154*** (64.46)	0.127*** (54.65)
labor union			0.062*** (30.76)	0.053*** (26.70)
ln$awage$			−0.190*** (−86.09)	−0.199*** (−89.14)
age			0.132*** (61.62)	0.143*** (68.93)
ln$income$			0.614*** (273.76)	0.676*** (293.79)
soe			0.019*** (9.00)	0.046*** (22.50)
N	103 962	103 442	103 786	103 161
R^2	0.165	0.155	0.609	0.640

		market 中值两侧样本回归		
	(5) ln$L$	(6) ln$L$	(7) ln$L$	(8) ln$L$
ICT	−0.023*** (−8.34)	−0.044*** (−14.78)	−0.007*** (−3.90)	−0.018*** (−8.85)
ln$export$			0.144*** (64.44)	0.121*** (49.42)
labor union			0.041*** (21.42)	0.060*** (28.50)
ln$awage$			−0.200*** (−99.11)	−0.177*** (−76.33)
age			0.111*** (57.40)	0.159*** (70.06)
ln$income$			0.667*** (303.17)	0.645*** (270.89)
soe			0.004** (2.04)	0.056*** (25.12)
N	110 854	96 550	110 831	96 116
R^2	0.154	0.169	0.636	0.617

表 5-8 的回归结果显示,低垄断行业的企业一个单位信息密度的增加会造成其劳动力需求减少 0.4%,而高垄断行业的减少程度要大得多,为 1.7%;地区的情况类似,位于高市场化程度地区的企业一个单位信息密度的增加会造成其劳动力需求减少 0.7%,而对于市场化程度低的地区,劳动力需求减少得更多,为 1.8%。由此可见,无论是在行业层面还是在地区层面,垄断程度低的样本信息密度提高造成劳动力需求减少的效应要明显小于垄断程度高的样本,说明垄断程度在信息密度与劳动力需求的关系中扮演了一个非常重要的角色,信息密度造成劳动力需求的作用效果很大程度上取决于行业或者地区的垄断程度。这一结论与基准回归的结果完全一致。

(三) 内生性问题处理

本节的分析逻辑是技术进步导致信息技术、设备价格下降,厂商的信息资本投入增加,资本信息化造成了劳动力需求的下降。本节以信息资本投入作为技术进步的结果考察技术变化后厂商对劳动力投入的选择,虽然规避了以往用 *tfp* 和劳动生产率考察技术进步与劳动力需求的关系所产生的严重内生性问题,但是不排除还存在一种可能,即厂商有可能会根据劳动力选择资本投入的类型,亦即信息技术与劳动力需求有可能存在着互为因果关系,由此会产生内生性问题。为此本节采用工具变量解决由逆向因果关系造成的内生性问题。

本节采用两阶段广义矩(GMM)进行回归,企业信息密度的工具变量选择借鉴余林徽等(2013)的方法,由于单个企业对整个行业信息密度的平均值影响有限,因而本节使用相同地区同一行业除去某企业外的其他企业信息密度的平均值作为该企业信息密度的工具变量①。由于市场化程度也可能存在一定的内生性,因此本节采用各地区 1980 年在国有经济的占的比重作为 *market* 的工具变量,因为这一变量代表了该地区市场化程度的历史水平,与后期市场化程

① 余林徽等(2013)使用地区内分行业的平均制度作为单个企业制度的工具变量,对工具变量的有效性有详细的论述,本节情况与之类似。

度相关,但是并不受后期经济行为的影响,数据来源于《新中国统计资料汇编》。GMM 的回归结果如表 5-9 所示,其中方程(1)表示劳动收入占比与信息密度的回归,方程(2)—(4)为劳动力需求数量分别与信息密度以及信息密度与垄断程度的交叉项回归结果。

表 5-9　内生性处理:工具变量 GMM 回归

	(1) lnLIS	(2) ln$L$	(3) ln$L$	(4) ln$L$
ICT	−0.179*** (−3.56)	−0.245*** (−4.06)		
$hhi \times ICT$			−2.548*** (−2.97)	
$market \times ICT$				−0.321*** (−4.69)
ln$export$	0.0309*** (62.24)	0.0350*** (79.39)	0.0350*** (79.41)	0.0350*** (75.49)
$labor\ union$	0.000118*** (5.00)	0.000168*** (5.55)	0.000168*** (5.55)	0.000168*** (5.55)
ln$awage$	0.473*** (106.55)	−0.403*** (−101.58)	−0.403*** (−101.52)	−0.404*** (−97.95)
age	0.0125*** (51.53)	0.0159*** (63.73)	0.0159*** (63.83)	0.0156*** (59.38)
ln$income$	−0.321*** (−147.29)	0.585*** (245.56)	0.585*** (246.00)	0.581*** (224.49)
soe	0.0705*** (11.40)	0.113*** (20.57)	0.113*** (20.50)	0.117*** (20.07)
常数项	−0.878*** (−24.39)	−1.301*** (−39.75)	−1.308*** (−40.04)	−1.223*** (−32.92)
N	197244	206947	206947	204978
R^2	0.324	0.625	0.626	0.598

对比 GMM 与 OLS 的回归结果可以发现,无论是主要解释变量还是控制变量,回归系数的符号和显著性基本相同,两种方法得到的结论完全一致,说明计量结果是稳健和可靠的。

(四) 进一步稳健性检验：使用不同的数据进行验证

以上的实证分析中使用的数据来自工业企业数据库,该数据库具有样本容量大、时效性强等优点,但是关于信息资本投入的指标只有投入的计算机数量一项,针对本节的研究,这一指标是关键解释变量,因此本节有必要使用其他指标进行进一步验证。

为此本节使用世界银行对 12 400 家中国企业 2002—2004 年经营情况的调查数据(以下简称"世行调查数据")进行进一步的稳健性检验,该数据虽然年限短且相对久远,并且样本容量有限,但是具有指标丰富、数据准确和样本选择随机性强等优点,可以一定程度上弥补工业企业数据库主要解释变量单一的缺点。本节采用企业经常使用电子计算机的员工比例 $itlabor$ 作为信息密度[①]的衡量指标,垄断程度的指标 hhi 和 $market$ 与基准回归相同;其他指标的含义与工业企业数据库相同。对应于基准回归,采用世行调查数据的回归结果如表 5-10 所示。其中方程(1)表示劳动收入占比与信息密度的回归,方程(2)—(4)为劳动力需求数量分别与信息密度以及信息密度与垄断程度的交叉项回归结果。

表 5-10 稳健性检验：世行调查数据回归

	(1) $\ln LIS$	(2) $\ln L$	(3) $\ln L$	(4) $\ln L$
$itlabor$	$-0.010\,0^{***}$ (-21.50)	$-0.008\,29^{***}$ (-20.80)		
$hhi \times itlabor$			$-0.019\,2^{***}$ (-8.41)	
$market \times itlabor$				$-0.000\,993^{***}$ (-19.44)
$\ln export$	$0.027\,4^{***}$ (11.00)	$0.038\,9^{***}$ (18.29)	$0.039\,7^{***}$ (18.38)	$0.039\,0^{***}$ (18.26)

---

① 这一指标的优点在于不仅能体现企业对信息资本的投入数量,更重要的是可以衡量企业的信息利用效率,进一步验证了理论分析结论。

续表

	（1） ln$L$IS	（2） ln$L$	（3） ln$L$	（4） ln$L$
ln$awage$	0.594***	−0.269***	−0.375***	−0.287***
	(18.04)	(−9.57)	(−13.39)	(−10.19)
age	0.0113***	0.0154***	0.0161***	0.0155***
	(18.09)	(28.93)	(29.89)	(28.91)
ln$income$	−0.362***	0.610***	0.601***	0.608***
	(−66.83)	(132.20)	(129.03)	(131.74)
soe	0.153***	0.231***	0.245***	0.233***
	(7.35)	(13.00)	(13.55)	(13.04)
常数项	−6.001***	1.274***	1.801***	1.334***
	(−25.63)	(6.36)	(8.95)	(6.65)
N	12235	12400	12400	12400
R^2	0.435	0.752	0.745	0.751

对比表5-10与基准回归结果可以发现，不同数据库所得到的计量结果基本相同，代表信息密度的主要解释变量 $itlabor$ 以及与垄断程度的交叉项回归系数均显著为负，与此同时，其他控制变量的回归结果与基准回归也完全一致，充分证明了计量结果的稳健性。

（五）针对世行调查数据，使用不同的方法进一步规避内生性问题

世行调查数据中有一项是企业信息化投资的比重 $itinvest$，该指标一方面会受到上年经营情况的影响，另一方面对劳动力需求作用也存在滞后效应，虽然不适合作为主要解释变量进行检验，但是本节可以在每个回归方程中均加入 $itinvest$，如此便可以在控制了企业信息化投资的条件下，观察 $itlabor$ 指标的作用，实际上是使用 $itinvest$"吸收"了内生性的因素，而企业使用计算机的雇员比例 $itlabor$ 在短期内一般不会有太大变化，受企业劳动力雇佣以及经营策略等因素的影响相对较小，比较客观地反映了企业的信息密度。因此，本节采用控制信息化投资的方法可以较好地控制由逆向因果关系导致的内生性影响。

表5-11展示了回归结果。在加入 $itinvest$ 后其他主要解释变量的系数的符号和显著性均没有发生变化，说明在以信息化投资控制了内生性因素后，结

果显示企业的信息密度决定了劳动力需求的差异,符合本节之前所得到的结论。

表 5 - 11　进一步内生性处理:以 itinvest"吸收"内生性

	(1) lnLIS	(2) ln$L$	(3) ln$L$	(4) ln$L$
itlabor	−0.010 6***	−0.008 56***		
	(−20.75)	(−19.81)		
hhi×*itlabor*			−0.018 4***	
			(−7.67)	
market×*itlabor*				−0.001 04***
				(−18.50)
itinvest	−0.000 188***	−0.000 139***	−0.000 129***	−0.000 140***
	(−3.75)	(−3.27)	(−2.98)	(−3.29)
ln*export*	0.024 2***	0.035 4***	0.036 3***	0.035 5***
	(9.10)	(15.72)	(15.85)	(15.75)
ln*awage*	0.561***	−0.299***	−0.410***	−0.318***
	(15.49)	(−9.72)	(−13.40)	(−10.36)
age	0.011 8***	0.015 9***	0.016 6***	0.015 9***
	(17.29)	(27.43)	(28.25)	(27.39)
ln*income*	−0.341***	0.631***	0.623***	0.629***
	(−55.54)	(121.79)	(118.54)	(121.30)
soe	0.125***	0.204***	0.214***	0.205***
	(5.34)	(10.27)	(10.59)	(10.28)
常数项	−5.888***	1.331***	1.888***	1.408***
	(−23.02)	(6.13)	(8.63)	(6.48)
N	9 595	9 716	9 716	9 716
R^2	0.416	0.765	0.756	0.763

因此,本小节采用不同的计量方法,以及不同来源的数据对基准回归的结果进行了稳健性检验,并且使用两种方法用以克服内生性问题,所得到的结论与基准回归完全相同,说明本节的计量结果是稳健和可靠的。

第二节　信息化与劳动力需求技能结构

上节中就资本信息化对劳动力需求数量和劳动收入占比的影响,使用中国的微观企业数据进行了实证分析,重点考察的是资本结构的变化导致劳动力需求的变化,即由于资本中信息化资本所占的比重上升导致劳动力需求数量的减少问题。本节将重点从劳动力的技能结构入手,考察信息化过程中企业对不同技能劳动力相对需求的影响。

根据理论分析得到的结论,技术进步是有偏的,以信息技术为代表的新技术是偏向于高技能劳动力的。因此,信息化的过程中,不仅在总体上,劳动力的投入数量不断减少,而且,在劳动投入中,不同技能劳动力的需求也有差异,具体地,信息化的过程造成了高技能劳动力的相对需求增加,而低技能劳动力相对需求减少。在本书第五章第二节就这一问题已经做过国家和行业层面的实证研究。本节以中国为例,针对命题3.2.4和推论3.2,从微观企业层面对这一问题进行进一步的计量检验。

一、计量模型设定

(一)　企业信息资本投入与高技能劳动力的相对需求的关系

与跨国分析的思路相同,由于无法控制劳动力供给因素,我们同样采用两个回归方程来实现,即以高、低技能劳动力的就业之比和工资之比分别作为被解释变量,如果代表企业信息资本投入的变量回归系数显著为正,就可以得到资本信息化造成高技能劳动力相对需求增加的结论,采用 OLS 回归模型,具体回归方程如下:

$$\ln Y^h_{cij} = \alpha + \beta ICT_{cij} + \gamma D_{fic} + \sum_i \lambda_i Industrydummy_i +$$

$$\sum_c \lambda_c Citydummy_c + \varepsilon_{cij} \qquad (5-5)$$

其中 c、i 和 j 分别表示地区、行业和企业编号;$h = 1, 2$ 表示两个回归方程,其中被解释变量 Y^1 表示高技能劳动力相对就业量 sklabor、Y^2 表示高技能劳动力的相对工资 skpremium;解释变量 ICT 代表企业的信息投入密集度。

考虑到计量的稳健性,还加入行业随时间变化的其他控制变量 D,控制变量的选择参照了已有研究的做法,包括出口 export、总销售收入 income、平均工资 awage、企业成立年限 age、是否为国有企业的虚拟变量 soe 以及行业虚拟变量 Industrydummy 和城市虚拟变量 Citydummy 用以控制行业和地区的固定效应。

(二) 进一步检验地区信息基础设施水平的影响

在国家层面的检验中已经验证国家的信息化水平对信息技术造成高技能劳动力相对需求上升的现象有促进作用,这里我们需要进一步从微观企业层面,就国家或地区间的差异的影响进行验证。根据推论3.2,理论上地区的信息基础设施水平对企业利用信息资本的效应有着重要的影响。为此,将地区信息基础设施水平与企业信息密度的交叉项作为解释变量,建立计量模型:

$$\ln Y_{cij}^2 = \alpha + \beta ICT_{cij} \times INF + \gamma D_{cij} + \sum_i \lambda_i Industrydummy_i +$$
$$\sum_c \lambda_c Citydummy_c + \varepsilon_{cij} \qquad (5-6)$$

其中 INF 表示地区的信息化基础设施水平,其他控制变量与式(5-5)相同。

二、指标构建和数据来源

被解释变量有两个。高技能劳动力的相对就业数量 sklabor 采用具有大专以上学历的劳动力占比来衡量(对数)。由于数据所限,无法取得大专以上劳动力的平均工资,因此高技能劳动力的相对工资无法采用大专以上劳动力的平均工资与大专以下劳动力平均工资之比来直接取得。考虑到农民工一般从事的是一些技术含量相对较低的工作,而企业内部的长期合同工则大多从事技术含量相对更高的工作,所以采用固定工人平均工资与农民工平均工资之比用以衡量高技能劳动力的相对工资 skpremium。

解释变量企业的信息化密度 *ICT* 构建了三个指标来衡量,分别是企业经常使用电子计算机的员工比例 *itlabor*、参与信息化相关培训员工比例 *ittrain* 以及企业用于电子信息和网络等方面支出占总销售收入的比重 *itserv*,前两个指标主要从劳动力的投入角度衡量企业的信息化水平,而 *itserv* 则主要反映了企业在日常运营中用于信息化服务方面的相对支出,从资本投入的角度衡量企业的信息化密度。

地区信息基础设施水平 *INF* 则构建了两个指标来衡量,*P1* 为地区人均固定电话用户和人均互联网用户的平均值(对数),体现了该地区信息化的普及程度,一定程度上反映了信息化的基础设施水平;*P2* 表示地区的人均邮政和电信业务额(对数),该指标反映的是地区信息化业务的发展状况,体现了该地区信息化的发展状况和市场规模,大体上反映了该地区信息化服务水平。

控制变量方面,*export* 表示企业的出口额,包括出口到国外和我国港澳台地区的总额;*age* 为企业从成立到 2004 年为止的年限;*awage* 表示企业的平均工资;*income* 用企业的主营业务收入来衡量;*soe* 表示是否为国有企业的虚拟变量,当企业的国有股份超过 50% 时取 1,否则取 0。

所有企业层面的数据均来自世界银行对中国 120 个地级市的 12 400 家企业 2002—2004 年的统计调查数据。由于并不是所有变量在三年中都有调查数据,因此为了消除数据的波动性影响,我们将参与调查的年份取平均值处理。地区(城市)的数据均来源于《中国城市统计年鉴》,取 2002 到 2004 三年的平均值。主要变量的统计信息如表 5 - 12 所示。

表 5 - 12　主要变量的统计描述

变量名称	变量含义	观测数	均值	标准差	最小值	最大值
sklabor	高技能劳动力相对就业	12 116	2.404	1.069	−2.708	6.907
skpremium	高技能劳动力相对工资	12 400	0.073	0.475	−7.823	2.585
itlabor	信息化员工比例	12 400	17.004	19.543	0.000	100.000
ittrain	信息化员工培训比例	12 396	11.698	20.928	0.000	100.000

续表

变量名称	变量含义	观测数	均值	标准差	最小值	最大值
itserv	信息服务费支出比例	12 398	0.007	0.041	0.000	1.541
ln*export*	出口	12 400	2.952	4.024	0.000	15.500
ln*awage*	平均工资	12 400	6.749	0.316	2.968	8.583
age	成立年限	12 400	12.770	13.923	2.000	200.000
ln*income*	总销售收入	12 400	8.457	1.990	0.943	15.946
soe	是否为国有企业	12 400	0.219	0.414	0.000	1.000
ln*P1*	人均电话和网络	120	2.677	0.628	1.320	5.202
ln*P2*	人均电信业务支出	120	6.025	0.927	4.085	9.481

三、回归结果

(一) 基准回归结果

首先,根据式(5-5)进行基准回归。表5-13和5-14分别展示了高技能劳动力相对就业和相对工资与企业信息化密度的回归结果。

表5-13　相对就业与企业信息化密度

	(1) *sklabor*	(2) *sklabor*	(3) *sklabor*	(4) *sklabor*	(5) *sklabor*	(6) *sklabor*
itlabor	0.0211***	0.0177***				
	(46.72)	(38.57)				
ittrain			0.009 85***	0.007 32***		
			(23.68)	(18.14)		
itserv					0.799***	1.009***
					(3.79)	(5.08)
ln*export*		−0.001 81		−0.004 61*		−0.003 91
		(−0.74)		(−1.80)		(−1.50)
ln*awage*		0.506***		0.732***		0.788***
		(15.48)		(21.89)		(23.34)
age		0.000 786		−0.000 336		−0.000 950
		(1.27)		(−0.52)		(−1.45)
ln*income*		0.092 0***		0.104***		0.116***
		(17.07)		(18.40)		(20.41)

	(1) *sklabor*	(2) *sklabor*	(3) *sklabor*	(4) *sklabor*	(5) *sklabor*	(6) *sklabor*
soe		−0.028 8		−0.037 6*		−0.053 8**
		(−1.40)		(−1.74)		(−2.47)
常数项	2.389***	−2.003***	3.077***	−3.134***	3.266***	−3.504***
	(32.85)	(−8.64)	(40.97)	(−13.06)	(42.76)	(−14.46)
行业固定效应	是	是	是	是	是	是
城市固定效应	是	是	是	是	是	是
N	12 116	12 116	12 112	12 112	12 114	12 114
R^2	0.331	0.374	0.244	0.315	0.210	0.298

表 5－14　相对工资与企业信息化密度

	(1) *skpremium*	(2) *skpremium*	(3) *skpremium*	(4) *skpremium*	(5) *skpremium*	(6) *skpremium*
itlabor	0.005 26***	0.003 67***				
	(24.65)	(16.97)				
ittrain			0.002 39***	0.001 23***		
			(12.73)	(6.69)		
itserv					0.127	0.181**
					(1.35)	(2.01)
ln*export*		−0.000 231		−0.000 780		−0.000 659
		(−0.20)		(−0.67)		(−0.56)
ln*awage*		0.123***		0.172***		0.180***
		(8.07)		(11.37)		(11.94)
age		−0.002 18***		−0.002 44***		−0.002 54***
		(−7.53)		(−8.35)		(−8.70)
ln*income*		0.055 9***		0.059 0***		0.061 1***
		(22.35)		(23.36)		(24.33)
soe		−0.026 4***		−0.028 8***		−0.031 2***
		(−2.73)		(−2.95)		(−3.19)
常数项	0.568***	−0.769***	0.740***	−1.014***	0.786***	−1.069***
	(16.53)	(−7.08)	(21.78)	(−9.34)	(23.12)	(−9.87)
行业固定效应	是	是	是	是	是	是
城市固定效应	是	是	是	是	是	是
N	12 400	12 400	12 396	12 396	12 398	12 398
R^2	0.240	0.290	0.213	0.276	0.203	0.274

其中方程(1)、(3)和(5)分别表示三种不同的企业信息化密度指标在控制了行业和地区固定效应后的 OLS 回归结果,方程(2)、(4)和(6)则加入了相应的控制变量。

结果显示,三种指标所衡量的企业的信息化密度不仅与高技能劳动力的相对就业以及相对工资均显著正相关,并且在加入其他控制变量后,结果和显著性均没有发生改变,一定程度上证实了理论部分得到的命题 3.2.4,说明其他条件相同的情况下,信息化密度高的企业对高技能劳动力的相对需求更高。

在控制变量方面,出口 export 的回归系数为负,主要因为我国更多出口的是劳动密集型产品,这些产品在生产中使用劳动力较多,技术水平相对较低,对高技能劳动力的相对需求也就越低,不过这一效应并不十分明显,体现在回归系数显著性不高;平均工资 awage 代表了企业的整体劳动力技能水平,很明显技术水平高的企业平均工资也会更高,同样,技术水平高的企业对高技能劳动力的相对需求也会更高;企业成立年限 age 对相对就业的回归并不显著,而对相对工资回归则显著为负,这有可能是因为企业成立越久,各项规章制度比较完善,从而员工的福利、保障比较健全,相对工资差距较新成立的企业要小;总销售收入 income 的回归系数显著为正,说明规模更大的企业对高技能劳动力的相对需求更高,这与行业层面的实证结果有差异,主要是因为在行业之间的比较中,低技能劳动力可以在不同行业之间流动,规模大的行业随着其扩张会吸引更多的低技能劳动力,从而规模变量对相对就业的回归系数为负,但是在行业内,当劳动力总量固定时,大企业有更大的优势吸引高技能劳动力,造成高技能劳动力的相对就业和相对工资都更高。soe 项的回归系数显著为负,表明在其他条件相同的情况下,国有企业对高技能劳动力的相对需求更少,这有可能是因为国有企业的人员冗余和工资制度造成的,具体地,由于国有企业工资水平更趋于平均,会更多吸引技能中等或者偏低的劳动力,同时人员的冗余也很难吸引有抱负的高技能劳动力。

（二） 考虑地区信息基础设施水平差异

地区的信息基础设施水平会影响企业对信息化资源的利用效率，因此，信息基础设施水平高的城市，企业由信息化造成高技能劳动力相对需求增加的效应也就越大，这就是推论 3.2 的主要思想。对于这一问题，我们同样采用交叉项的方法进行实证验证。根据式(5-6)的回归方程，交叉项对相对就业和相对工资的回归结果分别如表 5-15 和 5-16 所示。

表 5-15　相对就业与企业信息化密度和城市信息基础设施

	(1) sklabor	(2) sklabor	(3) sklabor	(4) sklabor	(5) sklabor	(6) sklabor
$itlabor \times \ln P1$	0.005 67***					
	(36.53)					
$ittrain \times \ln P1$		0.002 43***				
		(17.40)				
$itserv \times \ln P1$			0.345***			
			(5.27)			
$itlabor \times \ln P2$				0.002 68***		
				(37.43)		
$ittrain \times \ln P2$					0.001 14***	
					(17.73)	
$itserv \times \ln P2$						0.160***
						(5.22)
$\ln export$	−0.001 32	−0.004 27*	−0.003 85	−0.001 40	−0.004 37*	−0.003 86
	(−0.54)	(−1.66)	(−1.48)	(−0.57)	(−1.70)	(−1.49)
$\ln awage$	0.517***	0.731***	0.788***	0.510***	0.731***	0.788***
	(15.72)	(21.80)	(23.34)	(15.55)	(21.81)	(23.35)
age	0.000 713	−0.000 342	−0.000 945	0.000 762	−0.000 336	−0.000 949
	(1.15)	(−0.53)	(−1.45)	(1.23)	(−0.52)	(−1.45)
$\ln income$	0.094 3***	0.104***	0.116***	0.093 3***	0.104***	0.116***
	(17.41)	(18.44)	(20.39)	(17.25)	(18.39)	(20.39)
soe	−0.028 9	−0.039 8*	−0.054 1**	−0.028 3	−0.039 0*	−0.053 9**
	(−1.40)	(−1.85)	(−2.48)	(−1.37)	(−1.81)	(−2.47)
常数项	−2.291***	−3.162***	−3.502***	−2.181***	−3.148***	−3.504***
	(−9.86)	(−13.16)	(−14.45)	(−9.40)	(−13.11)	(−14.46)

	(1) sklabor	(2) sklabor	(3) sklabor	(4) sklabor	(5) sklabor	(6) sklabor
行业固定效应	是	是	是	是	是	是
城市固定效应	是	是	是	是	是	是
N	12 116	12 112	12 114	12 116	12 112	12 114
R^2	0.367	0.314	0.298	0.370	0.315	0.298

表 5 - 16　相对工资与企业信息化密度和城市信息基础设施

	(1) skpremium	(2) skpremium	(3) skpremium	(4) skpremium	(5) skpremium	(6) skpremium
$itlabor \times \ln P1$	0.001 38***					
	(18.94)					
$ittrain \times \ln P1$		0.000 487***				
		(7.67)				
$itserv \times \ln P1$			0.048 5			
			(1.64)			
$itlabor \times \ln P2$				0.000 612***		
				(18.23)		
$ittrain \times \ln P2$					0.000 215***	
					(7.38)	
$itserv \times \ln P2$						0.025 2*
						(1.81)
$\ln export$	−0.000 058 7	−0.000 749	−0.000 638	−0.000 109	−0.000 760	−0.000 645
	(−0.05)	(−0.64)	(−0.55)	(−0.09)	(−0.65)	(−0.55)
$\ln awage$	0.116***	0.170***	0.180***	0.118***	0.170***	0.180***
	(7.63)	(11.23)	(11.93)	(7.76)	(11.27)	(11.93)
age	−0.002 13***	−0.002 42***	−0.002 54***	−0.002 15***	−0.002 42***	−0.002 54***
	(−7.40)	(−8.28)	(−8.70)	(−7.43)	(−8.30)	(−8.70)
$\ln income$	0.055 6***	0.058 7***	0.061 1***	0.055 7***	0.058 7***	0.061 1***
	(22.33)	(23.26)	(24.31)	(22.33)	(23.28)	(24.32)
soe	−0.025 5***	−0.028 7***	−0.031 2***	−0.025 7***	−0.028 7***	−0.031 2***
	(−2.65)	(−2.94)	(−3.20)	(−2.67)	(−2.94)	(−3.20)
常数项	−0.788***	−1.009***	−1.068***	−0.779***	−1.009***	−1.069***
	(−7.31)	(−9.30)	(−9.85)	(−7.21)	(−9.31)	(−9.86)

	(1) skpremium	(2) skpremium	(3) skpremium	(4) skpremium	(5) skpremium	(6) skpremium
行业固定效应	是	是	是	是	是	是
城市固定效应	是	是	是	是	是	是
N	12 400	12 396	12 398	12 400	12 396	12 398
R^2	0.294	0.277	0.273	0.292	0.276	0.273

其中方程(1)—(3)表示采用 $\ln P1$ 衡量城市信息基础设施水平,分别与 $itlabor$、$ittrain$ 和 $itserv$ 的交叉项作为解释变量进行回归,方程(4)—(6)则采用 $\ln P2$ 衡量城市信息基础设施水平进行交叉项的回归。

根据回归结果,采用三种指标衡量的企业信息化密度和两种指标衡量的地区信息基础设施水平的交叉项回归系数均显著为正,充分说明地区信息基础设施的改善会扩大信息化提高技能溢价的效应。并且,控制变量的回归结果与基准回归完全一致,一定程度上体现了计量结果和稳健性。

四、稳健性检验

在解释变量的指标构建时,已经考虑到稳健性,我们采用了多种指标进行衡量,得到了一致的结果。但是还有一个问题就是内生性的处理,因为劳动力的投入与信息资本和劳动的投入之间也有可能会存在逆向因果关系,导致内生性的产生,造成估计的偏差。为此,我们采用两种方法试图消除内生性的影响。

首先,将信息化投资 $itinvest$ 加入回归,试图采用 $itinvest$“吸收”内生性,结果如表 5 - 17 所示。

表 5 - 17　稳健性检验:用 itinvest“吸收”内生性

	(1) sklabor	(2) sklabor	(3) sklabor	(4) skpremium	(5) skpremium	(6) skpremium
$itinvest$	0.000 017 7	−0.000 025 2	−0.000 010 5	−0.000 009 9	−0.000 017 8	−0.000 015 7
	(0.36)	(−0.49)	(−0.20)	(−0.42)	(−0.76)	(−0.66)

续表

	(1) sklabor	(2) sklabor	(3) sklabor	(4) skpremium	(5) skpremium	(6) skpremium
itlabor	0.017 5***			0.003 65***		
	(34.94)			(15.37)		
ittrain		0.007 09***			0.001 22***	
		(16.34)			(6.13)	
itserv			0.890***			0.186*
			(3.91)			(1.80)
lnexport	−0.004 51*	−0.007 66***	−0.006 90**	−0.000 678	−0.001 29	−0.001 18
	(−1.72)	(−2.79)	(−2.48)	(−0.55)	(−1.03)	(−0.94)
lnawage	0.505***	0.731***	0.788***	0.162***	0.211***	0.219***
	(14.07)	(19.85)	(21.20)	(9.59)	(12.61)	(13.14)
age	0.001 47**	0.000 383	−0.000 227	−0.002 00***	−0.002 25***	−0.002 35***
	(2.17)	(0.54)	(−0.31)	(−6.26)	(−6.98)	(−7.30)
lnincome	0.096 8***	0.107***	0.119***	0.055 6***	0.058 4***	0.060 6***
	(15.89)	(16.80)	(18.53)	(19.49)	(20.25)	(21.13)
soe	−0.040 0*	−0.041 0*	−0.057 3**	−0.011 4	−0.012 2	−0.014 7
	(−1.73)	(−1.69)	(−2.33)	(−1.04)	(−1.10)	(−1.33)
常数项	−2.044***	−3.176***	−3.550***	−1.062***	−1.309***	−1.367***
	(−8.07)	(−12.09)	(−13.38)	(−8.88)	(−10.96)	(−11.45)
行业固定效应	是	是	是	是	是	是
城市固定效应	是	是	是	是	是	是
N	9 542	9 539	9 541	9 716	9 713	9 715
R^2	0.387	0.327	0.309	0.307	0.293	0.291

不同指标衡量的解释变量回归系数的符号以及显著性并没有发生变化,说明控制了 itinvest 影响后,所得到回归结果与基准回归仍然一致。不过 itinvest 的回归系数并不显著,说明信息化投资对高技能劳动力的相对需求影响并不明确。

其次,则考虑采用工具变量来消除内生性的影响。采用两阶段广义矩 (GMM)进行回归,企业信息密度的工具变量选择仍然借鉴余林徽等(2013)的方法,使用相同地区同一行业除去某企业外的其他企业信息密度的平均值作为该企业信息密度的工具变量,关于地区的信息基础设施水平,则选择1937年公路网的密度作为工具变量,因为这一变量代表了地区的基础设施历史水平,与后期的信息基础设施相关,但是并不受出口的影响,数据来源于《中国公路史(第一册)》。工具变量回归结果见表5-18和5-19。

表 5 - 18　稳健性检验：工具变量 GMM 回归(1)

	(1) sklabor	(2) sklabor	(3) sklabor	(4) skpremium	(5) skpremium	(6) skpremium
itlabor	0.0168*** (17.92)			0.00368*** (7.51)		
ittrain		0.00743*** (10.66)			0.000890** (2.11)	
itserv			0.473 (1.09)			0.238** (2.04)
lnexport	−0.00189 (−0.81)	−0.00463* (−1.89)	−0.00372 (−1.50)	−0.000229 (−0.21)	−0.000730 (−0.66)	−0.000678 (−0.61)
lnawage	0.519*** (12.84)	0.732*** (17.58)	0.787*** (18.57)	0.123*** (4.75)	0.174*** (6.86)	0.180*** (7.12)
age	0.000700 (1.22)	−0.000327 (−0.56)	−0.000974* (−1.66)	−0.00218*** (−7.36)	−0.00247*** (−8.29)	−0.00254*** (−8.58)
lnincome	0.0931*** (16.07)	0.104*** (17.09)	0.115*** (19.09)	0.0559*** (18.82)	0.0595*** (19.78)	0.0611*** (20.71)
soe	−0.0300 (−1.50)	−0.0373* (−1.80)	−0.0540*** (−2.58)	−0.0264*** (−2.65)	−0.0295*** (−2.94)	−0.0312*** (−3.11)
常数项	−2.073*** (−7.62)	−3.129*** (−10.85)	−3.491*** (−11.87)	−0.768*** (−4.36)	−1.029*** (−5.87)	−1.071*** (−6.13)
行业固定效应	是	是	是	是	是	是
城市固定效应	是	是	是	是	是	是
N	12 116	12 112	12 114	12 400	12 396	12 398
Shea partial R²	0.157	0.082	0.056	0.157	0.082	0.056
MES	2 227.44	1 064.24	709.491	2 277.18	1 096.74	728.723

表 5 - 19　稳健性检验：工具变量 GMM 回归(2)

	(1) sklabor	(2) sklabor	(3) sklabor	(4) skpremium	(5) skpremium	(6) skpremium
$itlabor \times \ln P1$	0.006 82*** (3.03)			0.000 883 (0.81)		
$ittrain \times \ln P1$		0.006 74*** (3.04)			0.000 216 (0.21)	
$itserv \times \ln P1$			1.265*** (3.06)			0.124 (0.81)
$\ln export$	−0.000 871 (−0.35)	−0.005 53** (−2.05)	−0.004 60* (−1.81)	−0.000 254 (−0.22)	−0.000 666 (−0.57)	−0.000 698 (−0.62)
$\ln awage$	0.462*** (4.09)	0.634*** (9.81)	0.793*** (18.29)	0.139** (2.46)	0.175*** (5.11)	0.180*** (7.13)
age	0.001 06 (1.20)	0.000 819 (0.96)	−0.000 812 (−1.37)	−0.002 28*** (−5.30)	−0.002 49*** (−6.21)	−0.002 53*** (−8.55)
$\ln income$	0.090 1*** (9.12)	0.084 7*** (7.30)	0.117*** (19.05)	0.057 5*** (11.25)	0.059 9*** (10.69)	0.061 2*** (20.66)
soe	−0.023 9 (−1.07)	−0.014 8 (−0.59)	−0.053 5** (−2.54)	−0.027 7** (−2.49)	−0.030 2** (−2.56)	−0.031 2*** (−3.11)
常数项	−2.050*** (−3.82)	−2.604*** (−6.46)	−3.565*** (−11.79)	−0.889*** (−3.15)	−1.042*** (−4.74)	−1.073*** (−6.13)
行业固定效应	是	是	是	是	是	是
城市固定效应	是	是	是	是	是	是
N	12 116	12 112	12 114	12 400	12 396	12 398
Shea partial R^2	0.004	0.004	0.024	0.005	0.004	0.024
MES	54.240	47.249	289.787	56.381	49.292	296.922

　　表 5 - 18 展示了信息化密度的回归结果，方程(1)—(3)的被解释变量为 $sklabor$，解释变量依次为 $itlabor$、$ittrain$ 和 $itserv$，方程(4)—(6)的被解释变量为 $skpremium$，解释变量与方程(1)—(3)相同。表 5 - 19 则以 $\ln P1$[①] 为例用以衡量地区信息基础设施水平，对应表 5 - 18 进行的交叉项回归。

---

① $\ln P2$ 衡量地区信息化基础设施水平进行的回归结果与 $\ln P1$ 一致，为节约篇幅不再赘述。

回归结果显示主要解释变量仍然显著为正,与我们的预期完全一致,同时其他控制变量与之前的回归结果基本一致。

通过以上分析不难看出,不同的回归方法所得到的结果中,解释变量和控制变量的回归系数虽然在显著性水平上略有差异,但是符号和显著性都比较一致,验证了理论分析所得到的结论。并且,在考虑了内生性的影响后,回归结果与之前不同回归方法所得到的结论仍然一致,充分体现了本节计量结果是稳健和可靠的。

第三节　劳动力需求结构实证部分总结

上一章主要是使用跨国数据从国家和行业层面进行了实证检验,验证了理论部分对应层面的分析结论。本章主要针对理论部分企业层面分析所得到的结论,使用中国工业企业数据库以及世界银行对中国 12 400 家企业的调查数据进行微观企业层面经验分析,使用中国的经验用以验证理论分析结论。

首先,针对企业的信息资本投入与劳动力需求数量,以及劳动收入占比,理论分析认为,企业对信息资本的利用效率高,就会增加信息资本的投入,资本中信息资本投入的比重增加,导致资本的边际产出提高,企业会增加资本的投入,造成劳动力投入数量的减少。那么必然造成单位产出劳动力的投入数量以及劳动收入占比的降低,但是企业总的劳动力雇佣数量却未必会减少,因为企业的信息化投入越多,那么其生产率也会更高,产出增加,规模扩大,会增加劳动力的需求。企业雇佣劳动力的数量变化与产品市场的竞争程度成正比,与资本和劳动之间的替代弹性成反比。实证中,分别采用企业雇佣劳动力的数量和劳动收入占比对企业的信息化密度进行了回归,结果发现,在控制了规模、劳动生产率等其他影响因素后,企业的信息化密度的回归系数显著为负,说明在其他条件相同的情况下,信息化密度高的企业对劳动力的需求数量更少。进一步,使用了地区的市场化程度和行业的集中度作为垄断程度的衡量指标,分别与信息化密度做交叉项,作为解释变量进行回归,结果发现交叉项的回归系数显著为负,说明垄断程度加深会加大资本信息化造成劳动力需求数量减少的效应,验证了理论分析的结论。在实证中还进行了进一步的拓展,考察了地区的信息基础设施水平的影响,采用地区的人均固定电话用户和宽带用户数量,以及人均邮政和通信服务费用两个指标从硬件和服务两个方面衡量地区的信息化基础设施水平,使用该指标与企业的信息化密度的交叉项作为解释变量进行回归,发现交叉项的回归系数显著为负,说明地区信息基础设施的改善确实会使资本信息化的影响效应体现得更加明显。

接下来,考察资本信息化影响劳动力需求的技能结构问题——高、低技能劳动力的投入结构。理论分析表明,利用效率高的企业,对信息资本的投入更多,由于信息资本与高技能劳动力之间的替代弹性要小于信息资本与低技能劳动力之间的替代弹性,所以信息资本投入更多的企业,对高技能劳动力的相对需求也就更多。同时,国家或地区的信息基础设施水平提高会扩大这一效应。实证中,使用企业对高技能劳动力相对雇佣数量和相对工资分别对企业的信息化密度进行回归,发现信息化密度的回归系数均显著为正,在控制了其他影响因素后,结果仍然稳健,从而验证了理论分析得到的结论;进一步,与之前的实证研究相同,采用地区的信息基础设施水平与信息化密度的交叉项进行了回归,结果显示交叉项的回归系数显著为正,同样与理论分析结论相一致,说明信息基础设施更完善的地区的企业,在其他条件相同的情况下,由资本信息化造成高技能劳动力相对需求增加的影响效应更大。

同样,在企业层面的回归中,考虑到稳健性因素,也使用了多种指标衡量关键变量,同时比较了多种计量方法的回归结果,并且考虑了内生性因素以后,发现最终得到的结果是比较一致的,保证了实证结果的稳健和可靠。

需要特别说明的是,关于劳动力的年龄结构,由于年龄结构数据比较难以获得,尤其是行业和企业层面的数据①。因此关于年龄结构的实证分析本书暂时只说明方法,并没有提供实证结果(后文中国经验同)。未来数据可得性问题解决后可以进行进一步研究。计量模型设置如下:

$$ln\,Y_{cit}^{j} = \chi_i^{j} + \xi_c^{j} + \alpha^{j}IT_{cit} + \gamma^{j}D_{cit} + \Sigma_i\omega_i^{j}Industry_i + \Sigma_c\psi_c^{j}City_c + \varepsilon_{cit}^{j}$$

其中,i、c 和 t 分别表示行业、地区和时间,$j = 1$,2 分别表示劳动力的相对就业和相对工资回归方程;χ_i^{j} 和 ξ_c^{j} 分别表示行业固定效应和地区固定效应,ε 为残差项;被解释变量 Y^{j},$j = 1$,2 分别表示高技能劳动力的相对就业和相对工资;解释变量 IT 表示行业的信息化密度;为了计量结果的稳健性,还加入行业随时间变化的其他控制变量 D;$Industry$ 和 $City$ 分别为行业和地区虚拟变量,用以控制行业和地区固定效应,如果 α^1 和 α^2 的系数同时为正,则与本节的预期相一致。

年龄结构回归方法相同,不同的是采用服务业的数据进行回归。在模型上只需将被解释变量调整为低年龄劳动力相对于中等年龄劳动力的就业,以及高年龄劳动力相对于中等年龄劳动力的就业。根据我们目前初步的调研数据,结合国外的相关研究,计划以 36 岁以下为低年龄劳动力,50 岁以上为高年龄劳动力。

---

① 根据我们的理论分析,信息化对于劳动力需求年龄结构的影响主要存在于服务业。

第六章　信息化对企业生产组织的影响
——理论与实证

考察信息化对企业的影响,主要体现在企业生产组织变化。首先,我们通过梳理近几年信息化发展与产业结构变迁的相关研究,总结信息化对产业结构升级的作用与路径,然后基于企业层面,从信息化对其劳动生产率、出口和产能利用率的影响进行分析。

第一节　信息化发展与产业结构变迁

新型工业化实际上包含了信息化相关产业自身的发展以及信息化与工业的融合和创新,实现生产方式的转变。因此,信息化带来产业结构变迁本身就是新型工业化道路的一部分。

最近两年关于信息化对产业结构升级影响的学术研究并不多,主要是因为此前的相关研究已经比较丰富,对该问题的讨论更多出现在媒体中,结合最新政策的一些相关讨论。陈庆江等(2018)考察了信息化与市场分割对产业结构的影响。他们认为信息化对产业结构的合理化有着显著的促进作用,主要通过信息技术渗透,实现资源有效配置和劳动生产率提高;相反,市场分割则会阻碍产业结构合理化进程,主要因为市场分割导致资源扭曲和要素错配。从信息化与市场分割的关系来看,信息化的发展一定程度上缓解了市场分割对产业结构合理化进程的阻碍作用,原因在于信息的流动和共享,缓解了信息不对称问题,提高了要素配置效率,弱化了区域市场分割对产业结构合理化的阻碍作用。通过中国省际面板数据分析,验证了以上三点结论。据此提出政策建议认为,产业结构的合理化过程,应积极推进信息技术的渗透和融合,同时改变市场分割的现状,提高不同地区之间市场互通。

昌忠泽和孟倩(2018)认为信息技术影响主要通过消费需求效应、创新驱动效应、劳动力禀赋效应和劳动生产率效应四个中介效应渠道影响产业结构优化升级。实际上创新驱动和劳动生产率效应之前已有很多研究都讨论过这两个渠道。消费需求效应指的是信息技术推动的消费生态变化,进而推动产业结构升级,而劳动力禀赋效应指的是信息技术会提高技能工人的需求,促进人力资源禀赋提高并推动人力资源分配的优化。这两个方面实际上属于资源配置的范畴。他们使用省际面板数据验证了这一结论,认为信息技术的发展倒逼产业结构由劳动密集型、资源密集型向知识密集型转变。从区域间来看,信息技术对产业结构转型升级的促进作用在中西部地区体现得要比东部地区更为明显;而从产业间来看,对第三产业的作用最大,第二产业次之,这一结论与徐伟呈和范爱军(2018)的研究相似。他们通过中国19个地区的产业面板数据进行实证分析,发现互联网的发展能够促进中国产业结构高度化,但却不利于产业结构的合理化,原因在于互联网在三大产业中的融合程度有差异,实证发现互联网对第三产业的贡献大于第二产业,而对第一产业的贡献最小。他们认为互联网技术对第一产业产出贡献大于第二和第三产业时,才会促进产业结构合理化。虽当前互联网发展对第二、三产业的贡献可能超过第一产业,但这两个产业存在诸如发展模式粗放、工资制度滞后以及工业与服务业比重不协调等弊端,有可能会导致互联网发展对这两个产业在就业方面的驱动作用要弱于对产出的驱动作用,这样会引起三大产业生产率分散化,进而影响产业结构的合理化进程。

基于三大产业讨论互联网的研究还有曾世宏等(2018),他们同样采用中国省际面板数据,实证检验了互联网发展水平对三大产业结构变化的影响。研究发现互联网的普及主要通过城镇化和技术进步两条路径实现了所谓的"产业结构服务化"①。不过这些研究并未就代表信息化的最新技术,具体通过什么路径导致不同要素在部门之间的流动,进而导致产业结构变化进行理论上的解释。郭凯明(2019)进行了尝试,他采用一个多部门动态一般均衡模型,在理论上证明人工智能服务或人工智能扩展型技术提高会促使生产要素在产业部门间流动,而部门的人工智能产出弹性和人工智能与传统生产方式的替代弹性方面的差别,决定了要素流动的方向,也就决定了产业结构的变化方向。

许家云(2019)主要研究了互联网对工业结构升级的作用。其文章将中国在1995年互联网正式投入商用作为准自然实验,采用倍差法系统分析互联网在地区工业结构升级中的作用。她认为互联网商用之后,在商业领域的普及率提高,考虑到中国区域性差异比较大,不同地区的互联网普及率的变化存在显著差异,这一特征是相对理想的准自然实验。估计结果表明,互联网的应用确实促进了地区的工业结构升级,并且这种效应存在着明显的区域性差异,在东部沿海和中部地区,互联网促进工业结构升级的效应更明显,而在西部经济相对欠发达地区效果并不明显。该文章还对作用机制进行了检验,发现互联网主要从两个渠道促进工业结构升级,一是生产率效应,即互联网的应用提高了劳动生产率,基于劳动生产率提高导致的生产要素转移和高技术部门比重提高促进了产业结构升级;二是资源配置效应,互联网的使用通过降低企业搜寻成本、增加信息透明度,削弱垄断效应,强化市场效应,促进资源合理流动和有效配置,促进产业结构升级。

集约化生产是高质量发展的一部分,也是新型工业化的一个特征。张三峰和魏下海(2019)考察了企业 ICT 应用对能源强度的影响。他们采用世界银行2001 年和 2012 年对中国企业的调查数据,通过实证研究发现企业信息技术应用程度与其能源强度有着明显的负相关关系。中介效应检验认为 ICT 应用导

---

① 按照曾世宏等研究的界定,指的是"促进三次产业的产值结构由第一产业向第二产业进而向第三产业转型,亦能促进三次产业的就业结构由第一产业向第二产业进而向第三产业转型"。

致能源强度降低主要来自两个方面原因：一是ICT应用导致的新技术应用，机器和设备的更新，降低了能耗[1]；二是ICT应用提升企业生产制造的柔性（王永进等，2017），实现了生产结构优化，从而降低了企业的能源强度，主要是通过资源的有效配置，实现集约化生产。

传统意义上的产业结构调整主要包括三大产业之间的结构变化，以及某一产业内行业间结构调整和技术更替。从另一角度来看，互联网的产生导致的线下经济线上化的模式转变也属于结构调整的一部分。余文涛（2019）观察到地理租金的上涨导致部分厂商放弃实体商店转向通过网络平台拓展贸易市场。基于这一事实，他采用省际面板数据实证发现在租金上涨的情况下，企业会通过网络平台拓展市场规模，同时消费者也通过网络平台扩大消费选择，但是这种效应并非通过平台创新实现。

第二节　信息化与企业的出口绩效

一、信息化与企业出口绩效的主要思想

信息化促进了经济增长基本成为学界的共识，那么信息化是否也是比较优势的一个新来源？早在古典贸易理论中，李嘉图就提出了劳动生产率差异是比较优势的一个重要来源。近年来，以梅里兹（Melitz，2003）为代表的企业异质性贸易理论，也十分重视生产率在企业出口绩效差异解释中的重要性。信息化是否通过生产率这一重要渠道影响出口绩效，自然成为一个值得关注的研究问题。众所周知，改革开放以来的四十多年时间中，我国实现了经济的持续高速增长，年均增长率超过8%，作为"三驾马车"之一的对外贸易发挥了重要的作用。然而，从2008年金融危机之后，随着国外的需求降低和我国的适龄劳动力

---

[1]　这里实际有一个隐含的前提假定，就是以ICT为代表的技术是集约化的，能耗低的"绿色技术"。

的减少,传统的劳动密集型产业的比较优势已经难以为继,寻找新的比较优势来源,实现贸易结构转型已经成为当务之急,由此可见,信息化与企业出口比较优势的关系的问题在我国具有深刻的现实意义。

本节以企业异质性贸易理论为基础,借鉴梅里兹(Melitz,2003)的主要思想,建立理论模型,从微观层面说明信息化与比较优势之间的关系:首先对企业而言,在其他条件相同的前提之下,信息化投入的密集度①提高可以通过提高企业的劳动生产率使其获得更好的出口绩效;其次对国家而言,由于信息基础设施的完善有助于企业更好地利用信息化相关的资本,因此信息基础设施水平更高的国家不仅在信息化密度更高的行业有比较优势,而且其企业也可以获得相对更好的出口绩效。在此基础上,以中国为例,对理论进行验证。

二、信息化影响企业出口绩效的理论机制

借鉴梅里兹(Melitz,2003)的主要思想,将厂商的信息化密度和国家的信息基础设施水平纳入分析框架。梅里兹(Melitz,2003)考察的是不同厂商由于劳动生产率的差异而导致的出口绩效差异,其中一个关键的假定是所有潜在厂商在投入一个相同的固定成本 f_e 后随机获得一个劳动生产率水平,潜在的厂商对自身的劳动生产率并没有任何选择的权利,因而无法说明厂商之间劳动生产率差异的根源所在。

本节试图说明在信息化背景下,厂商的劳动生产率差异主要来源于固定投入中的信息化投入所占的比重,我们将这一比重定义为信息化密度,用 θ 表示,$\theta \in [0, +\infty]$,厂商的信息化密度越高其生产设备和流水线的自动化和智能化程度也就越高,表现为投入的生产设备和流水线更为先进,很明显在其他条件相同的情况下生产能力也就越高,即生产技术更为先进,反之则越低。正是由于厂商对信息化密度的选择不同造成了劳动生产率的差异。厂商对未来不确

---

① 企业的信息化投入密集度是指其与信息化相关投入的相对比重,我们将其定义为企业的信息化密度。

定性的判断决定了其对信息化密度选择,具体如下。

之所以有的厂商会选择高的信息化密度从而享受高的劳动生产率,而有的厂商宁愿承受低劳动生产率而选择低信息化密度,是因为信息化密度越高,所需投入的固定成本也就越多,反之则更低。如果厂商对未来不确定性预期悲观,则更倾向于选择较低的一次性固定成本投入[①],从而只能获得较低的劳动生产率;相反那些对未来预期乐观的潜在厂商则愿意投入更高的固定成本。在生产中,信息化密度更高的企业享有更高的劳动生产率,从而具有更好的出口绩效。

进一步,阐述信息化密度影响出口的微观机制,并且将厂商信息化密度与地区的信息基础设施水平联系起来,分析了信息基础设施水平变化对不同信息化密度的影响。

模型具体设定如下。

(一) 需求

沿用梅里兹(Melitz,2003)的假定,代表性消费者对差异化产品 X 的效用函数是 CES 形式有:$U = \left[\int_{i\in\Omega} x(i)^{\rho} di\right]^{\frac{1}{\rho}}$,且 $0 < \rho < 1$,因此,X 产品之间的替代弹性为 $\sigma = \frac{1}{1-\rho} > 1$,通过消费者效用最大化,有 $Q \equiv U$,并且可以得到 X 产品的总体价格指数、差异化产品的需求函数以及厂商的收益分别为:$P = \left[\int_{i\in\Omega} p(i)^{1-\sigma} di\right]^{\frac{1}{1-\sigma}}$、$x(i) = Q\left(\frac{p(i)}{P}\right)^{-\sigma}$ 和 $r(i) = R\left(\frac{p(i)}{P}\right)^{1-\sigma}$。其中 $R = PQ = \int_{i\in\Omega} r(i) di$ 表示总支出。

(二) 生产

1. 基本设定

大量的研究已经从国家和行业(如 Jorgenson and Stiroh,1999;Ark and

---

① 因为这些固定投入属于沉没成本,在发生不利冲击条件下不可回收。

Piatkowski, 2004; Venturini, 2009; Basu and Fernald, 2007 等), 以及微观企业层面(如 Brynjolfsson and Hitt, 2000; Bharadwaj, 2000; Karlsson et al., 2010; Bayo-Moriones et al., 2013 等)证实了信息化投入对劳动生产率的促进作用,基于此,我们可以假定企业的信息化密度越高,劳动生产率就越高,即: 如果用 a 代表劳动生产率,那么必然有 $\frac{\partial a}{\partial \theta} > 0$。

并且,厂商的信息化密度对劳动生产率的影响还要受其他因素的影响 (Melville et al., 2004; Billón-Currás, 2005),这里我们仅考虑信息基础设施的作用。信息基础设施包括信息化的硬件设施、相关的人才和配套服务等等,自然地,在信息基础设施水平高的国家或地区,信息服务的质量和效率也会更高,厂商可以更有效地利用信息技术,同等的信息化密度的厂商可以获得更高的劳动生产率。用 η 表示一国的信息基础设施发展程度,η 越大表示信息基础设施发展越完善,那么有 $\frac{\partial a}{\partial \eta} > 0$。

另外,信息基础设施水平的提高对不同信息化密度的厂商影响是有差异的,对于那些信息化密度高的厂商,相对更为依赖与信息化相关的资源,当信息基础设施水平提高后,对这些厂商的影响要更大,而那些信息化密度较小的厂商对信息基础设施水平的变化则不太敏感。因此我们可以进一步假定 $\frac{\partial^2 a}{\partial \theta \partial \eta} > 0$,即信息基础设施水平的提高对信息化密度高的厂商的作用更大。

综合以上三个方面,我们可以假定劳动生产率 $a(\theta, \eta) = \eta \theta^2$。

假定厂商在生产之前需要投入一个固定的进入成本为 F(以劳动力来衡量),用于购买生产设备以及流水线等,并假定这些设备一旦投入后不可回收,但可以永远使用。如上所述,信息化密度 θ 越大,劳动生产率就越高,但与此同时成本也会相应增加——先进的机械设备的价格相对更高,因此可以假定 $F = F(\theta), F'(\theta) > 0$。

其他的基本假定与梅里兹(Melitz, 2003)相似,假定每个厂商生产一种商

品,只有劳动一种要素投入,并且劳动力的供给是无弹性的。厂商生产函数为:
$x = a(l - f)$,其中 l 表示劳动,f 表示固定成本投入[①]。

与梅里兹(Melitz, 2003)的推导过程完全相同,可以得到垄断竞争厂商的
价格、收益和利润函数分别为:

$$p(\theta) = \frac{1}{\rho\eta\theta^2} \qquad (6-1)$$

$$r(\theta) = R(P\rho\eta\theta^2)^{\sigma-1} \qquad (6-2)$$

$$\pi(\theta) = \frac{R}{\sigma}(P\rho\eta\theta^2)^{\sigma-1} - f = \frac{r(\theta)}{\sigma} - f \qquad (6-3)$$

同样道理有: $\dfrac{x(\theta_1)}{x(\theta_2)} = \left(\dfrac{\theta_1}{\theta_2}\right)^{2\sigma}$, $\dfrac{r(\theta_1)}{r(\theta_2)} = \left(\dfrac{\theta_1}{\theta_2}\right)^{2(\sigma-1)}$ $\qquad (6-4)$

说明信息化密度更高的厂商规模更大、价格更低并且获得利润更高。

在均衡情况下,有数量为 M 的厂商,其信息化密度为 $\theta \in [0, +\infty]$ 的分布
为 $\mu(\theta)$,因此产品的总体价格指数 P 为: $P = \left[\int_0^{+\infty} p(\theta)^{1-\sigma}\mu(\theta)d\theta\right]^{\frac{1}{1-\sigma}}$。

令 $\qquad\qquad \tilde{\theta} = \left[\int_0^{+\infty} \theta^{2(\sigma-1)}\mu(\theta)d\theta\right]^{\frac{1}{2(\sigma-1)}}$ $\qquad (6-5)$

有 $P = M^{\frac{1}{\sigma-1}} p(\tilde{\theta})$,$\tilde{\theta}$ 表示所有厂商的加权平均信息化密度。产品的总产
量 Q、厂商的总收益 R 和总利润 Π 以及平均收益 $\bar{r}$ 和平均利润 $\bar{\pi}$ 分别为:

$$Q = M^{\frac{1}{\rho}}x(\tilde{\theta}) \quad R = Mr(\tilde{\theta}) \quad \Pi = M\pi(\tilde{\theta}) \quad \bar{r} =$$
$$R/M = r(\tilde{\theta}) \quad \bar{\pi} = \Pi/M = \pi(\tilde{\theta})$$

2. 厂商的选择

潜在厂商在进入之前预先决定一个固定投入 F 的大小,虽然投入的 F 越

———————

[①] f 是可以看成是生产过程中弥补固定资本折旧的新增投资等。

大,获得高信息化密度的概率也就越大,但在进入之前厂商并不能确切预知自己进入后所能获得的信息化密度值,只能根据自身的情况选择认为合适的 F①。潜在厂商所决定的 F 大小与其对未来的预期有关②。在生产过程中厂商有可能会受到一些外生的偶然因素冲击导致其退出,每个潜在的进入厂商在进入之前必须对产生这种情况的可能性 δ,$\delta \in [0,1]$ 有一个估计。当潜在的厂商对未来的不确定性相对悲观,估计的 δ 值较大时,愿意投入沉没成本 F 就越小,获得的信息化密度 θ 也就越小,反之则越大,这也就解释了为什么既然信息化密度高的厂商可以获得更高的利润,而不是所有的厂商都选择高信息化密度的原因③,我们假定 $F = c/\delta$,$c > 0$。

3. 零利润条件

在进入后,根据厂商选择的 F 值会获得一个信息化密度 θ,$\theta \in [0, +\infty)$,θ 服从 $g(\theta)$ 的分布,分布函数为 $G(\theta)$。选定了 θ 后,是否生产取决于是否 $\pi(\theta) \geqslant 0$。

当 $\theta = 0$ 时,$\pi(0) = \dfrac{r(0)}{\sigma} - f = -f < 0$,厂商不会选择生产。随着 θ 的增加,$\pi(\theta)$ 逐渐提高,当 $\theta = \theta^*$ 时 $\pi(\theta^*) = 0$,因此,从而 $\pi(\theta) \geqslant 0$ 的条件要求厂商所选择的 θ 的范围是 $\theta \in [\theta^*, +\infty]$。因此,$\mu(\theta)$ 是 $g(\theta)$ 的条件分布函数:

$$\mu(\theta) = \begin{cases} \dfrac{g(\theta)}{1 - G(\theta)} & 当 \theta \geqslant \theta^* \\ 0 & 当 \theta < \theta^* \end{cases}, \text{从而有} \tilde{\theta}(\theta^*) = \left[\dfrac{1}{1 - G(\theta^*)} \int_{\theta^*}^{+\infty} \theta^{2(\sigma-1)} \right.$$

---

① 类似于一个投标的过程,厂商的固定成本投入相当于对 θ 的报价,每个厂商不知道其他厂商的报价,只能根据自身的情况选择合适的报价,最终的 θ 是按照价高者得的逻辑进行分配。

② 实际上企业所受到的融资约束以及与政府的关系等因素都会影响企业对未来的预期,但是理论部分的分析中我们假定其他的这些因素是既定的,重点考察其他条件相同的前提下不同企业对信息化投入的差异。

③ 当然固定投入的大小还跟厂商的融资约束以及行业特征等诸多方面的因素有关,这里我们仅考虑对不确定性预期的影响。

174

$\mu(\theta)d\theta\big]^{\frac{1}{2(\sigma-1)}}$，平均收益和平均利润分别为：

$$\bar{r} = r(\tilde{\theta}) = \left[\frac{\tilde{\theta}(\theta^*)}{\theta^*}\right]^{2(\sigma-1)} r(\theta^*) \quad \bar{\pi} = \pi(\tilde{\theta}) = \left[\frac{\tilde{\theta}(\theta^*)}{\theta^*}\right]^{2(\sigma-1)} \frac{r(\theta^*)}{\sigma} - f$$

由 $\pi(\theta^*) = 0$ 可得 $r(\theta^*) = \sigma f$，从而有：$\bar{\pi} = \int_{\theta^*}^{+\infty} \pi(\theta)\mu(\theta)d\theta = fk(\theta^*)$

$$(6-6)$$

其中 $k(\theta^*) = \left[\frac{\tilde{\theta}(\theta^*)}{\theta^*}\right]^{2(\sigma-1)} - 1$。

4. 自由进出条件

厂商对长期所获得总利润的预期值为：$\pi^e = \frac{1-G(\theta^*)}{\delta}\pi(\theta) - F$，由于不能预知自身所能获得的信息化密度值，所以潜在厂商只能按照平均利润来估计自身进入市场后可能获得的利润，即 $\pi^e = \frac{1-G(\theta^*)}{\delta}\bar{\pi} - F$，当 $\pi^e > 0$ 时，厂商选择进入。均衡条件下必然有 $\pi^e = 0$，即 $\bar{\pi} = \frac{\delta F}{1-G(\theta^*)} = \frac{c}{1-G(\theta^*)}$

$$(6-7)$$

（三）封闭均衡

与梅里兹（Melitz，2003）中的分析相同，零利润条件所确定的平均利润 $\bar{\pi}$ 是 θ^* 的减函数，自由进出条件所确定的平均利润 $\bar{\pi}$ 是 θ^* 的增函数，两者仅相交一次。通过式（6-6）和式（6-7）就可确定均衡的 θ^*。

总劳动力 $L = L_p + L_e$，其中 L_p 和 L_e 分别表示生产中的劳动力和新进入厂商前期投资所使用的劳动力。如果在位厂商的数量为 M，新进入厂商的数量为 M_e，那么有 $[1-G(\theta^*)]M_e = \bar{\delta}M$，其中 $\bar{\delta}$ 表示实际退出的概率，假定等于所有厂商预期 δ 的均值，即 $\bar{\delta} = \int_0^1 \delta\psi(\delta)d\delta$，$\psi(\delta)$ 表示 δ 的密度函数，$\psi(\delta)$ 对于厂商是未知的。用 $\bar{F}$ 表示实际退出概率所对应的固定成本，因此 $L_e =$

$$M_e \bar{F} = \frac{\delta M}{1 - G(\theta^*)} \bar{F} = M\bar{\pi} = \Pi, \text{并且 } L_p = R - \Pi, \text{从而 } R = L_p + L_e \text{。}$$

这说明总收益 R 一部分用于支付生产中工人的工资 L_p，另一部分就是获得的总利润 Π，而总利润全部补偿了前期的固定投入（以劳动力来衡量）L_e，收入与支出相等，实现均衡。

厂商数量也是内生决定的，$M = \dfrac{R}{\bar{r}} = \dfrac{L}{\sigma(\bar{\pi} + f)}$ 　　　　　(6 - 8)

均衡价格 $P = M^{\frac{1}{1-\sigma}} p(\tilde{\theta}) = \dfrac{M^{\frac{1}{1-\sigma}}}{\rho \eta \tilde{\theta}^2}$。

（四）　开放情况

假定本国与外国的情况完全相同，厂商出口需要支付固定成本 f_x，"冰山成本"为 τ，并且假定 $\tau^{\sigma-1} f_x > f$ [①]，厂商进行国内生产和出口的利润分别为：

$$\pi_d(\theta) = \frac{r_d(\theta)}{\sigma} - f \tag{6-9}$$

$$\pi_x(\theta) = \frac{r_x(\theta)}{\sigma} - f_x = \frac{\tau^{1-\sigma} r_d(\theta)}{\sigma} - f_x \tag{6-10}$$

由 $\pi_x(\theta_x^*) = 0$ 可得出口厂商的最小信息化密度 θ_x^*，对于 $\theta < \theta_x^*$ 的厂商，$\pi_x(\theta) < 0$，不会选择出口。因此有 $r_d(\theta_x^*) = \sigma\tau^{\sigma-1} f_x > r_d(\theta^*) = \sigma f$，从而 $\theta_x^* > \theta^*$，说明只有信息化密度高的厂商才会出口，并且，结合式（6 - 4），信息化密度与产出、收益和利润成正比，我们可以得到命题 6.2.1。

命题 6.2.1：厂商的信息化密度是出口的重要影响因素，在其他条件相同的情况下，信息化密度高的厂商更倾向于出口，并且在出口厂商中高信息化密度的厂商出口更多，获得利润更高，具有更好的出口绩效。

---

① 做此假定是为了研究部分厂商出口的情况，而不讨论全部厂商都出口抑或都不出口的情况。

开放情况下均衡情况的分析与封闭情况相同：所有厂商的加权平均信息化密度 $\bar{\theta}_t$、产品的总体价格指数 P 和总产量 Q、厂商的总收益 R 和总利润 Π 以及平均收益 $\bar{r}$ 和平均利润 $\bar{\pi}$ 分别为：

$$\bar{\theta}_t = \left\{ \frac{1}{M_t} \left[M\tilde{\theta}^{2(\sigma-1)} + nM_x\tau^{1-\sigma}\tilde{\theta}^{2(\sigma-1)} \right] \right\}^{\frac{1}{2(\sigma-1)}} \qquad (6-11)$$

其中 n 为外国的数量，M_x 表示出口厂商数量，$M_x = [1-G(\theta_x^*)]M$

$$(6-12)$$

M_t 表示在本国销售产品的厂商总数量，$M_t = M + nM_x$ \qquad $(6-13)$

$$P = M_t^{\frac{1}{\sigma-1}} p(\tilde{\theta}_t) \quad Q = M_t^{\frac{1}{\rho}} x(\tilde{\theta}_t) \quad R = M_t r_d(\tilde{\theta}_t) \quad \Pi = M_d\pi_d(\tilde{\theta}_t)$$

$$\bar{r} = r_d(\tilde{\theta}) + [1-G(\theta_x^*)]nr_x(\tilde{\theta}_x) \quad \bar{\pi} = \pi_d(\tilde{\theta}) + [1-G(\theta_x^*)]n\pi_x(\tilde{\theta}_x)$$

由零利润条件 $\begin{cases} \pi_d(\theta^*) = 0 \\ \pi_x(\theta_x^*) = 0 \end{cases}$ 可得：$\bar{\pi} = fk(\theta^*) + [1-G(\theta_x^*)]nf_xk(\theta_x^*)$

$$(6-14)$$

自由进出条件与封闭情况相同。

由 $\dfrac{r_x(\theta_x^*)}{r_d(\theta^*)} = \tau^{1-\sigma}\left(\dfrac{\theta_x^*}{\theta^*}\right)^{2(\sigma-1)} = \dfrac{f_x}{f}$ 可得：$\theta_x^* = \theta^* \tau^{\frac{1}{2}}\left(\dfrac{f_x}{f}\right)^{\frac{1}{2(\sigma-1)}}$ \quad $(6-15)$

由式(6-14)、(6-7)和式(6-15)即可确定开放情况国内市场进入的最小信息化密度 θ^* 和出口的最小信息化密度 θ_x^*。

均衡分析与封闭情况相同，$L_e = M_e\bar{F} = M\bar{\pi} = \Pi$，并且 $L_p = R - \Pi$，$R = L_p + L_e$。

厂商数量： $M = \dfrac{R}{\bar{r}} = \dfrac{L}{\sigma\{\bar{\pi} + f + [1-G(\theta_x^*)]nf_x\}}$ \qquad $(6-16)$

$$M_t = M + nM_x = \{1 + n[1-G(\theta_x^*)]\}M \qquad (6-17)$$

均衡价格 $P = M_t^{\frac{1}{\sigma-1}} p(\tilde{\theta}_t) = \dfrac{M_t^{\frac{1}{1-\sigma}}}{\rho \eta \tilde{\theta}_t^2}$。

开放情况下厂商所获得的平均利润包括国内生产和出口两部分,如式(6-14)所示,相对封闭情况,同等条件获得的平均利润更大,即由零利润条件确定的 $\bar{\pi}$ 与 θ^* 的关系曲线向右移动,因为自由进出条件不变,所以相对封闭情况,开放均衡下的信息化密度最小值 θ^* 更大,说明厂商进入的"门槛"提高了。

由式(6-16)可知,开放条件下的在位厂商数量 M 减少了;对照式(6-17)和式(6-8)有 $M_t > M$(注意这里的 M 是封闭条件下的厂商数量),说明虽然国内在位厂商的数量减少了,但是进口厂商的总数量 nM_x 要大于在位厂商的减少数量,总体的厂商(包括国内生产的厂商和在本国销售的外国的厂商)数量 M_t 增加,也意味产品种类相对封闭条件下更为丰富。

(五) 信息基础设施的影响

之前的讨论中暗含了信息基础设施水平 η 保持不变的假定,现在我们来分析当 η 提高后对厂商的影响。

在信息化密度不变的情况下,由于信息基础设施水平提高,造成投入要素利用效率的提升,提高了劳动生产率,借此提高了厂商的收益和利润,即 $\dfrac{\partial r(\theta, \eta)}{\partial \eta} > 0$, $\dfrac{\partial \pi(\theta, \eta)}{\partial \eta} > 0$。 由于 $r(\theta^*) = \sigma f$, $r(\theta_x^*) = \sigma \tau^{\sigma-1} f_x$,因此在其他条件相同的情况下,信息基础设施水平提高会造成国内进入的最小信息化密度 θ^* 和出口的最小信息化密度 θ_x^* 的降低,结合式(6-12)和式(6-16)很自然可以得到出口厂商数量会增加。

另一方面,由于信息基础设施水平的提高对不同信息化密度的厂商的劳动生产率的影响是有差异的,进而会造成收益和利润的不同,$\dfrac{\partial^2 x(\theta, \eta)}{\partial \theta \partial \eta} > 0$, $\dfrac{\partial^2 r(\theta, \eta)}{\partial \theta \partial \eta} > 0$, $\dfrac{\partial^2 \pi(\theta, \eta)}{\partial \theta \partial \eta} > 0$,当信息基础设施水平提高后,所有厂商的产出和利润都会增加,并且,信息化水平更高的厂商增加得更多。

综合以上可得命题 6.2.2。

命题 6.2.2：信息基础设施水平同样会影响厂商的出口决策，其他条件相同的情况下，信息基础设施水平改善会提高厂商出口绩效，并且信息化密度高的厂商会获得更大的提高。

命题 6.2.2 说明当信息基础设施水平提高后，会促使更多的厂商参与出口，出口总量和单个厂商的出口都会增加，并且信息基础设施水平高的厂商增加得更多。

以上分析考虑的是对称的各国情况，信息基础设施水平整体提高的影响，在非对称的条件下，如一国信息基础设施水平提高而其他国家不变，分析方法不变，此时本国信息基础设施水平提高对本国厂商的影响与对称情况相同，但是对外国的影响则相反，由于本节主要研究的是信息基础设施水平提高对厂商绩效的影响，对外国厂商的影响以及贸易利得等的研究不在本节的考虑范围，所以非对称的情况不再赘述。

三、计量模型与数据说明

采用世界银行对中国 120 个地级市的 12 400 家企业在 2002—2004 年经营情况的调查数据，将企业的出口绩效与信息化密集度、地区的信息基础设施联系起来，对理论部分所得出的结论进行经验验证。

（一）计量模型

鉴于我们的研究是基于企业层面的，在所有样本中，只有占 37.69% 的企业（4 673 家企业）参与出口，而未出口的企业出口量都为 0。还有其他一些解释变量也存在非负的特性，因此采用 Tobit 模型进行基准回归。

首先验证命题 6.2.1，企业的信息化程度对其出口有重要的促进作用，为此，我们建立以下计量模型：

$$\ln(export_{fic}+1) = \alpha + \beta f_{fic} + \gamma_1 Age_{fic} + \gamma_2 Awage_{fic} + \gamma_3 Temploy_{fic} +$$

$$\gamma_4 RD_{fic} + \gamma_5 Income_{fic} + \gamma_6 Ownership_{fic} + \sum_i \lambda_i Industrydummy_i +$$

$$\sum_c \lambda_c Citydummy_c + \varepsilon_{fic}$$

其中 f、i 和 c 分别表示企业、行业和城市编号；被解释变量 $export$ 表示出口，主要解释变量 f 表示企业的信息化密度，我们期望该项的回归系数为正，因为这就说明企业的信息化密度与出口是正向的促进关系。

由于企业的出口行为与其他很多因素有关，包括企业的规模以及所拥有的资源禀赋等等，因此为计量的稳健性，模型中我们还加入了其他控制变量，在控制变量的选择上，借鉴已有的许多关于企业层面贸易的研究的做法，如马跃等（Ma et al.，2010）、李坤旺等（Li et al.，2012），主要有表示企业成立期限长短的 Age、表示企业规模的企业总雇员数 $Temploy$ 和总销售收入 $Income$、企业的平均工资 $Awage$、研发投入 RD、是否为国有企业的虚拟变量 $Ownership$ 以及行业虚拟变量 $Industrydummy$ 和城市虚拟变量 $Citydummy$ 用以控制行业和地区的固定效应。

接着把信息基础设施考虑在内，验证命题 6.2.2，即地区的信息基础设施水平的提高对企业出口有促进作用，并且对信息化程度高的企业出口的促进作用更大，参考拉詹和津加莱斯（Rajan and Zingales，1998）和纳恩（Nunn，2007）的主要思想，将地区信息基础设施水平和企业投入的信息化密度的交叉项加入，建立计量模型如下：

$$\ln(export_{fic} + 1) = \alpha + \beta f_{fic} \times P_c + \gamma_1 Age_{fic} + \gamma_2 Awage_{fic} +$$

$$\gamma_3 Temploy_{fic} + \gamma_4 RD_{fic} + \gamma_5 Income_{fic} + \gamma_6 Ownership_{fic} +$$

$$\sum_i \lambda_i Industrydummy_i + \sum_c \lambda_c Citydummy_c + \varepsilon_{fic}$$

这里 P_c 表示城市 c 的信息基础设施水平，当城市的信息基础设施水平与企业的信息化密度交叉项 $f_{fic} \times P_c$ 回归系数显著为正，则说明地区的信息基础设施改善对信息化密度高的企业的出口有显著的促进作用；其他控制变量与验证命题 6.2.1 的模型的控制变量相同。

（二） 变量的构建和数据来源

1. 企业层面的变量

被解释变量 *export* 表示企业的出口额,包括出口到国外和我国港澳台地区的总额;关于企业投入的信息化密度我们构建了两个指标,*f1* 为企业的 IT 投资(包括硬件和软件)占总销售收入的比重,主要反映的是企业在 IT 设备方面的相对投入;*f2* 采用企业用于电子信息以及网络等方面支出占总销售收入的比重,主要反映了企业在日常运营中用于信息化服务方面的相对支出,这两个指标分别从两个不同侧面衡量企业的信息化密度。

控制变量方面,*Age* 为企业从成立日期到 2004 年为止的年限;*Awage* 表示企业的平均工资;*Temploy* 为总雇员数,包含所有的雇员;*Income* 用企业的主营业务收入来衡量;*Ownership* 为是否为国有企业的虚拟变量,当企业的国有股份超过 50%时取 1,否则取 0。

所有企业层面的数据均来自世界银行对中国 120 个地级市的 12 400 家企业 2002—2004 年的统计调查数据。由于并不是所有变量在三年中都有调查数据,因此为了消除数据的波动性影响,我们将参与调查的年份取平均值处理。

2. 行业层面的变量

我们主要考察的是信息化密度对出口的影响,因此在行业层面我们仅考虑行业的信息化密度指标,我们构建了两种指标,其一是直接用该行业的所有企业信息化密度的平均来表示,*f1* 的平均为 *I21*,*f2* 的平均为 *I22*;为避免内生性,我们还引入了一种表示行业信息化密度的指标 *I1*,即美国行业在 1993—1997 年信息化资本占总资本的比重,数据来源于阿尔克(Ark,2003)。

3. 地区(城市)的数据

地区信息基础设施水平我们同样构建了两个指标,*P1* 为地区人均固定电话用户和人均互联网用户的平均值(对数),体现了该地区信息化的普及程度,一定程度上反映了信息化的基础设施水平;*P2* 表示地区的人均邮政和电信业务额(对数),该指标反映的是地区信息化业务的发展状况,体现了该地区信息化的发展状况和市场规模,大体上反映了该地区信息化服务水平。地区数据均来源于《中国城市统计年鉴》,取 2002—2004 年三年的平均值。

表 6-1　主要变量的统计描述

变量名称	指标名称	观测数	均值	标准差	最小值	最大值
出口(万元)	*Export*	12 400	9 311.18	92 380.61	0	5 389 302
企业信息化密度	*f1*	12 400	0.83	3.30	0	100
	f2	12 400	0.55	3.02	0	100
行业信息化密度	*I1*	12 400	6.13	4.27	1.20	15.80
	I21	12 400	0.83	0.31	0.44	3.67
	I22	12 400	0.55	0.21	0.01	3.34
地区信息基础设施	*P1*	12 400	2.70	0.64	1.32	5.20
	P2	12 400	6.06	0.94	4.08	9.48
企业成立年限(年)	*Age*	12 400	12.77	13.92	2	200
企业平均工资(元/人)	*Awage*	12 400	898.40	321.69	19.44	5 342.56
企业总雇员(人)	*Temploy*	12 400	867.03	3 711.99	5.33	295 228.7
企业 R&D 投入(万元)	*RD*	12 400	531.29	5 120.98	0	407 034
总销售收入(万元)	*Income*	12 400	39 111.65	211 661.2	2.57	8 420 275
是否为国有企业	*Ownership*	12 400	0.22	0.41	0	1

四、计量结果与稳健性检验

(一)估计结果

1. 信息化密度对出口的影响

具体回归结果见表 6-2,方程(1)和(3)分别表示两种不同的企业信息化密度指标在控制了行业和地区固定效应后的 Tobit 回归结果,方程(2)和(4)则加入了相应的控制变量。

表 6-2　出口对企业信息化密度的 Tobit 回归结果

	(1) ln*export*	(2) ln*export*	(3) ln*export*	(4) ln*export*	(5) ln*export*	(6) ln*export*
f1	0.095 6*** (4.24)	0.092 0*** (4.76)				

	(1) ln*export*	(2) ln*export*	(3) ln*export*	(4) ln*export*	(5) ln*export*	(6) ln*export*
f2			0.067 4***	0.076 3***		
			(2.79)	(3.71)		
I1					0.125***	0.111***
					(6.05)	(6.10)
ln*age*		−0.201**		−0.205**		−0.327***
		(−2.23)		(−2.29)		(−3.56)
ln*awage*		−0.038 4		−0.046 3		−0.534*
		(−0.13)		(−0.16)		(−1.79)
ln*employ*		1.352***		1.352***		1.567***
		(14.49)		(14.49)		(17.06)
ln*RD*		0.272***		0.277***		0.256***
		(8.00)		(8.13)		(7.47)
ln*income*		0.825***		0.822***		0.685***
		(10.89)		(10.85)		(9.33)
ownership		−1.733***		−1.743***		−2.060***
		(−8.82)		(−8.88)		(−10.23)
_cons	−1.870***	−16.11***	−1.816***	−15.97***	−0.818	−12.70***
	(−2.69)	(−7.62)	(−2.62)	(−7.56)	(−1.28)	(−5.93)
Industry fixed effects	是	是	是	是	否	否
City fixed effects	是	是	是	是	是	是
Pseudo-R^2	0.071 6	0.125	0.071 4	0.125	0.057 3	0.110
Log likelihood	−20 045.5	−18 895.0	−20 050.6	−18 899.4	−20 355.1	−19 214.2
N	12 400	12 400	12 400	12 400	12 400	12 400

结果显示,两种指标所衡量的企业的信息化密度与出口均显著正相关,并且在加入其他控制变量后,结果和显著性均没有发生改变,一定程度上证实了我们在理论部分的假说。

其他控制变量的回归结果与已有的文献(Ma et al., 2010; Li et al., 2012;钟昌标,2007;唐宜红和林发勤,2009;赵伟等,2011)大体一致,ln*age* 的回归系数显著为负,我们认为新进入的企业更有活力,劳动生产率一般较高,随着时间的延长会有所降低;平均工资 ln*awage* 代表企业雇佣劳动力的整体技能水平,反映了企业的劳动力禀赋状况,其回归系数符号为负,我们认为可能是由于我国较多出口劳动密集型产品,相对于资本密集型产品,劳动密集型产品的生产所需的劳动力的整体技能水平更低,导致技能与出口负相关,但是回归系数不显著,说明该因素影响有限;反映企业规模的 ln*employ* 和 ln*income* 的回归系数都显著为正,表明规模大的企业出口更多;*R&D* 投入项也显著为正,说明在其他条件相同的条件下,*R&D* 投入增加可以提高企业的出口,还有 *ownership* 的回归系数说明在我国出口的主要是民营企业和外企。

在分析了企业层面的情况后,我们再简单分析一下行业的情况,方程(5)是控制了地区固定效应①之后直接进行 Tobit 回归的结果,方程(6)则加入了其他控制变量。从结果来看,行业的信息化密度与出口也是显著正相关;控制变量的情况与企业层面的分析结果基本相同。

既然在企业层面和行业层面信息化密度与出口都是显著的正向关系,那么企业的信息化密度对出口的影响在不同信息化密度行业是否有差异呢? 为此我们将行业和企业的交叉项引入,作为解释变量,回归结果见表6-3。

表6-3 出口对行业和企业信息化密度交叉项的 Tobit 回归结果

	(1) ln*export*	(2) ln*export*	(3) ln*export*	(4) ln*export*
f1 × *I1*	0.011 4***	0.009 30***		
	(3.79)	(3.61)		
f2 × *I1*			0.008 91***	0.007 65***
			(2.70)	(2.72)
ln*age*		−0.313***		−0.318***
		(−3.40)		(−3.46)
ln*awage*		−0.358		−0.364
		(−1.20)		(−1.22)

① 基于行业层面的分析要考虑不同行业之间的影响,因此没有加入行业固定效应,下同。

续表

	(1) ln*export*	(2) ln*export*	(3) ln*export*	(4) ln*export*
ln*employ*		1.616***		1.617***
		(17.59)		(17.60)
ln*R&D*		0.268***		0.272***
		(7.83)		(7.92)
ln*income*		0.626***		0.623***
		(8.60)		(8.56)
ownership		−2.071***		−2.075***
		(−10.27)		(−10.28)
_cons	0.144	−12.93***	0.198	−12.82***
	(0.23)	(−6.02)	(0.32)	(−5.97)
Industry fixed effects	是	是	是	是
City fixed effects	是	是	是	是
Pseudo-R^2	0.0567	0.110	0.0566	0.109
Log likelihood	−20366.3	−19226.3	−20369.8	−19229.1
N	12400	12400	12400	12400

从回归结果来看,行业信息化密度与企业信息化密度的交叉项显著为正,说明在其他条件相同的情况下,行业的信息化密度越高,企业的信息化密度对出口的影响越大,控制变量的回归结果均没有变化。

2. 地区信息基础设施水平对不同企业出口的影响

现在我们将地区信息基础设施水平与企业的信息化密度的交叉项作为主要解释变量进行回归,结果见表6-4。

表6-4 出口对企业信息化密度和地区信息基础设施交叉项的 Tobit 回归结果

	(1) ln*export*	(2) ln*export*	(3) ln*export*	(4) ln*export*
f1×*P1*	0.0277***	0.0255***		
	(3.83)	(4.12)		
F2×*P2*			0.00996***	0.0109***
			(2.60)	(3.35)

续表

	(1) ln*export*	(2) ln*export*	(3) ln*export*	(4) ln*export*
ln*age*		−0.201** (−2.23)		−0.206** (−2.29)
ln*awage*		−0.038 2 (−0.13)		−0.047 5 (−0.16)
ln*employ*		1.350*** (14.48)		1.352*** (14.49)
ln*RD*		0.274*** (8.04)		0.277*** (8.13)
ln*income*		0.824*** (10.87)		0.822*** (10.84)
ownership		−1.738*** (−8.85)		−1.743*** (−8.88)
_*cons*	−1.881*** (−2.71)	−16.10*** (−7.61)	−1.818*** (−2.62)	−15.96*** (−7.55)
Industry fixed effects	是	是	是	是
City fixed effects	是	是	是	是
Pseudo-R^2	0.071 5	0.125	0.071 3	0.125
Log likelihood	−20 047.1	−18 897.7	−20 051.1	−18 900.6
N	12 400	12 400	12 400	12 400

回归结果表明,用不同指标衡量的交叉项回归系数显著为正,表明信息基础设施水平的提高对企业出口有明显的促进作用,并且对信息化密度更高的企业作用更明显,从而验证了理论部分的命题 6.2.2,与我们的预期一致。在加入其他各项控制变量后并没有改变解释变量的显著性,并且其余变量的符号与表6-2 的回归结果也是一致的,进一步说明结果是稳健的。

同样,作为对比,我们再来分析一下地区信息基础设施水平对信息化密度不同的行业的影响,我们用 I1、I21 和 I22 三种指标衡量行业信息化密度,用行业的信息化密度与地区信息基础设施水平的交叉项作为解释变量,回归结果见表 6-5。

表6-5 出口对行业信息化密度和地区信息基础设施交叉项的 Tobit 回归结果

	(1) lnexport	(2) lnexport	(3) lnexport	(4) lnexport	(5) lnexport	(6) lnexport
$I1 \times P1$	0.0403***	0.0335***				
	(5.69)	(5.40)				
$I21 \times P1$			0.651***	0.234***		
			(7.33)	(3.03)		
$I22 \times P2$					0.479***	0.323***
					(7.23)	(5.61)
lnage		-0.322***		-0.315***		-0.312***
		(-3.50)		(-3.43)		(-3.40)
lnawage		-0.496*		-0.412		-0.386
		(-1.66)		(-1.38)		(-1.30)
lntemploy		1.573***		1.615***		1.634***
		(17.12)		(17.59)		(17.80)
lnR&D		0.259***		0.262***		0.254***
		(7.54)		(7.58)		(7.39)
lnincome		0.674***		0.624***		0.618***
		(9.20)		(8.58)		(8.50)
ownership		-2.059***		-2.054***		-2.034***
		(-10.22)		(-10.18)		(-10.10)
_cons	-1.075	-13.10***	-2.651***	-13.45***	-2.193***	-14.27***
	(-1.64)	(-6.11)	(-3.62)	(-6.23)	(-3.13)	(-6.60)
Industry fixed effects	否	否	否	否	否	否
City fixed effects	是	是	是	是	是	是
Pseudo-R^2	0.0572	0.110	0.0577	0.109	0.0576	0.110
Log likelihood	-20357.2	-19218.2	-20346.6	-19228.2	-20347.4	-19217.0
N	12400	12400	12400	12400	12400	12400

结果发现信息化密度高的行业在信息基础设施水平高的地区同样会获得更高的比较优势,与企业的情况基本相同。

(二) 稳健性检验

1. Heckman 两步法

在所有的12400家企业中有7727家企业不出口,占62.31%。基于梅里兹

(Melitz，2003)的理论基础，我们考虑两阶段模型分析企业的出口选择，第一步为是否出口的问题，有些企业选择出口，而有些则选择国内销售；第二步为出口企业选择出口的产量，即出口多少的问题。采用 Heckman 两步法来实现：第一步用企业是否出口的虚拟变量($Duexport$)作为被解释变量，采用 Probit 模型对所有企业进行回归，考察企业的出口决策。第二步再对第一步中所有选择出口的企业进行回归，考察出口的"集约边际"(Intensive Margin)。模型具体设定如下。

第一步，所有企业的出口决策回归：

$$\text{Prob}(Duexport_{fic} = 1) = \Phi(f_{fic}, Age_{fic}, Awage_{fic}, Employment_{fic}, R\&D_{fic},$$
$$Income_{fic}, Ownershipdummy_{fic}, ownership_{fic}, policies_{fic})$$

该回归中需加入影响企业是否出口决策而不影响出口数量的变量，我们参考埃尔普曼等(Helpman，2008)和马跃等(Ma et al.，2010)的做法，采用不确定的经济政策对企业的影响指标 $Policies$ 来衡量，取值从 0 到 4 表示影响程度越来越大，数据来源同样是世界银行的调查数据。

第二步，将第一步回归计算得到的逆米尔斯比率(Inverse Mills Ratio)θX，作为独立变量以控制样本的选择性误差进行回归：

$$\ln(export_{fic}) = \alpha + \beta f_{fic} + \gamma_1 Age_{fic} + \gamma_2 Awage_{fic} + \gamma_3 Temploy_{fic} +$$
$$\gamma_4 RD_{fic} + \gamma_5 Income_{fic} + \gamma_6 Ownership_{fic} + \sum_i \lambda_i Industrydummy_i +$$
$$\sum_c \lambda_c Citydummy_c + \rho\lambda(\theta X_{fic}) + \varepsilon_{fic}$$

表 6-6 和表 6-7 分别展示了两个阶段的回归结果，方程(1)和(2)分别用 $f1$ 和 $f2$ 代表企业的信息化密度进行回归，考察企业自身信息化密度对出口的影响；方程(3)和(4)用地区信息基础设施水平和企业信息化密度的交叉项作为解释变量进行回归；方程(5)和(6)分析了地区和行业交叉效应。

表 6 - 6 Heckman 第一阶段回归

	(1) Du*export*	(2) Du*export*	(3) Du*export*	(4) Du*export*	(5) Du*export*	(6) Du*export*
f1	0.0214***					
	(4.94)					
f2		0.0197***				
		(4.07)				
f1×*P1*			0.00711***			
			(4.59)			
F2×*P2*				0.00303***		
				(3.84)		
I1×*P1*					0.00611***	
					(5.33)	
I1×*P2*						0.00292***
						(5.55)
ln*age*	−0.0324*	−0.0332**	−0.0322*	−0.0331**	−0.0514***	−0.0517***
	(−1.94)	(−1.99)	(−1.93)	(−1.98)	(−3.17)	(−3.19)
ln*awage*	0.00621	0.00799	0.00688	0.00821	−0.0605	−0.0627
	(0.11)	(0.14)	(0.12)	(0.15)	(−1.14)	(−1.19)
ln*temploy*	0.243***	0.243***	0.243***	0.243***	0.263***	0.263***
	(13.83)	(13.82)	(13.83)	(13.82)	(16.11)	(16.09)
ln*RD*	0.0653***	0.0666***	0.0654***	0.0666***	0.0626***	0.0625***
	(9.68)	(9.90)	(9.70)	(9.90)	(9.78)	(9.75)
ln*income*	0.0676***	0.0663***	0.0674***	0.0662***	0.0418***	0.0424***
	(4.81)	(4.71)	(4.79)	(4.71)	(3.25)	(3.29)
ownership	−0.291***	−0.294***	−0.292***	−0.294***	−0.329***	−0.330***
	(−8.06)	(−8.15)	(−8.09)	(−8.16)	(−9.37)	(−9.38)
policies	−0.00371	−0.00369	−0.00348	−0.00367	0.00116	0.00121
	(−0.28)	(−0.28)	(−0.26)	(−0.28)	(0.09)	(0.09)
_cons	−2.533***	−2.523***	−2.540***	−2.525***	−2.003***	−1.980***
	(−6.41)	(−6.39)	(−6.43)	(−6.39)	(−5.28)	(−5.22)
Industry fixed effects	是	是	是	是	是	是
City fixed effects	是	是	是	是	否	否
Mills lambda	0.990***	0.972***	0.960***	0.972***	1.800***	1.812***
	(4.89)	(4.81)	(4.80)	(4.82)	(6.48)	(6.51)
N	12400	12400	12400	12400	12400	12400

表 6－7　Heckman 第二阶段回归

	(1) lnexport	(2) lnexport	(3) lnexport	(4) lnexport	(5) lnexport	(6) lnexport
f1	0.0115**					
	(2.21)					
f2		0.0128**				
		(2.44)				
f1×P1			0.00329**			
			(2.08)			
F2×P2				0.00196**		
				(2.40)		
I1×P1					0.0108***	
					(5.06)	
I1×P2						0.00505***
						(5.00)
lnage	−0.0698***	−0.0698***	−0.0694***	−0.0698***	−0.148***	−0.149***
	(−2.66)	(−2.66)	(−2.65)	(−2.66)	(−4.76)	(−4.78)
lnawage	−0.379***	−0.381***	−0.379***	−0.381***	−0.650***	−0.652***
	(−4.46)	(−4.50)	(−4.48)	(−4.50)	(−6.69)	(−6.69)
lntemploy	0.209***	0.207***	0.205***	0.207***	0.396***	0.398***
	(5.33)	(5.29)	(5.26)	(5.30)	(7.27)	(7.30)
lnRD	−0.0613***	−0.0617***	−0.0621***	−0.0617***	−0.0586***	−0.0582***
	(−5.45)	(−5.48)	(−5.55)	(−5.49)	(−4.19)	(−4.15)
lnincome	0.958***	0.957***	0.956***	0.956***	0.954***	0.954***
	(41.26)	(41.33)	(41.40)	(41.34)	(38.45)	(38.33)
ownership	−0.435***	−0.433***	−0.430***	−0.433***	−0.692***	−0.695***
	(−6.50)	(−6.49)	(−6.47)	(−6.49)	(−8.04)	(−8.05)
_cons	−0.602	−0.545	−0.534	−0.542	−0.568	−0.555
	(−0.78)	(−0.71)	(−0.70)	(−0.71)	(−0.63)	(−0.61)
Industry fixed effects	是	是	是	是	否	否
City fixed effects	是	是	是	是	是	是
N	4 673	4 673	4 673	4 673	4 673	4 673

从结果来看，Heckman 回归从企业的出口倾向和出口数量两个方面进一

步证实了之前的结论：信息化密度更高的企业更倾向于出口，并且出口数量也相对更多；并且地区的信息基础设施水平对这种作用会有放大效应，在信息基础设施水平高的地区，信息化密度更高的企业出口倾向更大，出口也相对更多；同时，在信息基础设施水平高的地区，信息化密度高的行业出口也会更多。

其他控制变量方面，相对不出口的企业，出口企业成立时间短、规模大、平均工资更高并且 R&D 投入高，而且非国有企业居多；但是在出口企业之间，平均工资和 R&D 投入与出口量成负向关系。我们认为这可能还是因为我国的出口企业主要是劳动密集型企业，虽然企业的劳动力技能水平以及 R&D 投入对其出口决策有着积极的作用，但是在我国的要素禀赋所决定的出口结构中，资本和技术密集型产品出口仍然较少，平均工资和 R&D 投入与出口呈负向关系。

对比 Heckman 两步法与 Tobit 回归结果可知，两种回归方法结论基本相同，尤其是主要解释变量，回归系数的符号和显著性都与我们的预期完全一致。

2. 内生性处理

我们认为企业的信息化密度会提高劳动生产率，从而增加出口，但是，企业也有可能通过出口获得更大的收益之后，开始增加信息化的投入，存在着逆向因果关系；同时，地区的信息基础设施水平也存在相似的情况，当地区的企业出口增加，开放度加大，经济增长加快，同样会提高该地区的信息基础设施水平，逆向因果关系会带来内生性，因此我们试图用工具变量来克服这一问题。

我们选择通信等设施对企业经营重要性的主观判断作为企业信息化密度的工具变量（从 0 到 4，越大表示越重要），因为企业认为信息化对企业的经营发展重要，会加大信息化的投入，而这一认知与出口的关系不大，该指标同样来源于世行的调查数据；关于地区的信息基础设施水平，则选择 1937 年公路网的密度作为工具变量，因为这一变量代表了地区的基础设施历史水平，与后期的信息基础设施相关，但是并不受出口的影响，数据来源于《中国公路史（第一册）》。工具变量回归结果见表 6-8。

表 6 - 8　工具变量 IV Tobit 回归结果(1)

	(1) ln*export*	(2) ln*export*	(3) ln*export*	(4) ln*export*	(5) ln*export*	(6) ln*export*
f1	2.416*** (3.01)	0.913 (1.57)				
f1×*P1*			0.846*** (3.10)	0.338* (1.77)		
I1×*P1*					0.043 9*** (6.01)	0.038 9*** (6.07)
ln*age*		−0.136 (−1.29)		−0.117 (−1.07)		−0.324*** (−3.52)
ln*awage*		0.163 (0.48)		0.226 (0.64)		−0.520* (−1.74)
ln*temploy*		1.375*** (13.75)		1.372*** (13.54)		1.565*** (17.02)
ln*RD*		0.206*** (3.46)		0.204*** (3.62)		0.257*** (7.50)
ln*income*		0.859*** (10.30)		0.851*** (10.25)		0.684*** (9.32)
ownership		−1.641*** (−7.57)		−1.681*** (−7.89)		−2.066*** (−10.25)
_*cons*	−3.134*** (−3.07)	−18.41*** (−6.65)	−3.766*** (−3.30)	−19.07*** (−6.54)	−1.184* (−1.80)	−13.11*** (−6.11)
Industry fixed effects	是	是	是	是	否	否
City fixed effects	是	是	是	是	是	是
Wald exogeneity test	0.003 84	0.158	0.002 65	0.102	0.046 1	0.000 879
N	12 400	12 400	12 400	12 400	12 400	12 400

在回归中企业的信息化密度、行业的信息化密度以及地区的信息基础设施水平分别用 *f1*、*I1* 和 *P1* 衡量。方程(1)、(3)和(6)分别用 *f1*、*f1*×*P1* 和 *I1*×*P1* 作为解释变量进行回归,方程(2)、(4)和(5)则相应加入了各种控制变量。表 6 - 8 的结果说明,加入控制变量后 *f1* 和 *f1*×*P1* 项的回归系数显著性有所

降低,但仍然显著,最终的结果与直接的 Tobit 回归结果相符。

以上使用通信等设施对企业经营重要性的主观判断作为企业信息化密度的工具变量,虽然可以部分解决逆向因果关系造成的内生性,但是当企业出口之后,必然会加大国际联系,就会更认为通信重要,那么就产生了出口对通信重要性判断的影响,因此,这一工具变量仍然无法做到严格的外生性。根据回归结果,方程(2)和(4)的 Wald 外生性检验 P 值均大于 10%,说明在加入所有控制变量后,无法拒绝工具变量严格外生的假设。

为此,我们借鉴余林徽等(2013)的方法。由于单个企业的信息化投入对整个行业信息化密度的平均值影响有限,同时这两个变量具有良好的相关性,因而我们使用行业除去某具体企业外的信息化密度平均值作为该企业信息化密度的工具变量,用以规避内生性问题[①]。回归结果如表 6-9 所示,方程(1)—(4)分别表示用 $f1$、$f2$、$f1 \times P1$ 和 $f2 \times P2$ 作为解释变量的回归结果。

回归结果显示主要解释变量显著为正,与我们的结论完全一致,同时其他控制变量与之前的回归结果基本一致。并且,Wald 外生性检验结果显示除了方程(2)以外,其他的回归方程中工具变量通过了外生性检验,因此,表 6-9 的所采用的工具变量外生性有了更好的体现。

表 6-9　工具变量 IV Tobit 回归结果(2)

	(1) ln*export*	(2) ln*export*	(3) ln*export*	(4) ln*export*
f1	0.130*** (4.90)			
f2		0.0965*** (2.85)		

①　余林徽等(2013)使用地区内分行业的平均制度作为单个企业制度的工具变量,他们对工具变量的有效性进行了详细的论述,本节情况与之类似,不过本节在计算行业信息化密度的平均值时去除了本企业的信息化密度,进一步规避了内生性问题。

续表

	(1) lnexport	(2) lnexport	(3) lnexport	(4) lnexport
$f1 \times P1$			0.442**	
			(2.47)	
$F2 \times P2$				0.276**
				(2.16)
lnage	−0.197**	−0.204**	−0.0906	−0.134
	(−2.20)	(−2.27)	(−0.81)	(−1.19)
lnawage	−0.0320	−0.0404	0.312	0.443
	(−0.11)	(−0.14)	(0.85)	(1.05)
lntemploy	1.353***	1.352***	1.378***	1.427***
	(14.50)	(14.49)	(12.94)	(12.21)
lnRD	0.269***	0.276***	0.181***	0.205***
	(7.88)	(8.09)	(3.22)	(3.81)
lnincome	0.828***	0.823***	0.862***	0.832***
	(10.92)	(10.86)	(9.90)	(9.27)
ownership	−1.726***	−1.743***	−1.663***	−1.761***
	(−8.79)	(−8.87)	(−7.45)	(−7.62)
_cons	−16.22***	−16.03***	−20.01***	−20.18***
	(−7.67)	(−7.58)	(−6.82)	(−6.22)
Industry fixed effects	是	是	是	是
City fixed effects	是	是	是	是
Wald exogeneity test	0.0374	0.457	0.00856	0.0141
N	12400	12400	12400	12400

通过以上分析不难看出,不同的回归方法虽然在显著性水平上有所差异,但是得到的结论是相同的,并且在考虑了内生性的影响后,回归结果与之前两种回归方法得到的结论仍然一致,这充分说明了计量结果是稳健和可靠的。

第三节　信息化与企业产能利用率

一、企业产能利用率的研究背景与主要思想

改革开放以后,特别是20世纪90年代以来,我国在经历经济持续高速发展的同时,产能过剩的诟病也一直伴随左右。产能过剩不仅会造成巨大的浪费,而且会影响经济增长的稳定、健康和可持续性,并且有可能诱发失业等诸多问题(林毅夫等,2010)。这一问题也引起了政府的足够重视,国务院在 2013 年制定并发布了《关于化解产能严重过剩矛盾的指导意见》,旨在通过一系列政策措施来化解这一矛盾。在此背景下,挖掘产能过剩形成原因和机制的工作变得迫在眉睫,针对这一问题进行系统的实证研究就成为一项迫切的研究课题。然而,目前这方面的文献仍相对匮乏,尤其缺乏来自微观企业数据的经验证据。

与此同时,信息化一直在中国新型工业化道路中发挥着重要作用。党的十六大、十七大提出以信息化带动工业化,以工业化促进信息化,推进信息化与工业化融合的国家战略。十八大也强调了信息化与工业化融合的战略地位。但是我国与发达国家仍存在着巨大的"数字鸿沟",表现在企业的信息化程度低——1.5 万家国有大中型企业仅有 10%基本实现了信息化、信息基础设施和技术装备的人均占有量低,以及信息资源开发和利用的水平较差(胡鞍钢和周绍杰,2002)。工业化与信息化的融合质量整体上未达到最优的目标,其对中国可持续发展的贡献不明显(谢康等,2012)。因此,有必要就信息化对工业化的具体作用进行全面的了解,但是理论界对这一问题缺乏深入的研究,尤其是忽略了信息化对企业产能利用率的影响。

鉴于学界对产能过剩的概念并未形成一致的认识,因此有必要首先对这一概念进行具体的界定,以明确本节的研究对象。所谓产能过剩[①],是指实际产出小于潜在产出的现象(Klein and Long,1973)。根据定义,产能过剩的本质是

---

① 对于产能过剩,还存在另外一种定义。卡塞尔斯(Cassels,1937)将产能产出定义为长期平均成本曲线最低点所对应产出水平的比值,认为该点是企业利润最大化的最优产出,实际产出与最优产出的偏离体现了产能的利用情况。国外相关的研究大多是基于这一界定,并且将产能利用率与经济周期联系在一起,认为产能的变化与经济的周期性变化息息相关(Greenwood et al.,1988;Hansen and Prescott,2005;Fagnart and Portier,1999;Gilchrist and Williams,2005),从企业层面对产能的研究基本都是以产业组织理论为基础,从企业的竞争性行为进行理论探讨,如贝努瓦和克里希纳(Benoit and Krishna,1987)等。

"事前"建立的生产能力与"事后"产出的偏离,实际上反映的是企业对需求的判断失误和反应滞后。因此,从理论上看,影响企业产能利用率的基本因素有两个:一是"事前"对市场信息的判断;二是面对需求冲击时,企业对之的反应速度和调整能力,也就是所谓的企业柔性(Flexibility)[1]。如果企业的柔性大,在遭遇需求冲击时可以较快地调整生产、设计和销售,减少资源浪费,从而提高产能利用率。

我们认为,信息化对企业产能利用率的影响主要通过以上两条渠道来实现,具体的影响机制如下:一方面,市场需求状况预测准确性,很大程度上取决于信息收集的数量和质量。如果企业用于信息技术和信息服务的投入更多,可以利用先进的智能化设备和网络收集与处理数据,自然能够获得更为准确的市场信息,更大程度减少投资失误;另一方面,企业的柔性与企业的生产和销售方式有关(Carter and Narasimhan,1990;Cooper et al.,1997;Suarez et al.,1995;Swaminathan and Tayur,1999)。信息技术的使用[2]使得企业在设计和生产上相对更为灵活,缩短了生产周期,当遭遇需求冲击时,不仅可以及时调整产量,而且还能很快更改设计,以满足用户的更多需求,更大程度地争取到尽可能多的用户,提高了应对需求冲击的能力。还有,从销售和配送的角度看,电子商务的应用和信息化的物流管理不仅缩短了配送时间,而且减少了供需之间的信息不对称,拓展了销售的范围,同样减少了需求冲击造成的影响。综上可知,信息化从生产、销售以及配送等多个方面增强了企业的柔性,减少产能的浪费,提高了企业的产能利用率。进一步,由于信息化具有很强的"网络外部性"(Network Externality),即在信息基础设施水平高的地区,企业可以获得更好的信息服务,投入的信息化设备也可以得到更好的利用,从而放大信息化对企业产能利用率的影响效果。

----

[1] 有关企业柔性的概念在本节后文献综述中进行详细说明。

[2] 如计算机辅助设计(Computer Aided Design,CAD)、计算机辅助制造(Computer Aided Manufacturing,CAM)和柔性制造系统(Flexible Manufacture System,FMS)等。

二、相关研究总结与评述

本节的主旨在于从企业柔性的角度考察信息化对产能利用率的影响,为此,与本节相关的文献主要有两类:第一类文献主要探讨产能过剩或产能利用率的现象及成因;第二类文献则是关于企业柔性的研究,大多集中于管理学领域。以下就这两个方面的现有文献进行总结,并作出简单的评述。

(一) 产能过剩与产能利用率

与产能相关的研究可以从宏观、行业以及企业三个层面进行归纳。宏观层面的研究相对较少,主要思想是将投资、不确定性和资本利用率等结合在一起进行分析,把产能纳入经济周期的分析框架进行讨论,如格林伍德等(Greenwood et al.,1988)、吉尔克里斯特和威廉姆斯(Gilchrist and Williams,2005)等,比较有代表性的是林毅夫的一系列研究,他着眼于发展中国家产能变化的共性,以信息不完全和非对称为前提,认为发展中国家在利用发达国家已有经验时的"共识"造成了某些行业的过度投资,从而形成产能过剩,比如林毅夫(2007)和林毅夫等(2010)认为发展中国家处于世界产业链中下端,对新兴产业的判断可以借鉴处于产业链前沿的发达国家的已有经验,比较容易形成一致的看法。另一方面,各企业只能在信息不完全的情况下投资设厂,由此形成了"潮涌现象"和产能过剩。更多的研究则集中于行业层面。

国外相关的研究着重于行业特征差异,比较著名的是曼勒模型(Manne Model)、报童模型(Newsboy Model)和威特—卢斯模型(Whitt-Luss Model),这几个模型建立了行业产能变化与需求变动、行业内厂商数量的关系以及资本密集度和投资的规模经济的关系。利伯曼(Lieberman,1989)对这三种模型进行了总结,在此基础上使用美国40类化工产品从1952—1982年的数据进行了实证检验,实证结果与报童模型和威特—卢斯模型的预测基本一致,产能与行业的资本密集度、需求的增长正相关,与需求的变动幅度、新增产能以及成本负相关;然而曼勒模型所强调的规模经济对产能利用的促进作用在实证结果中却并未得到体现,实证结果显示规模经济的回归系数为负,并且不显著,表明规模经济对产能的影响有限。

国内的研究则更多地结合了我国的现实情况,针对中国的产能过剩问题,目前大多数文献将其归咎于市场化不完全和政府对经济的不当干预,认为由政府主导的大规模投资造成了大量的"重复建设"和盲目投资。财税制度以及土地管理等体制性因素是造成重复建设、产生产能过剩的根本原因(江飞涛和曹建海,2009);政策性补贴会形成"过度竞争",造就了钢铁、水泥以及光伏太阳能等行业的产能严重过剩,造成宏观经济的波动(耿强等,2011);韩国高等(2011)认为在转轨经济体制中,经济增长方式不合理是我国产能过剩形成的主要原因,同时地方政府对微观经济主体的不当干预,导致了企业投资行为的扭曲,进而导致全行业的产能过剩。至于解决办法,主要是体制改革、减少政策干预以及深化产业结构调整等。

毋庸置疑,政府干预确实在一定程度上造成了投资的增加。该观点虽然可以解释政府的投资过度现象,但却无法解释企业的产能过剩问题,因为作为独立的决策主体,在中长期,企业完全可以根据政府的政策调整自身的行为,而不致产生严重的产能过剩问题。因此,对于产能过剩的根源,有必要着眼于企业层面进行研究。

早期文献将产能过剩视为企业将竞争对手挤出市场的策略行为(Barham and Ware,1993;Benoit and Krishna,1987)。其局限在于只适用于寡头市场,难以解释广泛存在的产能过剩问题。因此,此后越来越多的研究开始将目光聚焦于信息不完全和不确定性。其中,帕拉斯克沃普洛斯等(Paraskevopoulos et al.,1991)认为厂商面临需求不确定性造成了其实际产出与设计产能不一致;班纳吉(Banerjee,1992)从信息不完全角度出发,认为企业可能对外部环境出现误判,盲目地跟随其他企业的投资行为,从而造成类似"羊群效应"的"跟风"现象,由此形成产能过剩,这一思想与林毅夫的研究比较一致,只不过研究层次不一样;还有一些学者以产业组织理论为基础,从不完全竞争市场中企业的竞争行为角度来讨论产能的差异,如巴勒姆和韦尔(Barham and Ware,1993)、贝

努瓦和克里希纳（Benoit and Krishna，1987）以及加布谢维奇和波达
（Gabszewicz and Poddar，1997)等。

从企业层面的研究充分考虑了企业的决策行为,并且注意到信息不完全在
决定企业产能利用率中的重要性,但却忽略了信息化对信息不完全的影响,也
依然难以解释,为何中国持续存在产能过剩问题。

纵观对产能的这些研究,在宏观和行业层面,主要从外部经济环境变化并
结合行业自身特点展开讨论,并未涉及企业的个体差异;而企业层面的研究更
多局限于企业的竞争性行为(大多是讨论寡占市场)导致的结果,未能解释行业
内面临相同市场环境的企业间的产能差异。解决这一问题有必要考虑企业对
市场环境反应能力的异质性,亦即不同企业在面临外部环境变化尤其是需求冲
击时的反应能力,有鉴于此,我们引入企业柔性的概念,这一概念比较全面地刻
画了企业的这一异质性因素,关于企业柔性的相关研究具体如下。

（二）　企业柔性

有关柔性的研究主要集中于管理学领域,相关的文献也不胜枚举。柔性是
复杂、多维和难以综合界定的概念(Sethi and Sethi，1990; Gupta and Somers,
1992)。曼德尔鲍姆(Mandelbaum，1978)、马什卡雷尼亚什(Mascarenhas,
1981)及古普塔和戈亚尔(Gupta and Goyal，1989)认为柔性是企业应对环境变
化的能力;厄普顿(Upton，1995)的定义更为细化,认为企业柔性差别主要体现
在需求变化时,生产根据需求进行调整导致的成本差异。柔性大的企业能以较
小的代价调整产出以满足用户的需求变化(Hayes and Wheelwright，1984)。
尽管学者们对柔性概念的表述有差异,但有一个共同点：指的是企业应对如设
备故障、工作时间变化以及各种延误和返工等内部环境变化(Buzacott and
Mandelbaum，1985),需求冲击、产品价格和产品结构变化以及竞争者行为等
外部环境变化(Garrett，1986; Gupta and Goyal，1992; Zelenovic，1982)时的
调整能力。企业需要在环境变化时调整自身的生产、设计和销售,尽可能减少
资源浪费,提高产能利用,降低冲击造成的影响。很显然,柔性大的企业在面对

冲击时的调整能力更强,资源浪费也更少,产能利用自然就更高。

既然企业的柔性对其产能利用率有着重要的影响,那么柔性的影响因素必然会间接影响到企业的产能利用率,包括劳动力的柔性,如跨专业培训、加班和工作时间弹性等(Cox,1989;Upton,1994;Suarez et al.,1995)、生产设备的柔性(Buzacott,1982)、生产成本(Gupta and Goyal,1989;Mills and Schumann,1985)、产品的范围(Kekre and Srinivasan,1990)、供货网络(Cox,1989)、与供应商的关系(Suarez et al.,1995)以及子公司数量和国外公司数量等(Jordan and Graves,1995;Ferdows,1997)。对企业柔性的评价和度量也正是从这些维度进行展开(Sethi and Sethi,1990;Chatterjee et al.,1984;Chatterjee et al.,1987;Gupta and Somers,1992),但是决定企业柔性更为重要的是其设计、生产、销售、配送的过程,生产设备以及工艺的柔性决定了厂商生产设计的调整速度和范围,同时,在配送和分发环节的战略伙伴关系,增加配送的稳定性,减少时间延误,同样增加了厂商应对冲击的能力(Carter and Narasimhan,1990;Cooper et al.,1997)。因此布朗等(Browne et al.,1984)从机器、过程、产品、工艺等方面界定了企业生产和经营柔性指标,相似的研究还有索恩和帕克(Son and Park,1987),他们详细讨论了设备、产品、生产过程以及需求柔性的度量指标。对柔性合理的度量是为了客观地评价企业的柔性,最终目的是通过改变柔性提高企业绩效。比如惠尔赖特(Wheelwright,1984)认为"柔性战略"(Flexibility Strategy)是除价格和质量战略之外的另一战略;斯瓦米达斯(Swamidass,1988)认为企业可以从柔性的角度进行进攻和防御策略——改变竞争环境和应对环境改变。

改善企业的柔性的措施自然要从以上的影响因素着手,比如增加劳动力的跨专业培训、增加产品的范围等等,但是能直接影响设计、生产、销售以及配送还有企业的管理等各个方面,并对企业的生产经营方式产生根本性变革的,是信息技术的使用,因为厂商的行销、生产、组织和管理是一个互补性的整体,当信息化发展造成生产组织方式的变化以后会引起连锁的效应。具体而言,计算机网络和电子通信系统的发展降低了数据收集、处理和交换的成本以及产品开发和设计的成本,同时使得生产方式更为灵活,不仅减少了存货,而且可以更快适应用户的要求,厂商在增加信息化投入的同时也会带来生产以及组织管理方式等各个相关方面配套改变(Milgrom and Roberts,1990),信息技术的应用使得设计的产能可以得到更好的利用,厂商可以更为精确地完成各项生产任务(Nightingale et al.,2003)。斯瓦米达斯(Swamidass,1988)指出自动化控制技术如计算机信息控制系统和物料自动储运系统有机结合的整体的柔性制造系统(Flexible Manufacture system,FMS)和计算机辅助设计(Computer Aided Manufacture,CAM)提高了企业的柔性,相似研究还有苏亚雷斯(Suarez et al.,1995)及斯瓦米纳坦和泰尤尔(Swaminathan and Tayur,1999)。

综上可知,研究柔性的文献从柔性的界定、作用和影响因素等不同维度进行了详细的讨论,但这些研究大多是从生产组织方面,基于管理学的视角展开分析,把柔性当作企业的一种战略选择。虽然已有研究已经强调了信息技术的应用对提高企业柔性的重要性,但并没有就企业柔性与产能利用之间的关系进行相关研究,更没有将信息化、企业柔性和产能纳入统一框架进行分析。

马里尼和潘诺内(Marini and Pannone,2007)研究了信息技术使用对企业资本利用率和产能利用率的影响,他们认为信息技术使得生产更为灵活,机械设备可以同时承担多个任务,节约了时间,从而提高了产能利用率。但是他们主要研究的是信息技术造成生产资源利用效率的变化[①],并不考虑需求等因素的影响。与之相反,我们所考虑的产能利用率变化是在产能产出不变的条件下,实际产出的变化,尤其是在遭受需求冲击时不同企业对产出调整的差异,指出这种差异的一个重要来源——信息化,详细刻画了信息化通过影响企业的柔性,进而影响企业产能利用率的路径。

---

① 考虑如果企业原来满负荷运转,产能利用率为100%;信息技术使用以后,提高了资源的利用效率,使得相同投入可以获得更大的产出,此时的产能利用率可能还是100%,实际上提高的是产能产出,即潜在的生产能力提高。

三、信息化影响企业产能利用率的理论机制

（一）企业信息化程度与产能利用率

1. 应对不完全和不对称信息的差异

古典和新古典经济学对投资的研究是基于完全信息的假设，不存在因为投资者预测误差造成投资失误。凯恩斯考虑了未来的不确定性，指出投资者对未来预期悲观时会减少投资甚至不投资，从而造成"投资陷阱"，强调了企业家的预期因素。实际上，在作出投资决策之前，企业需要充分收集市场信息，在对当前的经济形势和需求状况作出判断的基础上，预测未来的经济走势。企业在搜集信息的数量与质量，以及根据搜得的信息进行预测的能力上良莠不齐，决定企业这种异质性的一个很重要的因素就是企业使用信息技术的数量和质量，也就是企业的信息化程度。信息化程度高的企业，更多、更好地利用先进的信息技术[①]进行市场调研和经济分析，不仅能得到更为准确的信息数据，而且能够相对准确地作出判断，以此为基础进行投资，减少了失误，降低了因投资失误造成资源浪费的比例（Wigand et al.，1997；Li et al.，2011）。因此，信息化程度高的企业通过减少预测误差，降低了因投资失误造成的产能过剩。

2. 企业柔性差异

虽然研究的角度不同，但已有的研究基本都肯定了信息技术提高企业柔性的作用。CAD、CAM 和 FMS 等信息技术在设计、生产中的运用改变了传统的流水线生产方式，缩短了生产和设计的周期，使得企业能更快地根据市场的变化进行调整（Nightingale et al.，2003；Swamidass，1988；Suarez et al.，1995；Swaminathan and Tayur，1999）。并且，信息技术对企业柔性的提高并不仅仅体现在生产和设计过程中。在销售环节，电子商务的应用拓展了营销的范围，网络信息的发布减少了供求双方的信息不对称（Lindbeck and Wikstrom，

---

① 如网络问卷、计算机辅助电话访问（Computer Aided Telephone Interview，CATI）以及计算机模拟分析等。

2000);在分发和配送环节,智能化控制系统的应用在缩短配送时间的同时提高了配送的可靠性;在企业管理上,信息技术的使用同样节约了劳动之间的交流时间,提高了管理的效率(Milgrom and Roberts,1990),这些都从不同角度提高了企业应对环境变化时的调整能力——柔性。很显然,信息化程度高的企业柔性更大,在受到需求冲击时,可以很快地调整生产和设计,使得生产资源充分利用,提高了产能利用率,减少了因需求冲击等经济环境变化所造成的产能过剩。

对于以上两点的总结,我们可以得到理论假说 6.3.1。

假说 6.3.1: 企业信息化程度的提高一方面降低了信息不对称和不完全造成的影响,提高了投资准确性,另一方面增加了企业的柔性,这两个方面因素都会促使企业产能利用率的提高,减少产能浪费。

(二)地区信息基础设施与产能利用率

1. 通过市场信息完善程度影响产能

首先我们不考虑企业信息化程度的差异,单独考虑地区的信息基础设施水平对企业的影响。地区的信息基础设施水平高促进信息资源的开发和利用(林毅夫和董先安,2003),意味着该地区与信息技术相关的硬件、软件以及各项服务和配套完善,为企业和消费者搜寻和发布信息提供了更多的便利,通过降低供求之间的信息不对称提高了企业的产能利用率。由此可见,即便是企业的信息化投入相同,由信息化造成产能的变化也有着显著的区域性差异,信息基础设施水平高的地区,企业的产能利用率更高。

2. 影响企业对信息技术的使用效率进而影响产能利用率

信息技术的一个重要特点是具有较强的"网络外部性",这就意味着使用信息技术的企业越多,则信息技术对企业生产的作用越大。而地区信息基础设施的完善一方面可以促使更多企业使用信息技术,另一方面,也可以直接带来单个企业 ICT 的使用效率。因此,一个地区的信息基础设施越完善,则企业采用信息技术带来的外部性越强(Shapiro and Varian,1990;Lee and Guo,2010)。具体而言,信息基础设施的完善不仅增加了信息技术和服务的可得性,降低了使用成本,而且提高了信息技术支持和服务的质量,企业可以获得更好的信息化服务支持,提高了信息技术、设备的利用效率。很明显,企业的信息化投入越大,受到地区信息基础设施变化的影响也就越大。因此,企业信息化投资的效果很大程度上要受到地区信息基础设施水平的制约,地区信息基础设施水平提高会提升企业对信息资源的利用效率,尤其是对信息化程度高的企业表现得更明显。

总结可得理论假说 6.3.2。

假说 6.3.2:地区信息基础设施水平的改善不仅减少了市场的信息不对称和不完全,而且提高了企业对信息化资源的利用效率,这两个方面都会提高企业的产能利用率,并且这种效应与企业的信息化程度有关,信息化程度大的企业获得更大的产能利用率提升。

四、信息化影响企业产能利用率的实证分析

(一) 计量模型与数据说明

我们采用世界银行对中国 120 个地级市的 12 400 家企业在 2002—2004 年经营情况的调查数据,将企业产能利用率、信息化程度与地区的信息基础设施联系起来,对理论分析所得到的假说进行经验验证。

1. 计量模型

(1)为检验企业信息化程度与产能利用率的关系,我们建立如下 OLS 回归模型:

$$
\begin{aligned}
\ln CU_{fic} = {}& \alpha + \beta IT_{fic} + \gamma_1 \ln productivity_{fic} + \gamma_2 \ln awage_{fic} \\
& + \gamma_3 Export_{fic} + \gamma_4 \ln kl_{fic} + \gamma_5 Rwsupplier_{fic} + \\
& \gamma_6 Finance_{fic} + \gamma_7 Tempraryworker_{fic} + \gamma_8 Income_{fic} + \\
& \gamma_9 LCU_{fic} + \gamma_{10} Dustate_{fic} + \sum_i \lambda_i Industrydummy_i + \\
& \sum_c \lambda_c Citydummy_c + \varepsilon_{fic} \qquad\qquad (6\text{-}18)
\end{aligned}
$$

其中 f、i 和 c 分别表示企业、行业和城市编号;被解释变量 CU 表示产能

利用率,主要解释变量 *IT* 代表企业的信息化程度,我们期望该项的回归系数为正,因为如果是这样就说明企业的信息化程度增加有利于产能利用率的提高,与假说 6.3.1 相一致。

企业的产能利用率与其他很多因素有关,包括企业的劳动生产率、资本密集度以及规模等等,因此为计量的稳健性,模型中我们还加入了其他控制变量,在控制变量的选择上,一方面借鉴已有关于产能的实证文章,如利伯曼(Lieberman,1989),另一方面根据考克斯(Cox,1989)和苏亚雷斯等(Suarez et al.,1995)等的研究,将有关企业柔性的影响因素加入。控制变量主要有企业的劳动生产率 *Productivity*、平均工资 *Awage*、出口 *Export*、资本密集度 *KL*、与供货商关系 *Rwsupplier*、融资难易程度 *Finance*、临时工所占比例 *Tempraryworker*、总销售收入 *Income*、是否为国有企业的虚拟变量 *Ownership* 以及行业虚拟变量 *Industrydummy* 和城市虚拟变量 *Citydummy* 用以控制行业和地区的固定效应。

LCU 为 2002 年的产能利用率,之所以控制滞后期的产能利用率,是因为企业家才能高的企业可能更多地使用信息技术,同时这类企业产能利用率也可能更高,然而目前受限于数据,无法控制企业家的才能和偏好,由此可能会造成内生性问题。通过控制滞后期的产能利用率替代企业固定效应,可以一定程度上缓解这一问题。

(2)进一步考察信息基础设施的作用,验证假说 6.3.2。参考纳恩(Nunn,2007)的主要思想,将地区信息基础设施水平和企业程度的交叉项加入,建立面板固定效应回归模型:

$$\ln CU_{fict} = \alpha_f + \delta_t + \beta IT_{fic} \times INFR_{ct} + \beta' IT_{fic} + \gamma_1 \ln productivity_{fict} +$$
$$\gamma_2 \ln awage_{fict} + \gamma_3 Export_{fict} + \gamma_4 \ln kl_{fict} + \gamma_5 Temprary worker_{fic}$$
$$+ \gamma_6 Income_{fict} + \varepsilon_{fict}$$

$$(6-19)$$

其中 $INFR_{ct}$ 表示城市 c 在时期 t 的信息基础设施水平,当城市的信息基础设施水平与企业的信息化程度交叉项回归系数 β 显著为正,则说明地区信息基础设施水平提高放大了企业信息化投入所造成的产能利用率的提升,验证了假说 6.3.2 的结论;α 和 δ 分别表示个体固定效应和时间固定效应,其他控制变量与本章第二节第三部分的第一个模型的控制变量相同。

2. 变量的构建和数据来源

被解释变量产能利用率 CU,在世界银行调查问卷①中,企业经营者需要估计 2002—2004 年每年的产能利用率(问卷中的描述为"Utilized Production Capacity"),采用百分比的形式,考虑到需要控制滞后期的产能利用率,截面回归时取 2004 年的数据。对主要被解释变量——企业的信息化程度 IT,我们构建了四个指标从不同的角度来衡量:$IT\ Investment$ 为企业的 IT(包括硬件和软件)投资额,主要反映的是企业在生产设备方面的信息化程度;$IT\ Employment$ 和 $IT\ Train$ 分别表示企业经常使用电子计算机的员工数量和参加 IT 相关培训员工的数量,从人力资本的角度反映了企业的信息化程度;E-$sale$ 是企业采用互联网和电子商务实现的销售收入,主要体现的是企业在经营上的信息化程度,这四个指标反映了企业在设备、人员和企业的经营行为信息化投入的数量、质量和效果,比较客观地衡量了企业的信息化程度(以上数值均取对数)。

控制变量方面,$Productivity$ 表示企业的劳动生产率,采用人均工业增加值来度量;$Awage$ 表示企业的平均工资;$Export$ 表示企业的出口额,包括出口到国外和我国的港澳台地区的总额;KL 为人均资本存量,表示企业的资本密集程度;$Rwsupplier$ 代表企业与主要供应商的合作时间长短,从 1 到 7 表示合作时间越来越长,主要反映企业与供应商的关系;$Finance$ 是宏观经济政策调整时,企业获得贷款难易程度的评价,数值从 1 到 5 为越来越容易,一定程度上体

---

① 即世界银行对中国 120 个地级市的 12 400 家企业在 2022—2004 年经营情况的调查。

现了企业融资的难易程度；*Temprary worker* 为临时工占总雇员的比重；*Income* 反映企业的规模，用企业的主营业务收入来衡量；*Dustate* 表示是否为国有企业的虚拟变量，当企业的国有股份超过 50%时取 1，否则取 0；LCU 为 2002 年的产能利用率取对数。以上数据均来自世界银行对中国 120 个地级市的 12 400 家企业 2002—2004 年的统计调查数据。

地区信息基础设施水平我们构建了两个指标，*I*1 为地区人均互联网用户的平均值（对数），体现了该地区信息化普及程度，一定程度上反映了信息基础设施水平；*I*2 表示地区的人均邮政和电信业务额（对数），该指标反映的是地区信息化业务的发展状况，从信息化市场规模角度大体上反映了该地区信息化服务水平。地区数据均来源于《中国城市统计年鉴》。主要变量的统计描述见表 6 - 10。

表 6 - 10　主要变量的统计描述

变量名称	指标名称	观测数	均值	标准差	最小值	最大值
产能利用率	ln*CU*	12 399	4.38	0.32	0	6.91
企业信息化程度	*IT Investment*	12 400	2.49	3.27	0	16.61
	E-sale	12 400	5.21	6.64	0	21.87
	IT Employment	12 400	7.46	2.67	0	14.94
	IT Train	12 396	4.84	4.26	0	15.02
企业劳动生产率	ln*productivity*	12 400	4.26	1.33	−2.32	14.90
企业平均工资	ln*awage*	12 400	6.75	0.32	2.97	8.58
企业出口额	*Export*	12 400	9 311.18	92 380.61	0	5 389 302
企业资本劳动比	ln*KL*	12 400	10.72	1.43	0	22.48
企业与供应商的关系	*Rwsupplier*	12 400	4.92	1.54	1	7
企业融资约束状况	*Finance*	11 881	2.94	1.18	1	5
企业总销售收入	*Income*	12 400	39 111.65	211 661.20	2.57	8 420 275
滞后期产能利用率	*LCU*	12 385	4.29	0.43	−2.30	5.08
是否为国有企业	*Dustate*	12 400	0.22	0.41	0	1
地区信息化基础设施	*I*1	12 400	1.46	1.07	−1.11	4.96
	*I*2	12 400	6.06	0.94	4.08	9.48

(二) 描述性统计分析

在进行计量回归检验之前,我们首先做初步的经验观察,以便从直观上对企业产能利用率、信息化密度以及地区的信息基础设施水平之间的关系有一个大致的了解,为接下来的计量分析奠定基础。

我们首先考察企业的产能利用率与其信息化投入之间的关系,以便分析企业的信息技术投入决策是否会影响其产能利用率。根据世界银行的调查数据,产能利用率(对数形式,即指标 $\ln CU$)以及企业的信息化程度 IT(使用 IT $Investment$ 指标[①])的散点图如图 6-1 所示。

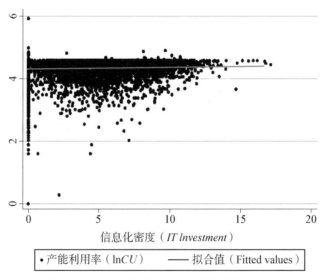

信息化密度($IT\ lnvestment$)

· 产能利用率($\ln CU$)　——　拟合值(Fitted values)

图 6-1　企业产能利用率与信息化程度(总体)

图 6-1 表明从总体上来看,企业的产能利用率与其信息化程度之间呈现正相关关系,不过这种正相关性并不强。由于我们主要考察的是企业间的关系,考虑到不同行业和不同地区有较大的差异,所以进一步,我们将地区和行业的差异去除,考察同一地区相同行业内不同企业的差异。图 6-2 展示的是样

---

① 其他代表信息化程度的指标与 $IT\ Investment$ 的情况相似,不再赘述。

本量最大的省份——广东省,以及样本量最大的行业——化学原料和化学制品业,不同企业产能利用率与信息化程度的散点图,图 6－2 显示了 lnCU 与 IT Investment 之间明显的正相关关系。考虑到化学原料和化学制品业(以下简称"化学制品业")属于资本密集型行业,我们在劳动密集型行业中挑选了样本容量比较大的纺织业进行对比,如图 6－3 所示,发现结果与图 6－2 所示的一致,说明不同行业尽管在水平上有差异,但是行业内企业间的 lnCU 与 IT Investment 关系相似。这与理论分析的推断是相符合的。

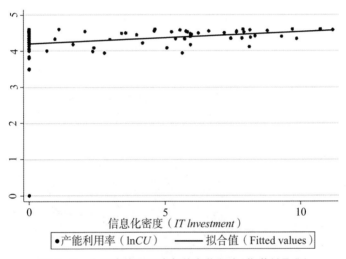

图 6－2　企业产能利用率与信息化程度(化学制品业)

进一步考察企业的产能利用率与地区信息基础设施水平之间的关系,以便分析地区的信息基础设施水平变化对企业产能利用率的影响。同样根据世界银行的调查数据,绘制地区的企业的平均产能利用率 mlnCU(为不同城市企业的产能利用率平均所得,同样采用对数形式)和地区的信息基础设施水平 $I1$ [①]的散点图,如图 6－4 所示。

[①]　代表地区信息基础设施水平的指标还有 $I2$,采用该指标所得的散点图与 $I1$ 的情况相似,不再赘述。

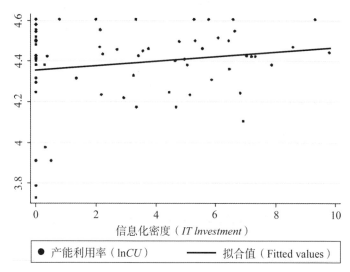

图 6 - 3　企业产能利用率与信息化程度(纺织业)

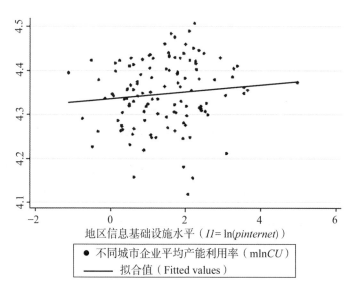

图 6 - 4　企业产能利用率与地区信息基础设施水平

图 6-4 表明,地区的信息基础设施水平与该地区企业的平均产能利用率有着明显的正相关关系,说明信息基础设施水平高的地区,企业的产能利用率也较高。这与理论分析也相一致。但是统计分析仍然无法说明,对其他条件完全相同的企业,在不同地区信息基础设施水平对产能利用率的影响,这一问题需要在接下来的计量分析中予以解决。

（三） 实证结果和解释

1. 基准回归结果

（1）企业信息化程度与产能利用率

回归结果如表 6-11 所示,方程（1）、（3）、（5）和（7）分别用产能利用率对信息化投资、通过网络实现的销售额、使用计算机员工数和信息化培训的员工数四种指标,在控制了行业和地区固定效应后的 OLS 回归结果,方程（2）、（4）、（6）和（8）对应加入各种控制变量。

从结果我们可以看出,不同指标所衡量的企业的信息化响度与产能利用率均显著正相关,并且加入其他控制变量后,结果和显著性均没有发生改变,一定程度上证实了理论假说 6.3.1。

控制变量方面[1],劳动生产率 *Productivity* 回归系数显著为正,与我们预期一致,因为劳动生产率更高的企业拥有更高的资源利用效率,减少了浪费,提高了产能利用;与供货商的关系 *Rwsupplier* 项回归系数显著为正,与苏亚雷斯等（Suarez et al.，1995）的研究结果相符,企业与供货商有稳定、持久的良好关系可以增加其柔性,提高产能利用率;*Finance* 代表企业在遇到宏观经济政策变化时的融资能力,融资约束愈小企业应对冲击的能力就愈强,柔性越大,回归结果符合预期。

---

[1] 需要注意的是,主要解释变量与控制变量以及控制变量之间存在一定的共线性,如 *IT*、*Productivity* 和 *Awage* 等,为了结果的稳健性,在回归中我们采用逐个加入控制变量进行回归,结果显示回归系数的符号和显著性水平没有发生明显变化,限于篇幅没有列出,如果有需要可以向作者索取。

表 6 - 11　企业产能利用率与信息化程度的 OLS 回归结果

	(1) $\ln CU$	(2) $\ln CU$	(3) $\ln CU$	(4) $\ln CU$	(5) $\ln CU$	(6) $\ln CU$	(7) $\ln CU$	(8) $\ln CU$
IT Investment	0.006 06*** (6.86)	0.002 29*** (3.16)						
E-sale			0.002 98*** (6.88)	0.001 55*** (4.43)				
IT Employment					0.013 4*** (11.73)	0.005 69*** (5.55)		
IT Train							0.008 46*** (12.51)	0.003 75*** (6.52)
ln$productivity$		0.017 0*** (8.13)		0.017 1*** (8.22)		0.016 8*** (8.07)		0.016 7*** (8.01)
ln$awage$		0.035 9*** (3.84)		0.037 3*** (4.00)		0.029 3*** (3.11)		0.031 6*** (3.37)
Export		1.78e-08 (0.56)		1.63e-08 (0.52)		2.00e-08 (0.63)		2.21e-08 (0.70)
lnKL		-0.005 25*** (-2.76)		-0.005 16*** (-2.72)		-0.006 45*** (-3.36)		-0.005 99*** (-3.15)
Rwsupplier		-0.004 76*** (-3.11)		-0.004 89*** (-3.20)		-0.005 74*** (-3.72)		-0.005 49*** (-3.58)

续表

	(1) lnCU	(2) lnCU	(3) lnCU	(4) lnCU	(5) lnCU	(6) lnCU	(7) lnCU	(8) lnCU
Finance		0.0177***		0.0179***		0.0176***		0.0170***
		(8.82)		(8.91)		(8.76)		(8.42)
Temprary worker		-0.00000864		-0.00000908		-0.00000281		-0.00000557
		(-1.01)		(-1.07)		(-0.33)		(-0.65)
Income		-7.64e-09		-6.48e-09		-1.30e-08		-1.39e-08
		(-0.54)		(-0.46)		(-0.92)		(-0.98)
LCU		0.432***		0.431***		0.430***		0.430***
		(79.55)		(79.52)		(79.26)		(79.20)
Dustate		-0.0369***		-0.0362***		-0.0378***		-0.0366***
		(-6.45)		(-6.32)		(-6.61)		(-6.40)
_cons	4.268***	2.128***	4.274***	2.118***	4.170***	2.158***	4.237***	2.167***
	(173.29)	(29.51)	(174.01)	(29.40)	(158.53)	(29.83)	(171.59)	(29.95)
Industry fixed effects	是	是	是	是	是	是	是	是
City fixed effects	是	是	是	是	是	是	是	是
N	12 399	11 866	12 399	11 866	12 399	11 866	12 395	11 862
R^2	0.0701	0.417	0.0701	0.417	0.0769	0.418	0.0783	0.418

　　考克斯(Cox，1989)、厄普顿(Upton，1994)等研究了劳动力柔性的影响多个因素,我们加入了平均工资 *Awage* 和临时工所占的比重 *Temprary worker* 用以控制劳动力的影响,结果显示 *Awage* 回归系数显著为正,符合我们的预期,因为 *Awage* 体现了企业雇佣劳动力的平均技能水平,技能水平更高的劳动力更易于吸收和运用自身专业范围以外的知识,"柔性"更大,有利于企业更好地利用产能,但是 *Temprary worker* 的回归系数不显著,说明对劳动力柔性更重要的影响因素是劳动力的技能水平,而不是劳动力的种类。

　　资本密集度 KL 的回归系数显著为负,我们认为这可能是因为在遇到需求冲击时资本的调整能力要小于劳动力,在控制了行业和地区固定效应后,同等条件下使用劳动力相对更多的企业可以更快地调整产出。利伯曼(Lieberman，1989)研究的计量结果显示规模对产能的作用不明显,但是我们发现代表生产规模的指标 *Income* 的回归系数显著为正,与曼勒模型的预期相一致。从结果还可以看出企业出口与产能利用率之间负相关,但是并不显著,我们认为这也许是两个方面效应的结果:一方面是出口增加了产品的市场范围,提高了柔性,有利于产能利用的提高;另一方面是我国出口的"生产率悖论",即出口企业大多是劳动生产率低的企业(李春顶,2010),对资源利用的效率和应对冲击的能力要低于不出口的企业。这两个方面效应作用的最终结果是不确定的;同时我们还发现国有企业的产能利用率要相对更低。滞后项 *LCU* 的符号显著为正,说明产能利用率的变化有其延续性,上一期产能利用率高的企业,本期产能利用率相对也会更高。

　　(2) 地区信息基础设施水平与企业的产能利用率

　　我们将地区信息基础设施水平以及地区信息基础设施水平与企业信息化程度的交叉项作为主要解释变量,面板固定效应的回归结果如表 6 - 12 和表 6 - 13 所示。

表 6－12　地区信息基础设施、企业信息化程度与产能利用率面板回归结果(1)

	(1) $\ln CU$	(2) $\ln CU$	(3) $\ln CU$	(4) $\ln CU$	(5) $\ln CU$
IT Investment × I1		0.000 224 (0.54)			
E-sale × I1			0.000 128 (0.37)		
IT Employment × I1				0.004 84*** (6.08)	
IT Train × I1					0.000 132 (0.25)
I1	0.020 0*** (8.37)	0.019 1*** (6.36)	0.019 4*** (6.72)	−0.015 5** (−2.45)	0.019 4*** (5.56)
ln productivity	0.083 3*** (35.67)	0.083 2*** (35.57)	0.083 3*** (35.63)	0.083 5*** (35.78)	0.083 3*** (35.67)
ln awage	0.241*** (18.84)	0.241*** (18.78)	0.241*** (18.79)	0.234*** (18.23)	0.241*** (18.80)
ln KL	−0.014 3*** (−6.11)	−0.014 3*** (−6.11)	−0.014 3*** (−6.11)	−0.013 6*** (−5.84)	−0.014 3*** (−6.11)
Temprary worker	0.001 97*** (7.95)	0.001 97*** (7.95)	0.001 97*** (7.95)	0.001 91*** (7.74)	0.001 97*** (7.94)
Income	1.30e−09 (0.83)	1.26e−09 (0.80)	1.28e−09 (0.81)	2.50e−10 (0.16)	1.27e−09 (0.80)
_cons	2.338*** (27.40)	2.341*** (27.37)	2.340*** (27.37)	2.380*** (27.82)	2.339*** (27.37)
N	36 456	36 456	36 456	36 456	36 456
R²	0.086 9	0.086 9	0.086 9	0.088 3	0.086 9

表 6－13　地区信息基础设施、企业信息化程度与产能利用率面板回归结果(2)

	(1) $\ln CU$	(2) $\ln CU$	(3) $\ln CU$	(4) $\ln CU$	(5) $\ln CU$
IT Investment × I2		0.004 97*** (11.71)			
E-sale × I2			0.003 56*** (9.38)		
IT Employment × I2				0.017 3*** (25.92)	
IT Train × I2					0.006 89*** (11.36)·

续表

	(1) lnCU	(2) lnCU	(3) lnCU	(4) lnCU	(5) lnCU
$I2$	0.029 1***	0.006 41	0.009 71**	−0.108***	−0.005 11
	(7.75)	(1.52)	(2.26)	(−16.71)	(−1.06)
ln$productivity$	0.082 6***	0.075 4***	0.078 3***	0.087 2***	0.083 8***
	(35.21)	(31.14)	(32.80)	(37.58)	(35.80)
ln$awage$	0.238***	0.219***	0.226***	0.182***	0.222***
	(18.34)	(16.79)	(17.34)	(14.05)	(17.01)
lnKL	−0.014 4***	−0.014 3***	−0.014 3***	−0.003 67	−0.011 9***
	(−6.17)	(−6.13)	(−6.14)	(−1.57)	(−5.07)
Temprary worker	0.001 95***	0.001 90***	0.001 95***	0.001 49***	0.001 83***
	(7.87)	(7.69)	(7.89)	(6.09)	(7.40)
Income	1.29e−09	−5.23e−10	3.56e−10	−4.40e−09***	−1.12e−09
	(0.82)	(−0.33)	(0.23)	(−2.80)	(−0.71)
_cons	2.217***	2.378***	2.322***	2.583***	2.320***
	(26.47)	(28.10)	(27.54)	(30.83)	(27.62)
N	36 456	36 456	36 456	36 456	36 456
R^2	0.086 5	0.091 7	0.089 8	0.111	0.091 4

表 6 - 12 和表 6 - 13 分别使用 $I1$ 和 $I2$ 作为地区信息基础设施水平的衡量指标,方程(1)表示单独的地区信息基础设施水平对企业产能的影响,方程(2)—(5)表示分别用地区信息基础设施水平与代表企业信息化程度的指标 *IT Investment*、*E-sale*、*IT Employment* 和 *IT Train* 的交叉项作为解释变量的回归结果。在面板回归中剔除了不随时间变化的控制变量。

回归结果显示,单独的信息基础设施面板回归结果显著为正;不同指标衡量的交叉项的回归系数均为正,绝大部分都显著,只有以 $I1$ 衡量的信息基础设施水平少数交叉项变得不显著,我们认为有可能是因为人均互联网用户随着时间变化相对较快,而由于企业信息化程度不随时间变化,因此在加入水平项之后,面板回归的时间维度变化更多体现在水平项中,被水平项"吸收"了,但这并不影响我们的结论,表明信息基础设施水平提高对企业的产能利用率有明显的促进作用,并且对信息化程度更高的企业作用更明显,从而验证了理论部分的假说 6.3.2,与我们的预期完全一致。在加入其他各项控制变量后并没有改变解释变量的显著性,其余变量的系数与截面回归的结果大体一致。

所不同的是一方面 *Temprary worker* 的系数变得显著,而 *Income* 的系数变得不显著,我们认为这可能是因为企业绝对规模大小会影响企业的产能,但是加入时间因素以后,规模的变化对产能的影响并不明显,而企业临时工相对数量的作用效应则正好相反,相对数量的增加提高了劳动力的灵活性,从而使得企业能更为灵活地调整劳动力的投入,为了验证我们的设想,我们采用 OLS 对交叉项进行截面回归(表 6-14)①。

表 6-14　地区信息基础设施、企业信息化程度与产能利用率截面回归结果

	(1) ln*CU*	(2) ln*CU*	(3) ln*CU*	(4) ln*CU*
IT Investment × *I*1	0.00103***			
	(2.86)			
E-sale × *I*1		0.000577***		
		(3.15)		
IT Employment × *I*1			0.00200***	
			(3.28)	
IT Train × *I*1				0.00160***
				(5.17)
*I*1	0.0204	0.0210	0.00242	0.0118
	(0.94)	(0.97)	(0.11)	(0.54)
ln*productivity*	0.0172***	0.0173***	0.0172***	0.0170***
	(8.22)	(8.30)	(8.24)	(8.16)
ln*awage*	0.0362***	0.0372***	0.0332***	0.0330***
	(3.87)	(3.98)	(3.53)	(3.53)
Export	1.37e−08	1.40e−08	1.65e−08	1.75e−08
	(0.43)	(0.44)	(0.52)	(0.55)
ln*KL*	−0.00508***	−0.00494***	−0.00566***	−0.00557***
	(−2.67)	(−2.60)	(−2.96)	(−2.93)
Rwsupplier	−0.00461***	−0.00469***	−0.00505***	−0.00508***
	(−3.02)	(−3.07)	(−3.29)	(−3.32)

————————

① 我们仅列出了用 *I*1 作为基础设施水平衡量指标的回归结果,*I*2 的回归结果与 *I*1 完全一致,为节约篇幅不再展示。

续表

	(1) ln*CU*	(2) ln*CU*	(3) ln*CU*	(4) ln*CU*
Finance	0.017 8***	0.018 0***	0.017 7***	0.017 4***
	(8.85)	(8.94)	(8.78)	(8.63)
Temprary worker	−0.000 090 6	−0.000 095 0	−0.000 070 9	−0.000 079 6
	(−1.06)	(−1.12)	(−0.83)	(−0.93)
Income	−7.16e−09	−5.90e−09	−1.17e−08	−1.34e−08
	(−0.51)	(−0.42)	(−0.82)	(−0.94)
LCU	0.432***	0.432***	0.431***	0.431***
	(79.61)	(79.59)	(79.41)	(79.39)
Dustate	−0.037 1***	−0.036 8***	−0.037 5***	−0.037 0***
	(−6.49)	(−6.43)	(−6.55)	(−6.47)
_cons	2.044***	2.035***	2.088***	2.087***
	(22.34)	(22.27)	(22.44)	(22.69)
Industry fixed effects	是	是	是	是
City fixed effects	是	是	是	是
N	11 866	11 866	11 866	11 862
R^2	0.417	0.417	0.417	0.417

我们可以看到,控制变量回归结果与表 6 - 11 和表 6 - 12 完全一致,并且,主要解释变量依然显著为正,与我们的预期完全相符。

2. Heckman 两步法回归结果

在参与调查的 12 400 家企业中,主要解释变量 IT 有大量的零值,其中 *IT Investment* 为零的有 6 997 家,占 56.43%,*E-sale*、*IT Employment* 和 *IT Train* 的这一比例分别为 60.44%、6% 和 40.34%,这些大量的零值有可能会产生选择性偏误。为此,我们采用 Heckman 两步法来做稳健性检验。

第一步用企业是否进行 IT 投入的虚拟变量 *DU*(其中 *DU*1—*DU*4 分别对应四个信息化程度指标)作为被解释变量,采用 Probit 模型对所有企业进行回归,考察企业的 IT 投入决策。第二步再对第一步中所有选择 IT 投入的企业进行回归。模型具体设定如下。

第一步,所有企业的 IT 投入决策回归:

$$\text{Prob}(Du_{fic} = 1) = \Phi(Productivity_{fic}, Awage_{fic}, Export_{fic}, Kl_{fic},$$
$$Rwsupplier_{fic}, Finance_{fic}, Tempraryworker_{fic},$$
$$Income_{fic}, Ownershipdummy_{fic}, Dustate_{fic}, RD_{fic})$$

$$(6-20)$$

该回归中需加入影响企业是否使用信息技术的决策,而不影响信息技术使用数量的变量,我们采用企业的研发投入 lnRD 进行衡量,选择这一指标的原因在于:企业是否使用信息技术归根结底取决于企业的利润最大化选择,如果不存在信息不完全和不对称,那么所有企业的选择都将是一样的。正是由于不确定性的存在,导致企业对于未来的预期有差异,在使用信息技术需要一次性沉没成本的条件下,不同的企业所采取的选择主要有两种:其一是对未来预期乐观,相信信息技术使用造成的劳动生产率上升可以逐渐弥补信息技术使用的成本,他们会选择使用信息技术;其二则相反,认为未来是不确定的,当采用信息技术造成沉没成本投入时,如果未来发生不利冲击,有可能造成成本无法收回,这一部分企业会选择使用原有的技术。不仅如此,是否使用信息技术还与企业家的偏好有关,有些企业家更倾向于接受新鲜事物,所以当新技术出现时,更愿意将其投入到生产中,而有些则相反。相同的逻辑,相对而言,那些对未来持预期乐观的企业家,以及倾向使用新技术的企业家,会更愿意进行研发投入,所以研发投入与企业是否选择使用信息技术有着密切的关系;但是信息技术使用的数量,或者说信息技术投资额主要与技术水平、要素的价格等因素密切相关,而与研发的相关性有限[1]。

---

① 实际上,在企业层面,找到与企业使用信息技术选择有关,而与信息技术使用数量完全无关的指标比较困难,严格而言,本节所使用的研发投入指标与信息技术投资也具有一定的相关性。因为一般而言,研发行为也需要使用信息技术。这里主要考虑到研究投入占总投资的比重较小,对总的信息技术投资额影响有限,相反研发投入与信息技术使用决策却密切相关。

同时,考虑到研发和信息技术投资都是企业最优化选择,二者具有一定的相关性,我们还采用"企业内部平时经常使用电子计算机的员工数量"即 *IT Employment* 作为工具变量进行进一步检验,因为这一调查数据主要是为了体现企业员工的偏好和习惯,会影响企业是否进行信息技术投入这一决策,而对具体投入数量的决策影响有限。这些数据来源同样是世界银行的调查数据。

第二步,根据第一步回归计算得到的逆米尔斯比率(Inverse Mills Ratio)$\lambda(\theta X_{fic})$,作为独立变量以控制样本的选择性误差进行回归。

$$
\begin{aligned}
\ln(CU_{fic}) = {} & \alpha + \beta IT_{fic} + \gamma_1 \ln productivity_{fic} + \gamma_2 \ln awage_{fic} + \gamma_3 Export_{fic} \\
& + \gamma_4 \ln kl_{fic} + \gamma_5 Rwsupplier_{fic} + \gamma_6 Finance_{fic} \\
& + \gamma_7 Tempraryworker_{fic} + \gamma_8 Income_{fic} + \gamma_9 Dustate_{fic} \\
& + \sum_i \lambda_i Industrydummy_i + \sum_c \lambda_c Citydummy_c + \\
& \rho\lambda(\theta X_{fic}) + \varepsilon_{fic} \qquad\qquad\qquad\qquad\qquad (6-21)
\end{aligned}
$$

回归结果如表 6-15 和表 6-16 所示,表 6-15 展示了企业信息化程度两个阶段的回归结果,方程(1)—(4)分别用 *IT Investment*、*E-sale*、*IT Employment* 和 *IT Train* 代表企业的信息化程度进行回归。表 6-16 汇报了企业信息化程度与地区信息化基础设施交叉项的 Heckman 两步法回归结果。

对比 Heckman 两步法和 OLS 的回归结果我们发现,使用两种方法得到的主要解释变量 *IT* 和控制变量 *Rwsupplier*、*Finance* 回归系数的符号和显著性完全一致。

在第一阶段回归中,少数几个回归式的 *Awage* 的回归系数为负或者并不显著,我们认为这可能是因为企业在决定是否进行 IT 投入时,劳动力的技能水平[1]起到很大的作用,因为信息技术更多是替代简单重复劳动,如果企业的低技能劳动力相对较多,企业选择使用信息技术和设备的空间就更大,会促使企

---

[1] 在其他条件相同的情况下,平均工资体现了企业劳动力的平均技能水平。

表6-15 企业信息化程度与产能利用率的 Heckman 回归结果

	(1) First Stage DU1	(1) Second Stage lnCU	(2) First Stage DU2	(2) Second Stage lnCU	(3) First Stage DU3	(3) Second Stage lnCU	(4) First Stage DU4	(4) Second Stage lnCU
IT Investment		0.0106*** (5.81)						
E-sale				0.0129*** (7.04)				
IT Employment						0.0170*** (9.81)		
IT Train								0.0132*** (6.82)
lnproductivity	0.0403*** (3.61)	0.0158*** (3.24)	0.0221** (1.97)	0.00664 (1.42)	0.0819*** (4.21)	0.0227*** (8.71)	0.0716*** (6.25)	0.0144*** (4.21)
lnwage	−0.0171 (−0.34)	0.0279* (1.67)	−0.191*** (−3.74)	0.0718*** (2.69)	0.253*** (2.85)	0.00961 (0.82)	0.186*** (3.57)	0.01000 (0.70)
Export	4.16e−08 (0.24)	−4.10e−08 (−0.77)	0.000000133 (0.76)	−6.54e−08 (−1.31)	0.000000210 (0.88)	−1.07e−08 (−0.29)	−0.0000000888* (−1.97)	1.68e−09 (0.05)
lnKL	0.0411*** (4.01)	−0.0247*** (−5.16)	0.0184* (1.77)	−0.0176*** (−4.14)	0.0984*** (5.79)	−0.0228*** (−9.08)	0.0572*** (5.50)	−0.0208*** (−6.68)
Rwsupplier	0.0275*** (3.35)	0.0124*** (3.37)	0.0457*** (5.50)	0.00623 (1.01)	0.0436*** (3.23)	0.0136*** (7.00)	0.0567*** (6.80)	0.0110*** (4.17)
Finance	0.0296*** (2.74)	0.00896** (2.04)	0.00127 (0.12)	0.0164*** (4.39)	−0.0111 (−0.60)	0.0163*** (6.63)	0.0783*** (7.13)	0.00211 (0.61)

续表

	(1)		(2)		(3)		(4)	
	First Stage DU1	Second Stage lnCU	First Stage DU2	Second Stage lnCU	First Stage DU3	Second Stage lnCU	First Stage DU4	Second Stage lnCU
Temprary worker	−0.00182***	0.000259	−0.000921**	0.0000446	−0.00512***	0.000174	−0.00274***	0.000167
	(−3.94)	(1.19)	(−1.98)	(0.23)	(−7.15)	(1.46)	(−5.93)	(1.14)
Income	−0.0000000010	4.16e−08*	−2.11e−08	2.51e−08	−0.00000027	2.66e−08	0.00000834***	3.44e−09
	(−1.25)	(1.68)	(−0.26)	(1.04)	(−1.27)	(1.57)	(3.25)	(0.20)
Dustate	−0.128***	−0.0134	−0.174***	0.00204	−0.235***	−0.0314***	−0.130***	−0.0153*
	(−4.14)	(−0.95)	(−5.56)	(0.09)	(−4.47)	(−4.31)	(−4.12)	(−1.76)
lnRD	0.152***		0.0836***		0.190*		0.623***	
	(4.66)		(2.58)		(1.68)		(11.05)	
_cons	−1.068***	4.344***	0.165	3.921***	−1.246*	4.075***	−2.537***	4.248***
	(−2.89)	(19.74)	(0.44)	(21.19)	(−1.78)	(45.57)	(−6.54)	(31.43)
Industry fixed effects	是	是	是	是	是	是	是	是
City fixed effects	是	是	是	是	是	是	是	是
Mills lambda		−0.238**		−0.198		−0.134**		−0.143***
		(−2.12)		(−1.15)		(−2.38)		(−3.95)
N	11881	5403	11881	4905	11881	11655	11877	7394

表 6-16 地区信息基础设施、企业信息化程度与产能利用率的 Heckman 回归结果

	(1) First Stage DU1	(1) Second Stage lnCU	(2) First Stage DU2	(2) Second Stage lnCU	(3) First Stage DU3	(3) Second Stage lnCU	(4) First Stage DU4	(4) Second Stage lnCU
IT Investment × I1		0.003 93*** (4.25)						
E-sale × I1				0.004 06*** (4.38)				
IT Employment × I1						0.007 11*** (7.53)		
IT Train × I1								0.004 37*** (4.25)
I1	−0.032 1 (−0.28)	0.102** (2.43)	0.101 (0.80)	0.023 4 (0.42)	0.009 40 (0.04)	0.036 0 (1.27)	0.005 52 (0.05)	0.036 4 (1.08)
lnproductivity	0.040 3*** (3.61)	0.016 6*** (3.30)	0.022 1** (1.97)	0.008 74* (1.76)	0.081 9*** (4.21)	0.022 9*** (8.69)	0.071 6*** (6.25)	0.013 1*** (3.76)
lnawage	−0.017 1 (−0.34)	0.028 8* (1.67)	−0.191*** (−3.74)	0.085 2*** (3.02)	0.253*** (2.85)	0.016 6 (1.42)	0.186*** (3.57)	0.011 3 (0.77)
Export	4.16e−08 (0.24)	−5.58e−08 (−1.01)	0.000 000 133 (0.76)	−8.19e−08 (−1.50)	0.000 002 10 (0.88)	−2.36e−08 (−0.62)	−0.000 000 848** (−1.97)	−3.25e−09 (−0.08)
lnKL	0.041 1*** (4.01)	−0.024 9*** (−5.04)	0.018 4* (1.77)	−0.016 8*** (−3.72)	0.098 4*** (5.79)	−0.022 1*** (−8.73)	0.057 2*** (5.50)	−0.021 1*** (−6.59)
Rwsupplier	0.027 5*** (3.35)	0.012 5*** (3.29)	0.045 7*** (5.50)	0.004 75 (0.73)	0.043 6*** (3.23)	0.014 8*** (7.61)	0.056 7*** (6.80)	0.010 9*** (4.04)

续表

	(1)		(2)		(3)		(4)	
	First Stage DU1	Second Stage lnCU	First Stage DU2	Second Stage lnCU	First Stage DU3	Second Stage lnCU	First Stage DU4	Second Stage lnCU
Finance	0.0296***	0.00866*	0.00127	0.0171***	-0.0111	0.0167***	0.0783***	0.00107
	(2.74)	(1.91)	(0.12)	(4.30)	(-0.60)	(6.77)	(7.13)	(0.30)
Temprary worker	-0.00182***	0.000279	-0.000921**	0.0000807	-0.00512***	0.000132	-0.00274***	0.000176
	(-3.94)	(1.24)	(-1.98)	(0.39)	(-7.15)	(1.10)	(-5.93)	(1.17)
Income	-0.000000102	4.50e-08*	-2.11e-08	2.84e-08	-0.000000274	2.91e-08	0.000000834***	3.64e-09
	(-1.25)	(1.76)	(-0.26)	(1.08)	(-1.27)	(1.69)	(3.25)	(0.20)
Dustate	-0.128***	-0.00938	-0.174***	0.0131	-0.235***	-0.0275***	-0.130***	-0.0120
	(-4.14)	(-0.65)	(-5.56)	(0.54)	(-4.47)	(-3.76)	(-4.12)	(-1.36)
lnRD	0.152***		0.0836***		0.190*		0.623***	
	(4.66)		(2.58)		(1.68)		(11.05)	
_cons	-0.955**	3.982***	-0.193	3.798***	-1.279	3.798***	-2.557***	4.112***
	(-1.98)	(15.82)	(-0.38)	(13.38)	(-1.40)	(32.93)	(-5.15)	(24.83)
Industry fixed effects	是	是	是	是	是	是	是	是
City fixed effects	是	是	是	是	是	是	是	是
Mills lambda		-0.273**		-0.276		-0.165***	-0.177***	
		(-2.36)		(-1.53)		(-2.93)	(-4.78)	
N	11881	5403	11881	4905	11881	11655	11881	7394

业倾向于使用信息技术;但是在考察有 IT 投入企业投入数量对产能利用的影响时,此时企业劳动力的技能水平影响效应有正反两个方面:一方面是低技能劳动力越多,企业就会投入更多的信息技术用以替代这些简单重复的劳动;另一方面,高技能劳动力越多,由于信息技术与高技能劳动力的作用效应是互补的,所以也会造成企业增加信息技术的投入,因此平均工资对信息技术投入数量的影响效应并不确定,企业规模 *Income* 的情况与之类似。资本产出比 *KL* 在第一阶段回归显著为正,第二阶段显著为负,这说明资本密集度更高的企业更倾向于进行 IT 投入,但是在 IT 投入相同的条件下,资本劳动比越高,柔性越小,产能利用率也就越低。

以 *IT Employment* 为工具变量的企业信息化程度回归如表 6-17 所示,回归结果与以 *RD* 为工具变量的回归结果完全一致[①]。

(四) 稳健性检验

1. 内生性处理

鉴于企业产能利用率提高获得更高的效益后,有可能会增加 IT 的投入,解释变量与被解释变量可能存在着逆向因果关系;同时,地区信息基础设施水平也存在相似的情况,当某地区企业的产能利用率提高,资源浪费减少,促进地区经济增长,同样有可能提高该地区的信息基础设施水平,这两个方面的逆向因果关系都有可能产生内生性,为此我们使用以下方法试图克服这一问题。

(1) GMM 回归

首先我们采用两阶段广义矩进行回归,工具变量的选择方法如下。

企业信息化密度的工具变量选择借鉴余林徽等(2013)的方法[②],使用地区内分行业的 IT 投入作为 IT 的工具变量。地区信息化基础设施水平的工具变量则选用地区 1937 年公路网的密度,因为这一变量代表了该地区的基础设施

[①] 企业信息化程度与地区信息化基础设施交叉项的回归情况相似,为节约篇幅不再赘述。

[②] 余林徽等(2013)使用地区内分行业的平均制度作为单个企业制度的工具变量,对工具变量的有效性有详细的论述,本节情况与之类似。

表 6-17　企业信息化程度与产能利用率的 Heckman 回归结果①

	(1)		(2)		(3)	
	First Stage $DU1$	Second Stage $\ln CU$	First Stage $DU2$	Second Stage $\ln CU$	First Stage $DU4$	Second Stage $\ln CU$
IT Investment		0.008 30*** (4.38)				
E-sale				0.0101*** (5.08)		
IT Train						0.0119*** (5.68)
lnproductivity	0.0277** (2.44)	0.0203*** (5.62)	0.00858 (0.75)	0.0102*** (2.78)	0.0591*** (5.05)	0.0181*** (6.01)
lnawage	−0.169*** (−3.27)	0.0306** (1.98)	−0.352*** (−6.77)	0.0649*** (3.84)	0.0350 (0.65)	0.0226* (1.72)
Export	−2.41e−08 (−0.14)	−4.30e−08 (−0.89)	0.000 000 113 (0.65)	−5.93e−08 (−1.30)	−0.000 000 753** (−2.22)	−3.69e−09 (−0.11)
lnKL	0.010 9 (1.03)	−0.020 3*** (−6.14)	−0.013 4 (−1.27)	−0.015 1*** (−4.41)	0.0244** (2.27)	−0.017 2*** (−6.23)
Rwsupplier	0.001 20 (0.14)	0.015 5*** (5.70)	0.019 5** (2.28)	0.0103*** (3.73)	0.0310*** (3.59)	0.0144*** (6.34)

① 以 IT Employment 为工具变量。

续表

	(1)		(2)		(3)	
	First Stage DU1	Second Stage lnCU	First Stage DU2	Second Stage lnCU	First Stage DU4	Second Stage lnCU
Finance	0.0217**	0.0116***	-0.00801	0.0171***	0.0773***	0.00568*
	(1.98)	(3.30)	(-0.72)	(4.87)	(6.85)	(1.88)
Temprary worker	-0.000352	0.0000849	0.000572	-0.0000499	-0.000996**	0.00000413
	(-0.74)	(0.54)	(1.19)	(-0.33)	(-2.08)	(0.03)
Income	-0.0000000 1*	4.90e-08**	-0.0000000 1	3.30e-08	0.0000000 7***	1.46e-08
	(-1.93)	(2.18)	(-1.65)	(1.52)	(3.18)	(0.90)
Dustate	-0.152***	-0.0237**	-0.199***	-0.0107	-0.147***	-0.0191**
	(-4.82)	(-2.34)	(-6.24)	(-1.00)	(-4.54)	(-2.32)
IT Employment	0.137***		0.134***		0.184***	
	(21.87)		(21.35)		(29.09)	
_cons	-0.554	4.132***	0.786***	3.824***	-2.302***	4.041***
	(-1.48)	(34.96)	(2.08)	(31.53)	(-5.83)	(38.80)
Industry fixed effects	是	是	是	是	是	是
City fixed effects	是	是	是	是	是	是
Mills lambda	-0.125***		-0.100***		-0.0702***	
	(-4.81)		(-3.92)		(-3.77)	
N	11881	5403	11881	4905	11877	7394

227

历史水平,与后期的信息基础设施相关,但是并不受后期经济行为的影响,数据来源于《中国公路史(第一册)》。

GMM 回归结果见表 6-18 和表 6-19。其中表 6-18 表示的企业产能利用率对信息化程度的回归结果,表 6-19 表示企业产能利用率对地区信息基础设施水平与企业信息化密度的交叉项的回归结果,方程(1)—(4)为使用不同信息化程度衡量指标进行回归。

表 6-18 企业信息化程度与产能利用率的 GMM 回归结果

	(1) $\ln CU$	(2) $\ln CU$	(3) $\ln CU$	(4) $\ln CU$
IT Investment	0.004 87* (1.75)			
E-sale		0.004 26** (2.53)		
IT Employment			0.003 09 (0.65)	
IT Train				0.002 51 (0.83)
$\ln productivity$	0.016 4*** (5.20)	0.016 4*** (5.43)	0.017 2*** (5.48)	0.017 0*** (5.25)
$\ln awage$	0.035 1*** (3.63)	0.038 6*** (3.99)	0.032 6*** (2.83)	0.033 2*** (3.19)
Export	1.71e−08 (0.94)	1.26e−08 (0.66)	1.93e−08 (1.00)	2.10e−08 (1.08)
$\ln KL$	−0.005 67** (−2.32)	−0.005 63** (−2.29)	−0.005 73** (−2.05)	−0.005 63** (−2.27)
Rwsupplier	−0.005 06*** (−2.99)	−0.005 59*** (−3.35)	−0.005 17*** (−2.68)	−0.005 16*** (−2.74)
Finance	0.017 4*** (7.75)	0.017 8*** (7.97)	0.017 8*** (7.86)	0.017 3*** (7.17)
Temprary worker	−0.000 073 7 (−0.88)	−0.000 078 8 (−0.94)	−0.000 059 8 (−0.59)	−0.000 069 9 (−0.78)
Income	−1.04e−08 (−0.88)	−8.67e−09 (−0.74)	−9.48e−09 (−0.70)	−1.10e−08 (−0.82)

续表

	（1） lnCU	（2） lnCU	（3） lnCU	（4） lnCU
LCU	0.431***	0.430***	0.431***	0.431***
	（20.88）	（20.87）	（20.87）	（20.70）
$Dustate$	−0.036 6***	−0.034 4***	−0.037 6***	−0.036 8***
	（−5.88）	（−5.51）	（−6.05）	（−5.92）
_cons	2.140***	2.116***	2.140***	2.151***
	（20.27）	（20.23）	（19.54）	（19.05）
$Industry$ $fixed\ effects$	是	是	是	是
$City\ fixed\ effects$	是	是	是	是
N	11 866	11 866	11 866	11 862
R^2	0.416	0.414	0.417	0.418

表 6‑19　地区信息基础设施、企业信息化程度与产能利用率的 GMM 回归结果

	（1） lnCU	（2） lnCU	（3） lnCU	（4） lnCU
$IT\ Investment \times I1$	0.002 97*			
	（1.77）			
$E\text{-}sale \times I1$		0.003 10**		
		（2.41）		
$IT\ Employment \times I1$			0.003 51	
			（0.88）	
$IT\ Train \times I1$				0.002 48
				（1.12）
$I1$	0.012 2	0.004 98	−0.014 5	0.004 72
	（0.42）	（0.17）	（−0.27）	（0.14）
ln$productivity$	0.016 4***	0.016 2***	0.016 9***	0.016 7***
	（5.22）	（5.37）	（5.35）	（5.10）
ln$awage$	0.035 3***	0.039 6***	0.030 6**	0.031 1***
	（3.65）	（4.07）	（2.56）	（2.92）
$Export$	4.74e−09	−5.68e−09	1.50e−08	1.68e−08
	（0.23）	（−0.24）	（0.84）	（0.95）
lnKL	−0.005 45**	−0.005 16**	−0.006 25**	−0.005 93**
	（−2.25）	（−2.12）	（−2.13）	（−2.39）

	(1) ln*CU*	(2) ln*CU*	(3) ln*CU*	(4) ln*CU*
Rwsupplier	−0.004 83***	−0.005 56***	−0.005 47***	−0.005 41***
	(−2.88)	(−3.34)	(−2.80)	(−2.87)
Finance	0.017 5***	0.017 9***	0.017 4***	0.017 0***
	(7.77)	(8.00)	(7.44)	(6.97)
Temprary worker	−0.000 077 3	−0.000 083 6	−0.000 050 6	−0.000 069 2
	(−0.93)	(−1.00)	(−0.51)	(−0.80)
Income	−1.08e−08	−8.86e−09	−1.65e−08	−1.77e−08
	(−0.92)	(−0.73)	(−0.97)	(−1.15)
	0.432***	0.431***	0.431***	0.430***
	(20.96)	(21.02)	(20.89)	(20.79)
Dustate	−0.037 0***	−0.034 9***	−0.037 7***	−0.036 9***
	(−5.94)	(−5.59)	(−6.05)	(−5.94)
_cons	2.069***	2.055***	2.131***	2.118***
	(16.05)	(16.02)	(12.49)	(14.19)
Industry fixed effects	是	是	是	是
City fixed effects	是	是	是	是
N	11 866	11 866	11 866	11 862
R²	0.415	0.407	0.416	0.417

对比 GMM 与 OLS 的回归结果可以发现,在采用工具变量回归之后,解释变量回归系数的显著性有所降低,但是符号完全一致,说明我们的结论是可靠的。

(2) 利用 IT 投资"吸收"内生性的影响

在我们选择的企业信息化程度衡量指标中,信息化投资 *IT Investment* 一方面会受到上年经营情况的影响,另一方面对产能利用率的促进作用也存在滞后效应;企业通过网络实现的销售额 *E-sale*、使用计算机的雇员数 *IT Employment* 以及进行与 IT 相关培训的雇员数 *IT Train* 在短期内一般不会有太大变化,受企业产能和效率等因素的影响相对较小,比较客观地反映了企业的信息化程度。因此,我们在每个回归方程中均加入 *IT Investment*,在控制了信息化投资因素后,观察其他三个指标对产能的作用,实际上是使用 *IT Investment*"吸收"了内生性的因素。

表6-20和表6-21分别展示了企业产能对信息化程度的回归结果和对地区信息基础设施水平与信息化程度交叉项的回归结果。从回归结果来看,加入 *IT Investment* 后其他主要解释变量的系数的符号和显著性均没有发生变化,*IT Investment* 的回归系数显著性有所降低,这一点正好证实了我们的猜想,即当期的信息化投资对产能利用率的促进作用有限,产能利用率更大程度上取决于企业整体的信息化程度。

表6-20　企业信息化程度与产能利用率的OLS回归结果——控制IT投资

	(1) lnCU	(2) lnCU	(3) lnCU	(4) lnCU	(5) lnCU	(6) lnCU
E-sale	0.00236***	0.00136***				
	(5.27)	(3.77)				
IT Employment			0.0122***	0.00520***		
			(10.14)	(4.93)		
IT Train					0.00776***	0.00351***
					(10.95)	(5.91)
IT Investment	0.00479***	0.00160**	0.00327***	0.00140*	0.00306***	0.00121
	(5.24)	(2.14)	(3.55)	(1.88)	(3.32)	(1.62)
lnproductivity		0.0168***		0.0165***		0.0165***
		(8.03)		(7.91)		(7.87)
lnawage		0.0367***		0.0295***		0.0315***
		(3.94)		(3.13)		(3.37)
Export		1.61e-08		1.95e-08		2.15e-08
		(0.51)		(0.62)		(0.68)
lnKL		-0.00538***		-0.00654***		-0.00612***
		(-2.83)		(-3.41)		(-3.21)
Rwsupplier		-0.00503***		-0.00580***		-0.00557***
		(-3.29)		(-3.76)		(-3.63)
Finance		0.0177***		0.0175***		0.0169***
		(8.82)		(8.70)		(8.39)

续表

	(1) lnCU	(2) lnCU	(3) lnCU	(4) lnCU	(5) lnCU	(6) lnCU
Temprary worker		−0.0000838		−0.0000271		−0.0000525
		(−0.98)		(−0.31)		(−0.61)
Income		−8.01e−09		−1.39e−08		−1.46e−08
		(−0.57)		(−0.98)		(−1.03)
LCU		0.431***		0.430***		0.430***
		(79.50)		(79.26)		(79.20)
Dustate		−0.0361***		−0.0376***		−0.0365***
		(−6.31)		(−6.57)		(−6.39)
_cons	4.263***	2.125***	4.172***	2.161***	4.233***	2.169***
	(173.17)	(29.47)	(158.65)	(29.86)	(171.26)	(29.98)
Industry fixed effects	是	是	是	是	是	是
City fixed effects	是	是	是	是	是	是
N	12399	11866	12399	11866	12395	11862
R^2	0.0722	0.417	0.0778	0.418	0.0791	0.418

表 6‑21　地区信息基础设施、企业信息化程度与产能利用率的 OLS 回归结果——控制 IT 投资

	(1) lnCU	(2) lnCU	(3) lnCU	(4) lnCU	(5) lnCU	(6) lnCU
E-sale×$I1$	0.000815***	0.000487***				
	(3.53)	(2.60)				
IT Employment ×$I1$			0.00569***	0.00169***		
			(8.04)	(2.72)		
IT Train×$I1$					0.00319***	0.00148***
					(8.41)	(4.62)
IT Investment ×$I1$	0.00179***	0.000821**	0.00117***	0.000805**	0.00108**	0.000620*
	(4.00)	(2.24)	(2.58)	(2.19)	(2.39)	(1.68)
$I1$	0.125***	0.0182	0.0619**	0.00241	0.103***	0.0102
	(4.85)	(0.84)	(2.30)	(0.11)	(3.98)	(0.47)

	(1) lnCU	(2) lnCU	(3) lnCU	(4) lnCU	(5) lnCU	(6) lnCU
ln$productivity$		0.0170***		0.0169***		0.0168***
		(8.15)		(8.10)		(8.05)
ln$awage$		0.0367***		0.0334***		0.0330***
		(3.93)		(3.55)		(3.53)
Export		1.09e−08		1.31e−08		1.47e−08
		(0.34)		(0.41)		(0.47)
lnKL		−0.00509***		−0.00570***		−0.00563***
		(−2.68)		(−2.98)		(−2.96)
Rwsupplier		−0.00475***		−0.00506***		−0.00511***
		(−3.11)		(−3.29)		(−3.34)
Finance		0.0178***		0.0176***		0.0173***
		(8.87)		(8.73)		(8.60)
Temprary worker		−0.0000898		−0.0000694		−0.0000769
		(−1.05)		(−0.81)		(−0.90)
Income		−7.35e−09		−1.22e−08		−1.39e−08
		(−0.52)		(−0.86)		(−0.98)
LCU		0.432***		0.431***		0.431***
		(79.60)		(79.43)		(79.40)
Dustate		−0.0368***		−0.0374***		−0.0370***
		(−6.43)		(−6.53)		(−6.47)
_cons	3.811***	2.045***	3.870***	2.090***	3.840***	2.091***
	(47.26)	(22.35)	(47.86)	(22.46)	(47.67)	(22.73)
Industry fixed effects	是	是	是	是	是	是
City fixed effects	是	是	是	是	是	是
N	12399	11866	12399	11866	12395	11862
R^2	0.0693	0.417	0.0732	0.417	0.0737	0.418

2. 使用不同数据来源作进一步稳健性检验

以上我们的实证研究使用的是世界银行对 12400 家中国企业 2002—2004 年经营情况的调查数据,该数据库具有指标丰富、数据准确和样本选择随机性强等优点,但是也存在一些缺点,比如数据年限短,且相对久远,以及样本容量有限的问题。为此,我们使用国家统计局 2004—2007 年工业企业调查库数据作进一步的检验,工业企业数据库具有样本容量大、时效性强等优点,但是针对我们的研究,该数据库缺少一个关键变量——企业的产能利用率。为解决这一问题,我们首先必须根据企业的投入和产出数据对产能利用率进行估算。

有关产能估算的研究很多,重点在于产能产出也就是潜在产出的测定,有的采用用电量与资本服务固定比例,通过用电量来估算(龚刚和杨琳,2002),有的则以 AK 模型为基础,认为潜在产出对应历史上最大的 A 值(王维国和袁敏捷,2012),还有通过投资方程校准估计相关系数,从企业的最优投资决策出发估算产能(杨光,2012),但是这些研究有的是缺少可信的微观机制,有的则是没有考虑到行业和地区特征。

鉴于此,我们借鉴伯恩特和莫里森(Berndt and Morrison,1981)、莫里森(Morrison,1985)和韩国高等(2011)的方法,以企业的最优投资决策为理论基础,采用生产函数法估算企业的产能利用率[①],韩国高等(2011)估算是行业层面的产能利用率,我们则更进一步,在控制了行业和地区因素的影响后,把产能利用率估算到企业层面,具体方法如下。

假定厂商的规模收益不变,资本 K 是唯一的固定投入,则可变投入 VC 可以表示为资本 K、资本增量 dK、可变投入价格 p_j、技术进步 t 和产出 Y 的函数,即 $VC = VC(K, dK, p_j, t, Y)$,则企业短期的总成本函数可以表示为 $STC = VC(K, dK, p_j, t, Y) + p_k K$,其中 p_k 表示资本的租赁价格。根据卡塞尔斯(Cassels,1937)的定义,产能产出 Y^* 是平均成本最低点所对应的产出水平,由包络定理可知 Y^* 是短期和长期平均成本曲线切点处所对应的产出水平,为计算 Y^*,可以令 $\partial STC / \partial K = 0$,解得 $Y^* = Y^*(K, dK, p_j, p_k, t)$,从

[①] 一方面限于篇幅,另一方面产能的估计测算方法并不是本节的重点,因此在此我们仅简单说明理论思想和估计方法,详细内容请参阅相关的文献。

而产能利用率 $CU = Y/Y^*$。

在估计中,我们需要确定可变成本,根据莫里森和伯恩特(Morrison and Berndt,1980)和韩国高等(2011)的研究,对有 N 种固定投入 $x_i(i = 1, 2, \cdots, N)$,以及 j 种可变要素投入,V_j 为可变要素投入量,价格为 w_j,采用第一种可变要素的投入价格进入标准化,$\overline{VC} = VC/w_1$,$\overline{w}_j = w_j/w_1$,则标准化可变函数可以表示为:

$$
\begin{aligned}
\overline{VC} &= V_1 + \sum_{j=2}^{s} \overline{w}_j V_j \\
&= Y \times \Big[\alpha_0 + \alpha_{0t} t + \sum_{j=2}^{s} \alpha_j \overline{w}_j + \frac{1}{2} \sum_{j=2}^{s} \sum_{l=2}^{s} \gamma_{jl} \overline{w}_j \overline{w}_l \\
&\quad + \sum_{j=2}^{s} \alpha_{jt} \overline{w}_j t \Big] + \sum_{i=1}^{N} \alpha_i x_i + \frac{1}{2} \sum_{i=1}^{N} \sum_{m=1}^{N} \gamma_{im} \frac{x_i x_m}{Y} + \\
&\quad \sum_{i=1}^{N} \sum_{j=2}^{s} \gamma_{ij} \overline{w}_j x_i + \sum_{i=1}^{N} \alpha_{it} x_i t + \frac{1}{2} \sum_{i=1}^{N} \sum_{m=1}^{N} \beta_{im} \frac{\Delta x_i \Delta x_m}{Y} \quad (6-22)
\end{aligned}
$$

实证估计中将劳动 L、原材料 M 作为可变要素投入,资本 K 作为固定要素投入,用 p_L、p_M 分别表示劳动和原材料的使用价格,则可将式(6-21)改写为:

$$
\begin{aligned}
\overline{VC} &= L + \overline{p}_m M \\
&= Y \times \Big[\alpha_0 + \alpha_{0t} t + \alpha_m \overline{p}_M + \frac{1}{2} \gamma_{MM} \overline{p}_M^2 + \alpha_{mt} \overline{p}_M t \Big] + \alpha_K K + \\
&\quad \frac{1}{2} \Big(\gamma_{KK} \frac{K^2}{Y} + \beta_{KK} \frac{\Delta K^2}{Y} \Big) + \gamma_{MK} \overline{p}_M K + \alpha_{tK} K t \quad (6-23)
\end{aligned}
$$

由 $\dfrac{\partial STC}{\partial K}\Big|_{Y=Y^*} = p_L \dfrac{\partial \overline{VC}}{\partial K}\Big|_{Y=Y^*} + p_K = 0$,可以解得:$Y^*$

$= -\dfrac{\gamma_{KK} K}{\alpha_K + \alpha_{MK} \overline{p}_M + \alpha_{tK} t + \overline{p}_K}$。

将式(6-23)估计的系数代入可以计算产能产出的估计值,再由 $CU = Y/Y^*$ 得到产能利用率的估计值。

数据来源方面,劳动、原材料以及资本的价格指数来自布兰特等(Brandt et al.,2012)的研究,其余数据均来自工业企业数据库,指标的计算方法同韩国高等(2011)。对工业企业数据库样本的处理参照了其他学者如谢千里等(2008)的处理方法,删除了部分异常样本,并且最终估计结果去除了两端各 1%的样本,以防止少量异常值影响最终结果。

我们采用 2004 年企业拥有计算机终端的数量作为企业信息化程度的衡量指标,使用 2004—2007 年的产能利用率对其回归,结果见表 6‐22。此外我们还对地区信息基础设施的影响进行了进一步的稳健性检验,同样采用面板固定效应的回归结果如表 6‐23 所示。

表 6‐22　企业信息化程度与产能利用率的 OLS 回归结果——工业企业数据库

	(1) lnCU2004	(2) lnCU2005	(3) lnCU2006	(4) lnCU2007
ln$computer$	0.004 17***	0.003 45***	0.003 08***	0.002 62***
	(28.86)	(22.38)	(21.22)	(16.92)
ln$productivity$	1.007***	1.010***	1.010***	1.011***
	(4 857.03)	(4 340.99)	(4 546.53)	(4 259.41)
ln$awage$	0.019 3***	0.016 9***	0.014 5***	0.015 9***
	(50.35)	(41.29)	(37.04)	(39.53)
$Export$	−3.63e−10	−6.28e−10	−2.80e−10	−5.73e−10*
	(−0.50)	(−1.01)	(−0.69)	(−1.67)
lnKL	−1.023***	−1.025***	−1.024***	−1.024***
	(−6 027.75)	(−5 385.18)	(−5 624.36)	(−5 243.15)
$Income$	3.51e−10	−9.35e−12	−6.75e−11	4.10e−10**
	(1.04)	(−0.04)	(−0.30)	(2.13)
$Dustate$	0.003 20***	0.001 64***	0.001 74***	0.000 498
	(7.94)	(3.73)	(4.04)	(1.06)
_$cons$	2.493***	2.493***	2.542***	2.422***
	(1 014.51)	(947.99)	(1 004.27)	(883.18)
Industry fixed effects	是	是	是	是
City fixed effects	是	是	是	是
N	201 089	163 104	153 470	144 219
R^2	0.996	0.996	0.997	0.997

表 6－23　地区信息基础设施、企业信息化程度与产能利用率面板回归结果——工业企业数据库

	(1) lnCU	(2) lnCU	(3) lnCU	(4) lnCU
$I1$	0.0588***	0.108***		
	(91.70)	(48.67)		
ln$computer \times I1$		0.013 2***		
		(19.64)		
$I2$			0.040 9***	0.110***
			(66.79)	(53.30)
ln$computer \times I2$				0.021 0***
				(32.75)
ln$productivity$	0.963***	0.956***	0.962***	0.955***
	(2 855.79)	(2 319.69)	(2 856.64)	(2 325.46)
ln$awage$	0.068 2***	0.080 0***	0.071 9***	0.083 8***
	(137.42)	(129.95)	(145.04)	(136.25)
$Export$	−7.36e−09***	−7.22e−09***	−8.88e−09***	−8.89e−09***
	(−7.64)	(−7.00)	(−9.19)	(−8.59)
lnKL	−1.008***	−1.004***	−1.007***	−1.002***
	(−2 738.52)	(−2 191.70)	(−2 730.41)	(−2 190.26)
$Income$	1.88e−08***	1.76e−08***	1.90e−08***	1.76e−08***
	(23.63)	(20.24)	(24.17)	(20.48)
$Dustate$	−0.016 5***	−0.017 5***	−0.017 5***	−0.018 9***
	(−16.27)	(−14.43)	(−17.20)	(−15.53)
$\_cons$	3.128***	3.120***	3.073***	3.055***
	(1 185.79)	(967.92)	(1 202.49)	(976.62)
N	957 195	655 488	963 123	660 991
R^2	0.955	0.948	0.954	0.948

　　之所以在面板回归中对滞后期进行考察，是因为信息化投入可能存在滞后效应，不仅能反映其滞后的影响，而且还能进一步消除内生性因素的影响。

　　从表 6－22 的回归结果我们发现，无论是当期，还是滞后期的 Computer 项的回归系数都显著为正，并且其他控制变量的回归系数与此前的结果也大体一致。表 6－23 的面板回归结果表明，无论是信息基础设施水平自身，还是与企业信息化程度 IT 的交叉项，其回归系数都显著为正，两个数据库所得到的回归

结果是完全一致的。

　　由此可见,我们采用不同的计量方法,以及不同来源的数据对基准回归的结果进行了稳健性检验,并且使用多种措施克服内生性问题,结果显示虽然少数变量的显著性水平有所差异,但是所得到的结论与基准回归完全相同,这充分说明了计量结果是稳健和可靠的。

第七章　主要结论、政策建议与前瞻

第一节　主要结论

信息技术作为一种通用技术,对经济增长的积极作用已经得到大量研究的支持,但是已有研究一方面就企业层面的生产组织方面的研究仍有补充空间,另一方面就信息化与劳动力市场的相关研究相对较少,本书正是基于这两大方面展开阐述。

一、信息化与劳动力需求

第一章通过对 12 个代表性的国家从 1996—2005 年单位产出劳动力数量、劳动收入占比、高技能劳动力的相对就业数量以及高技能劳动力的相对工资的对比分析,发现生产中对劳动力的投入主要发生了以下显著的变化:首先,劳动力的投入呈逐年下降的趋势,而高技能劳动力相对于低技能劳动力的投入比重却在上升,由此造成了劳动收入占比的下降和技能溢价的上升。与此同时我们还发现,在生产过程的资本投入中,信息资本所占的比重展现了不断上升的趋势。通过对相关研究的梳理我们发现,已有研究针对劳动力需求以及资本投入结构的这种变化不但缺乏系统性的论述,而且不能就技术进步影响劳动力需求的具体路径进行解释和验证,尤其是忽视了近几十年信息技术主导了技术进步,导致了生产方式的变革,进一步影响生产中不同要素的相对投入这一事实。

有鉴于此,接下来,在对已有文献进行总结和评述的基础上,通过理论和实证两个方面,从国家、行业和企业层面,就资本信息化对劳动力需求结构的具体影响进行了详细的阐述。在理论分析中,针对劳动力需求变化的两个方面,即劳动力的需求数量以及高技能劳动力相对于低技能劳动力的需求,分别首先在宏观层面建立数理模型,基于国家和行业层面的分析,主要用于考察国家间和行业间的差异性影响;然后,在微观企业层面,基于异质性企业理论框架建模,主要用于考察企业的异质性所造成的影响。在此基础上,针对理论部分国家和行业层面分析所得到的结论,采用跨国数据进行了经验分析;针对理论部分微观企业层面分析所得到的结论,采用中国企业层面的数据进行了经验分析。实证结果很好地验证了理论分析中所得到的结论,并且通过多种计量方法的对比分析以及相关的拓展研究,得到了丰富的实证结果,本书不仅对相关的研究是一个很好的补充,特别是在我国当前经济增长降速、劳动力供需矛盾相对突出以及调结构的关键时期,具有很强的现实指导意义。具体地,文章的主要结论有以下几个方面。

(一) 信息化对劳动力需求数量和劳动收入占比的影响

在研究背景分析中我们已经发现,劳动力需求数量不断下降的趋势已经成为一个全球性的普遍现象,并且这种下降的幅度存在着国家间和行业间的差异,同时,在企业层面,不同的企业规模,对劳动力需求数量的变化趋势也有差异。因此我们考察了国家间、行业间以及企业间的差异,从理论和实证两个方面进行了系统的论述。

首先在理论上,国家和行业层面的分析可以得到结论,信息技术的发展、信息化的过程会改变传统的生产方式,进而影响不同要素的投入比例,具体地:技术进步使得信息资本的价格降低,生产中信息资本的投入比重增加,资本信息化的这一过程提高了资本的边际产出,造成在资本与劳动的投入选择上,厂商会增加资本的投入,降低劳动的投入,生产中信息技术、设备的应用增加,劳动力的投入减少,造成了劳动力需求数量的下降和劳动收入占比下降。然而这种效应取决于资本与劳动之间的替代弹性,如果替代弹性越大,表示用资本替代劳动越容易,因此,替代弹性更大的行业,这种效应也就越明显。对比事实可以发现,20 世纪中后期半导体技术发生了巨大的进步,导致了半导体的价格大幅度下降,半导体技术的发展和应用也主导了信息化的过程——生产中以计算机、通信设备为代表的信息资本边际产出提高导致生产中信息资本的投入增加,相反,劳动力的投入就呈下降的趋势。

通过企业层面的理论分析得出结论,当企业对信息资本的利用效率更高,那么这些企业会加大信息资本的投入,这样会对劳动力需求产生影响,首先由于外部条件完全相同(意味着对所有企业而言要素的价格相同,模型中视为不变),信息资本投入的增加必然造成劳动在收入中的份额减少,但是企业总的劳动力需求数量却不一定是必然减少,因为其他条件相同的情况下,信息资本利用效率高的厂商劳动生产率也高,这样当信息资本投入造成劳动生产率的增加,进而使得产出增加,劳动力的雇佣也会增加(规模效应),如果这一效应大于信息资本替代劳动造成劳动力减少效应(替代效应),那么劳动力数量则有可能会增加。由于规模效应与产品市场的竞争程度正相关,替代效应与要素的替代弹性正相关,因此进一步延伸分析可知,如果产品市场垄断性较高,从而企业面临的需求弹性较小,则信息资本利用效率高的厂商对劳动力的需求也就越少,由信息化造成劳动力数量下降也就更多。这一结论与现实中劳动力需求数量下降速度与企业规模正相关,以及一些市场集中度高的企业劳动力需求数量下降更多的事实也比较相符,这一结论的含义就是,信息化的发展会带来劳动收入占比的普遍下降,但是却未必会导致企业就业吸纳能力的下降。在发展信息化的过程中,为避免企业就业人数的下降,必须放开市场竞争,否则就会出现劳动收入占比与企业就业人数双双下降的现象。

接下来在实证中,首先使用国家、行业和时间三个维度的跨国数据对理论分析第一部分的结论进行验证,实证结果显示,当行业的信息化密度更高时,在其他条件相同的情况下,其劳动力需求数量相对较低,并且随着时间的变化,劳动力需求数量减少得也更多。同时,国家的信息基础设施水平差异对这一效应会产生影响,当一国的信息基础设施更为完善,由于该国的信息资本利用效率更高,从而相同的信息资本投入产出也更多,用其替代的劳动力数量也就更多,与理论分析结果基本一致。值得一提的是,在实证中我们发现,信息化密度对劳动收入占比的回归系数虽然为负,但是却并不显著,我们认为可能有两个方面原因导致了这一结果:其一有可能因为国家的最低工资保护措施等政策的影响,使得劳动力的工资水平并不能真实反映市场的真实供需状况;其二有可能是供给方面的冲击,也就是虽然劳动力需求数量减少了,按理劳动力的工资会下降,但如果劳动力的供给减少,则会缓解工资的下降,全球范围大部分国家正经历人口老龄化的过程,劳动力供给数量减少也是客观存在的事实。但是即便对劳动收入占比的影响不明显,分析结论仍然可以证明资本信息化导致了劳动力需求数量的降低,因为如果劳动力需求数量降低仅仅是由劳动力供给减少所致,那么代表工资的劳动收入占比必然会上升,然而实际上劳动收入占比是稳中有降的。

然后采用中国工业企业数据库以及世界银行的调查数据对理论的第二部分,即企业层面的分析进行实证检验。实证结果发现,企业信息密度与劳动收入占比和劳动力需求数量有明显的负向关系,与理论分析相符。针对产品市场的垄断程度,本节借鉴了纳恩(Nunn,2007)的方法,使用行业层面和地区层面的垄断程度与企业信息化密度的交叉项作为解释变量进行回归,结果发现交叉项的回归系数显著为负,说明行业层面和地区层面的垄断程度加深都会加大信息化对劳动力需求数量的负面作用,与理论分析完全一致。针对国家和地区层面的影响,进一步进行了拓展,通过把地区信息基础设施水平考察在内,同样采用交叉项的回归方法,结果显示,地区信息基础设施的提高可以显著扩大企业信息资本投入增加造成的劳动力需求减少效应。

(二) 信息化对高技能劳动力相对需求数量的影响

同样,近三十年以来,劳动力的需求结构中高技能劳动力比重不断上升已经是一个全球性的现象,对该问题的研究也取得了长足的进步,技术进步、贸易以及企业生产组织从不同的侧面都具有一定的解释力。然而至今尚没有从行业和企业层面对劳动力需求结构的系统分析。我们从数据统计分析可以看出,高技能劳动力相对就业和相对工资是同时出现上升趋势,并且,这种趋势同样存在不同国家间、行业间以及企业间的差异,与劳动力需求数量的变化趋势的分析相对应。我们同样针对国家间、行业间以及企业间的差异,从理论和实证两个方面进行系统的论述。

首先在理论上,将一个重要的行业特征——团队合作程度引入,建立数理模型,证明其他条件相同的情况下,信息技术的发展会导致资本信息化,从而导致信息化密度提高,造成协调时间减少,扩大了高、低技能劳动力的劳动生产率差距,导致高技能劳动力的需求上升,在劳动力供给既定的情况下必然会提高相对工资。这一结论细致地说明了信息资本与高技能劳动力替代弹性小于信息资本与低技能劳动力替代弹性的原因。在此基础上,将一个影响交流时间的重要行业特征——团队合作程度加入,证明了团队合作程度高的行业,由于其生产过程对团队合作程度要求高,协调更为频繁,劳动力花费在交流上的时间更多,因此信息技术通过节约交流时间扩大高、低劳动力专业化分工进而提高高技能劳动力的相对需求的效应在这类行业体现得更为明显。进一步,理论中还考虑国家的技术水平差异造成的影响,由于相同数量信息技术的应用,在高技术国家造成协调时间减少得更多,这一方面意味着由信息化密度提高会造成高技术国家边界任务复杂度更大地提高,另一方面也会导致高技术国家节约了更多的协调时间造成的不同技能劳动生产率差异扩大,从而高技术国家由信息化提高造成高技能劳动力相对需求和相对工资增加得更多。

与劳动力需求数量的分析对应,企业层面的理论分析同样是在异质性企业理论框架内进行,通过对资本、高技能劳动力与低技能劳动力之间替代弹性的不同设定,证明了信息利用效率高的厂商会投入更多的信息资本,由于信息资本与高技能劳动力的替代弹性要小于信息资本与低技能劳动力的替代弹性(具体原因在行业层面的分析中已经说明),从而信息资本投入的增加会提高高技能劳动力的相对需求,同样,在供给不变的条件下,造成高技能劳动力的相对工资上升。进一步,与之前的分析逻辑相同,国家的信息基础设施水平通过影响信息资本利用效率的渠道会对企业产生影响。具体地,国家信息基础设施水平越高,对信息资本的利用效率也就越高,与其他国家的企业相对比,其他条件相同的情况下该国的企业对高技能劳动力的相对需求也就更高。这一点与现实也比较契合,在研究背景分析中通过我们已经发现,发达国家的技能溢价变化幅度要大于发展中国家①。

然后,在实证中,对国家和行业层面的分析,同样采用国家、行业和时间三个维度的跨国数据进行实证检验。首先在行业层面,发现信息化投入与高技能劳动力的相对就业数量以及相对工资均呈现显著的正相关,说明信息资本投入的增加会增加高技能劳动力的相对需求,提高技能溢价;接着,借鉴纳恩(Nunn,2007)和庞巴迪尼等(Bombardini et al.,2012)的主要思想,把行业团队合作程度与信息资本投入的交叉项作为解释变量进行回归,发现交叉项的回归系数显著为正,说明资本信息化造成高技能劳动力需求上升的效应在团队合作程度更高的行业体现得更明显;最后,使用行业特征与国家特征交叉项进行回归,发现国家的资本和技术禀赋,以及法治水平的提高都会扩大资本信息化提高高技能劳动力相对需求的影响效应,很好地验证了理论分析的结论。

由于中国工业企业数据库没有统计不同技能劳动力的就业和工资信息,因此我们只能用世界银行对中国 12 400 家企业的调查数据进行企业层面的实证检验。该调查数据的一个缺点就是只是截面数据,无法进行时间维度的分析,不能反映随时间变化信息化投入增加造成不同企业高技能劳动力相对需求的变化。不过企业层面的分析重点在于不同企业异质性的影响,在同一国内、相同行业、同一时间截面的对比同样可以反映企业之间对不同技能劳动力需求的差异性。在实证中我们发现,企业的信息化密度与该企业雇佣的高技能劳动力相对数量和相对工资显著正相关,与理论分析相符;并且,考虑地区信息基础设施水平后,交叉项的回归系数也显著为正,从而就从实证上验证了地区的信息

① 由于不同国家劳动力的生产效率以及生产中劳动力的投入水平有差异,因此通过相对工资的变化进行观察可以更直观地反映高技能劳动力的相对需求变化。

基础设施水平扩大信息化造成高技能劳动力相对需求增加这一命题。

二、信息化与企业生产组织

关于信息化对企业生产组织的影响，主要基于两方面展开论述。一方面考察信息化对企业出口绩效的影响，另一方面考察信息化对企业产能利用率的影响。

通过对企业的信息化密度、地区信息基础设施水平与出口比较优势之间关系的研究，理论分析结果表明，信息化密度高的企业具有更好的出口绩效，并且在其他条件相同的情况下，信息基础设施水平高的地区这种效应会得以放大。进一步，借鉴拉詹和津加莱斯（Rajan and Zingales，1998）及纳恩（Nunn，2007）的主要思想，将地区信息基础设施水平与企业的信息化密度结合起来，采用多种方法进行实证研究，实证结果与理论的预测完全一致，并且稳健性检验显示结果是稳健可靠的。

通过将信息化、企业柔性和产能利用结合起来，首先详细分析了信息化影响企业的柔度进而造成产能利用变化的理论机制。信息化程度的提高不仅降低了信息不完全程度，减少了企业的投资失误，而且增加了企业的柔性，使得其在应对需求冲击时可以更好地调整自身的生产和经营，从而减少资源浪费，并提高产能利用率。在此基础上，通过世界银行对我国 12 400 家企业 2002—2004 年的调查数据，利用 OLS、面板固定效应以及 Heckman 两步法等多种方法进行回归分析，并使用工具变量和滞后期回归控制了内生性的影响。进一步利用工业企业数据库，使用成本函数法将产能利用率估算到企业层面之后进行稳健性检验。研究结果得到了与理论假说相一致的结论。需要指出的是，受微观层面信息化数据可得性的限制，第六章所采用的数据相对久远，但是从理论研究的角度来看，数据的时效性对第六章所验证的逻辑结论并无太大的影响，因为信息技术影响生产生活的方式，以及企业的经营和组织方式并没有发生根本性的变化。不过仍然要考虑到两个方面的问题：第一方面是对影响程度的研判，在不同的时期，使用不同的数据所得到的结果可能会有差异，针对这一点，由于在

21世纪初我国信息化整体发展水平尚不高,所以信息化对产能利用率的影响程度相对有限,而在当下信息化飞速发展的今天,根据第六章的逻辑可以推断,信息化对产能利用率的影响更大[1];第二个方面就是在信息技术发展方式发生变化以后,如果要用最新数据进行进一步验证,对指标需要进行更新的调整,比如最初的网络主要是通过有线拨号上网的方式,需要与电话号码绑定,因此,在考察地区的信息化基础设施水平时,我们采用地区人均电话和互联网用户的平均值来衡量地区信息化基础设施水平是合适的,但是在当前,网络的使用在大多数地区都已经普及,特别是上网方式出现了多元化,不仅有传统的有线类网络接入,还有移动网络。因此,评价一个地区的信息化基础设施水平应该从基站数量、带宽等方面进行综合考察。

第二节　相关政策建议

信息技术代表了新一轮的技术变革,信息化的过程正在加速进行,比如电子商务、互联网金融,以及智能化的机器人生产等正飞速发展,世界范围内无不经历这一深刻变革。毫无疑问,信息化大大提高了劳动生产率,对经济增长有着重要的促进作用,然而与此同时,信息化的过程也对劳动力市场产生了巨大的冲击。在这一背景下,了解信息化进程的影响,尤其是对劳动力就业的影响就显得尤为重要。在认识到信息技术影响劳动力需求的原因、机制,以及发展趋势的基础上,需要进行针对性地应对,在发展和适应信息化过程的同时,尽可能避免造成劳动力市场的冲击,使得信息化过程的负面影响降到最低。因此,针对分析结论,主要有以下政策建议。

---

[1]　一个简单的例子可以说明问题,南开大学一支学生创业团队开展的网络营销,帮助山西吕梁市临县因滞销被用来喂养牲口的红枣,40小时销售额就破千万元(详见《中国青年报》和《中表在线》相关报道)。在互联网营销和互联网金融高速发展的今天,信息化对产能利用率的影响同样是深远的。

第一,在资本信息化影响劳动与资本的相对投入中,我们发现信息化的进程会增加信息资本的投入,减少劳动力的投入,并且具体到劳动力的技能结构,我们发现高技能劳动力的相对需求上升,低技能劳动力的相对需求下降。这主要是因为原来由低技能劳动力承担的简单重复的工序被信息资本替代的结果。因此,针对这一现象,为了抵消资本信息化造成劳动力需求下降的影响,政府可以考虑增加劳动力的教育和培训支出,尤其是关于信息技术方面的培训。因为信息资本与高技能劳动力的替代弹性较小,从而信息资本投入越多,对高技能劳动力需求也就越多,信息资本与劳动力的替代弹性很大程度上取决于劳动力的技能水平,因为信息技术替代的更多是简单重复的劳动,对高技能劳动力的替代弹性较小,基于此,通过教育或培训,增加了劳动力的技能水平,减少了低技能劳动力的数量,扩大高技能劳动力的供给,不仅提高了社会整体的劳动生产率,而且使得劳动力和信息技术互补性更高,既能提高就业,又有利于改善收入分配。另一方面,因为我们分析的主要是制造业,对低技能劳动力吸纳比较多的主要是第三产业,即服务业,因此政府可以考虑在产业政策上,大力发展服务业,扩大服务业的比重,实现增加低技能劳动力就业的目的,以抵消信息化过程造成低技能劳动力相对需求下降的冲击。

第二,由于信息技术的发展会增加高技能劳动力的需求,尤其是团队合作程度高的行业,因此国家在制定教育和培训政策时可以考虑增加这些专业人才的供给,同时个人在选择未来的职业时也可以作为参考,这样可以在很大程度上缓解劳动力市场的供需矛盾,避免出现某些专业过热,而另一些则难以就业的现象。这一点主要体现在劳动力供需的结构性矛盾上,在我国改革开放以后,这一现象比较普遍,主要都是高技能劳动力,因为高技能劳动力有具体的专业限制,当某一专业需求比较旺盛,就业比较好时,会导致大量的人选择这类专业进行学习,最终又会形成供给过剩。因此,了解不同行业对不同技能劳动力的需求状况,据此进行合理的职业选择非常重要,简而言之,就是要认清趋势,然后进行理性预期,而不是适应性预期。

第三,我们在研究中同时发现,市场的垄断程度对资本信息化导致就业减少的效应有重要的影响,无论在行业层面,还是在地区层面,垄断程度的降低都会削弱资本信息化导致就业减少的效应。因此,政府实行打破行业垄断,进一步实行市场化改革对就业有很好的促进作用。并且,规制垄断不仅可以防止在发展信息化的过程中出现就业数量显著降低的问题,这一政策本身也会提高社会资源的配置效应,而且这一政策也与我国的市场化改革目标相一致。

第四,在分析中我们已经验证,企业的规模越大,资本信息化会导致劳动收入占比下降得更多,通过理论分析已经证明这是由于规模效应导致的。因此,政府可以通过打破要素流动的壁垒,使得要素能根据市场需求流动以减少扭曲,可以一定程度上抵消企业因资源配置不平等而形成的规模效应导致劳动收入占比的减少,以促进收入分配更为合理。

第五,我国在不同技能劳动力的供需结构上,从 2008 年以后出现了与发达国家完全不同的变化,就是低技能劳动力的突然供不应求,出现了所谓的"民工荒"。我们认为导致这一问题的主要原因在于供给方面。20 世纪 80 年代开始的计划生育政策,导致适龄劳动力供给减少效应逐渐开始显现,在大幅减少的适龄劳动力中,更多的是低技能劳动力,因为劳动力总量增速开始显著下降,而大学的扩招以及经济发展使更多人获得教育的机会增加,使得更多的劳动力经历了大学的学习,在供给结构上,高技能劳动力的供给比例不断上升,从而形成了低技能劳动力供不应求的现象。不过这一特殊的国情也为我国提供了更好的政策空间。众所周知,信息化的发展对经济发展有着非常重要的促进作用,大力发展信息化是大势所趋,不过信息技术的发展,会使得高技能劳动力的相对需求上升。由于我国正处于高技能劳动力相对供给不断增加的时期,因此,加快信息化的发展速度可以在增长和就业两个方面收到很好的效果。通过加强信息技术基础设施建设,加大信息技术行业的竞争性以降低信息技术的使用成本,鼓励和扶植新兴的信息化产业,如互联网金融、电商等诸多方式促进信息化的发展进程,如此不但可以扩大高技能劳动力的就业,降低低技能劳动力的需求,缓解目前存在的"民工荒"问题,而且可以加深专业化分工,提高劳动生产率,促进经济发展。并且,还有利于我国的产业结构转型和优化。

第六,在鼓励和促进信息设备生产类产业尤其是高新技术的发展,为其提供诸如融资以及其他相应政策支持的同时,加强信息设备生产部门的竞争,对垄断企业进行规制,这样必然会降低信息设备和信息服务的价格,使得其他产品的生产成本降低,提高劳动生产率。

第七,改善地区信息基础设施水平,加大信息基础设施建设同样会提高企业对信息技术的利用效率,增加其出口绩效。从企业的角度,为企业制定自身发展战略提供了一个新的视角,企业可以通过增加信息化的投入,提高信息技术的利用效应来实现劳动生产率的提高和出口绩效的改善。

第八,增加企业的信息化投入,在生产经营中更多使用信息化的设备和技术,可以减少信息不对称的影响,增加企业应对需求冲击的能力(柔性),提高产能利用率。

第九,由于信息化具有较强的"网络外部性",单纯依靠企业的力量容易导致信息化投入不足,为此,政府应发挥积极作用,加大信息基础设施建设,同时提高信息化生产部门的竞争,以提高信息技术和服务的质量,并降低信息化技术的使用成本。这样不仅可以促进企业对信息技术的应用,而且可以提高企业对信息技术的利用效率,扩大企业信息化投资对产能的作用效果。

第三节　未来可能的研究方向与前瞻

纵观人类历史上的几次科技革命,都有一个显著的特征,就是带给我们生产和生活方式的变革。以信息技术为基础的信息化过程,又一次使我们的生产和生活方式实现递进,当前这一进程正在深化过程中,研究由此带来的影响,具有重要的现实意义。新型工业化正是基于信息化带来工业生产方式变化,导致在原有工业结构更新换代和升级调整的背景下,提出的有别于此前工业发展方式的工业发展理念。现有的研究从理论上已经厘清了新型工业化的内涵,主要包括三个方面:从生产方式来看,由粗放向集约转变;从工业结构来看,要实现结构升级,并且与其他产业的发展相协调;从实现路径来看,传统工业与信息化的融合以及信息化相关产业的发展,用以实现效率提高和资源有效配置是主要的方向。新型工业化道路的实现过程,必然会导致,也必须要伴随产业结构的升级和调整,包括三大产业间的调整以及产业内行业间的结构调整。其中一个贯彻始终的一个关键影响因素就是信息化。

当前信息化相关的研究非常多,涉及信息化对经济增长、国际贸易、劳动力市场、产业结构和福利影响等等,包含国家、行业、区域和企业层面的各种因素相关的研究都有考虑,就信息化的内涵和外延也都有所延伸。得到的结论大体一致,多数研究发现信息化的过程提高了劳动生产率,促进了创新,推动了国际贸易的发展,优化了产业结构,增加了社会福利。只有对就业的影响有所争议,分歧在于由新技术导致劳动力需求减少的替代效应和生产率提高导致的规模效应究竟哪一种起主导作用。

但是现有的研究至少有三个方面问题需要进一步深化和细化考虑。一个方面是目前的实证研究中,涉及信息化的相关数据较少,导致部分变量测度不准确。比如前文指出不少研究对企业层面信息化的相关数据大多数都采用企业是否有电子邮箱或官方网站作为代理变量,这个指标用以代表企业是否通过互联网进行营销,以及生产中信息化相关技术的运用程度有点牵强,但鉴于数据的可获得性,当前只能以此作为次优的选择;另一个方面就是关于信息化的内涵,目前的研究从信息技术运用、互联网以及人工智能等角度展开研究,但实际上信息化涵盖的范围很广,随着相关技术的发展,未来细分领域会越来越多,考察这些领域对经济的影响,需要随时更新,与时俱进;再有就是单纯的基于经济学研究信息化对经济的影响有一个天然的短板,就是对信息化的影响机制无法基于技术本身进行深入考察。观察现有的研究就可以发现,对信息化的影响,大多数只能从逻辑上分析信息化总体的影响,无法就自身某一领域在生产过程中由信息技术带来的变化展开经济学分析,这一方面在未来也是值得关注的方向。

事实上,无论是信息化本身,还是劳动力的需求,以及企业的生产组织都是比较复杂的问题,并且之间的联系涉及很多因素,相互之间的影响也是复杂且不断变化的动态过程。因此,对于这一问题,还存在一系列值得深入挖掘和完善的领域。具体地,在未来也许可以从以下方面进行进一步的拓展和深入研究。

首先,在劳动力需求的理论分析中,本书针对劳动力需求的两个方面,即劳动力的投入数量,高技能劳动力与低技能劳动力的投入结构,分别从国家和行业层面,以及微观企业层面建立理论模型进行论述。其中一个关键前提是信息资本与高技能劳动力的替代弹性要小于资本与低技能劳动力的替代弹性,虽然目前对这一问题的看法比较统一(Krusell,2000;Acemoglu,2007),但是对于问题形成的具体原因和路径却鲜有明确和一致的解释。我们构建了理论模型,从资本信息化导致生产中交流时间的减少,引发不同技能劳动力之间分工的深化这一角度进行了解释,相对于以往的研究直接规定资本偏向高技能劳动力的做法是一种进步,或者说是一种尝试。但是,影响信息资本与不同技能劳动力之间的替代程度差异的因素,远远不止生产中交流时间这一项,还有很多其他因素,并且针对不同的国家、不同的行业以及选择不同生产方式的企业都可能有很大的差异。因此,在未来,如果能从信息技术对传统技术的改造和融合方面入手,就信息技术导致生产过程中具体生产方式的转变过程进行深入的讨论,综合考虑多种影响因素,以期更为明确和具体地诠释信息资本与不同技能劳动力之间匹配过程,如此便能将技术进步的偏向型进行比较彻底的解释,从而打开从技术进步到生产方式改变这一中间过程存在的"黑匣子"。

其次,在劳动力需求的实证中,如前所述,目前受限于数据的可得性,国家和行业层面的分析中,国家和行业的数量相对较少,这主要由于目前针对不同国家不同行业资本和劳动投入结构的数据统计非常少,尤其是在劳动投入结构的分析中尚需工资结构的分析,进一步影响了样本数量。国家和行业的数量相对较少,造成无法根据不同的国家、行业特征进行详细的分样本的检验,这一方面会影响实证结果的稳健性,另一方面,也会影响分析结论的丰富性;并且,针对劳动力需求数量的分析,理论中证明资本和劳动的替代弹性大的行业,资本替代劳动更为容易,由信息化造成劳动力需求减少效应就更大,但是实证中无法获取不同行业资本与劳动之间的替代弹性,所以无法直接进行验证。同时,在企业层面的分析中,对于资本和劳动的投入结构以及工资结构,只有对企业的调查数据有相关的统计,但是调查数据存在两个方面的问题:其一,也是最主要的问题,就是缺少时间序列的数据,因此,在计量中只能进行截面的回归分析,考察同一时间不同企业之间的差别,而无法考察随着时间变化不同企业间的影响差异;其二,就是样本容量相对较小,因为调查数据不是普查,所抽取的企业数量只是很小的一部分。虽然世界银行的样本抽取比较科学,统计方法也相当规范,很大程度上可以消除样本选择性偏误并且减少统计误差,但是如果在大样本的数据如工业企业数据库中能有相关的统计,便可以进行大样本、跨时间的分析,这将为劳动力需求结构问题的经验分析提供更好的数据支持。因此,未来随着数据的逐步完善,在实证上可以进一步对这一问题进行更为详细的数据分析,不单是验证理论得到的结论,还可以通过数据分析发现问题,引发对问题的思考和解释,同时也推动理论的完善。特别是,由于年龄结构的数据目前无法获得,导致信息化影响劳动力需求年龄结构的实证部分暂未完成,未来可以进一步拓展。

最后,就是在研究内容上,本书对劳动力的需求主要考察了数量和技能结构两个方面,事实上劳动力的需求结构包括很多方面,如年龄结构、性别结构等等。因此,未来也许可以考虑从多个维度研究信息化对劳动力的需求结构的影响问题,这样更有利于全面认识信息化对就业结构的影响,在此基础上才可以综合考虑不同的因素,进行针对性的政策设计。

参考文献

［1］白重恩,钱震杰,武康平.中国工业部门要素分配份额决定因素研究
　　［J］.经济研究,2008(08):16－28.

［2］白重恩,钱震杰.国民收入的要素分配:统计数据背后的故事[J].经济研
　　究,2009,44(03):27－41.

［3］蔡昉,都阳,高文书.就业弹性、自然失业和宏观经济政策——为什么经济
　　增长没有带来显性就业?［J］.经济研究,2004(09):18－25＋47.

［4］蔡跃洲,张钧南.信息通信技术对中国经济增长的替代效应与渗透效应
　　［J］.经济研究,2015,50(12):100－114.

［5］昌忠泽,孟倩.信息技术影响产业结构优化升级的中介效应分析——来自
　　中国省级层面的经验证据[J].经济理论与经济管理,2018(06):39－50.

［6］陈庆江,赵明亮,耿新.信息化、市场分割与产业结构合理化[J].经济问
　　题,2018(06):14－19.

［7］陈维涛,韩峰,张国峰.互联网电子商务、企业研发与全要素生产率[J].南
　　开经济研究,2019(05):41－59.

［8］陈彦斌,林晨,陈小亮.人工智能、老龄化与经济增长[J].经济研究,2019,
　　54(07):47－63.

［9］程承坪,彭欢.人工智能影响就业的机理及中国对策[J].中国软科学,
　　2018(10):62－70.

［10］戴美虹.互联网技术与出口企业创新活动——基于企业内资源重置视角
　　　［J］.统计研究,2019,36(11):62－75.

［11］樊纲,王小鲁,朱恒鹏.中国市场化指数——各地区市场化相对进程报告

[M].北京：经济科学出版社,2010.

[12] 高丽娜,蒋伏心.阶段特征、比较优势演化与中国特色新型工业化发展[J].经济学家,2018(02)：46-53.

[13] 耿强,江飞涛,傅坦.政策性补贴、产能过剩与中国的经济波动——引入产能利用率 RBC 模型的实证检验[J].中国工业经济,2011(05)：27-36.

[14] 龚刚,杨琳.我国生产能力利用率的估算.清华大学中国经济研究中心学术论文,2002.

[15] 龚玉泉,袁志刚.中国经济增长与就业增长的非一致性及其形成机理[J].经济学动态,2002(10)：35-39.

[16] 郭凯明.人工智能发展、产业结构转型升级与劳动收入份额变动[J].管理世界,2019,35(07)：60-77＋202-203.

[17] 郭美晨,杜传忠.ICT 提升中国经济增长质量的机理与效应分析[J].统计研究,2019,36(03)：3-16.

[18] 韩保江,杨丽.新中国 70 年工业化历程、成就与基本经验[J].改革,2019(07)：5-15.

[19] 韩国高,高铁梅,王立国,齐鹰飞,王晓姝.中国制造业产能过剩的测度、波动及成因研究[J].经济研究,2011,46(12)：18-31.

[20] 韩先锋,宋文飞,李勃昕.互联网能成为中国区域创新效率提升的新动能吗[J].中国工业经济,2019(07)：119-136.

[21] 韩秀云.对我国新能源产能过剩问题的分析及政策建议——以风能和太阳能行业为例[J].管理世界,2012(08)：171-172＋175.

[22] 韩玉玲,李积龙.新时代中国新型工业化发展研究[C].外国经济学说与中国研究报告(2019).中华外国经济学说研究会,2019：216-221.

[23] 何小钢,梁权熙,王善骝.信息技术、劳动力结构与企业生产率——破解"信息技术生产率悖论"之谜[J].管理世界,2019,35(09)：65-80.

[24] 贺娅萍,徐康宁.互联网对城乡收入差距的影响：基于中国事实的检验

[J].经济经纬,2019,36(02):25－32.

[25] 洪银兴.新时代社会主义现代化的新视角——新型工业化、信息化、城镇
化、农业现代化的同步发展[J].南京大学学报(哲学·人文科学·社会科
学),2018,55(02):5－11＋157.

[26] 胡鞍钢,周绍杰.中国如何应对日益扩大的"数字鸿沟"[J].中国工业经
济,2002(03):5－12.

[27] 胡鞍钢.中国就业状况分析[J].管理世界,1997(03):37－55.

[28] 黄群慧,余泳泽,张松林.互联网发展与制造业生产率提升:内在机制与中
国经验[J].中国工业经济,2019(08):5－23.

[29] 简新华,向琳.新型工业化道路的特点和优越性[J].管理世界,2003(07):
139－149.

[30] 简新华,余江.基于冗员的中国就业弹性估计[J].经济研究,2007(06):
131－141.

[31] 江飞涛,曹建海.市场失灵还是体制扭曲——重复建设形成机理研究中的
争论、缺陷与新进展[J].中国工业经济,2009(01):53－64.

[32] 李春顶.中国出口企业是否存在"生产率悖论":基于中国制造业企业数据
的检验[J].世界经济,2010,33(07):64－81.

[33] 李稻葵,刘霖林,王红领.GDP中劳动份额演变的U型规律[J].经济研
究,2009,44(01):70－82.

[34] 李坤望,邵文波,王永进.信息化密度、信息基础设施与企业出口绩效——
基于企业异质性的理论与实证分析[J].管理世界,2015(04):52－65.

[35] 李清娟.人工智能与产业变革[M].上海:上海财经大学出版社,2019.

[36] 林毅夫,董先安.信息化、经济增长与社会转型[R].北大中国经济研究中
心,2003.

[37] 林毅夫.潮涌现象与发展中国家宏观经济理论的重新构建[J].经济研究,
2007(01):126－13.

[38] 林毅夫,巫和懋,邢亦青."潮涌现象"与产能过剩的形成机制[J].经济研究,2010,45(10):4-19.

[39] 刘飞,田高良.信息技术是否替代了就业——基于中国上市公司的证据[J].财经科学,2019(07):95-107.

[40] 刘海洋,高璐,林令涛.互联网、企业出口模式变革及其影响[J].经济学(季刊),2019,19(01):261-280.

[41] 刘航,伏霖,李涛,孙宝文.基于中国实践的互联网与数字经济研究——首届互联网与数字经济论坛综述[J].经济研究,2019,54(03):204-208.

[42] 陆铭,陈钊.上海市吸纳就业能力的计量分析[J].上海经济研究,1998(04):41-46+52.

[43] 陆铭,欧海军.高增长与低就业:政府干预与就业弹性的经验研究[J].世界经济,2011(12):3-31.

[44] 陆铭,张晏,王永钦,陈钊,章元,罗长远.中国的大国经济发展道路[M].北京:中国大百科全书出版社,2008.

[45] 罗长远.卡尔多"特征事实"再思考:对劳动收入占比的分析[J].世界经济,2008(11):86-96.

[46] 罗长远,张军.经济发展中的劳动收入占比:基于中国产业数据的实证研究[J].中国社会科学,2009a(04):65-79+206.

[47] 罗长远,张军.劳动收入占比下降的经济学解释——基于中国省级面板数据的分析[J].管理世界,2009b(05):25-35.

[48] 马弘,乔雪,徐嫄.中国制造业的就业创造与就业消失[J].经济研究,2013,48(12):68-80.

[49] 农村财政扶贫攻坚综合开发治理课题组,韩连贵.关于探讨拓展城乡一体"四化"建设小康之路的方略[J].经济研究参考,2018(16):3-62.

[50] 潘家栋,肖文.互联网发展对我国出口贸易的影响研究[J].国际贸易问题,2018(12):16-26.

［51］齐俊妍,王永进,施炳展,盛丹.金融发展与出口技术复杂度［J］.世界经济,2011,34(07)：91－118.

［52］茹玉骢,李燕.电子商务与中国企业出口行为：基于世界银行微观数据的分析［J］.国际贸易问题,2014(12)：3－13.

［53］邵敏,黄玖立.外资与我国劳动收入份额——基于工业行业的经验研究［J］.经济学(季刊),2010,9(04)：1189－1210.

［54］邵文波,匡霞,林文轩.信息化与高技能劳动力相对需求——基于中国微观企业层面的经验研究［J］.经济评论,2018(02)：15－29.

［55］邵文波,李坤望.信息技术、团队合作与劳动力需求结构的差异性［J］.世界经济,2014,37(11)：72－99.

［56］沈悦,郭品.互联网金融、技术溢出与商业银行全要素生产率［J］.金融研究,2015(3)：160－175.

［57］施炳展,金祥义.注意力配置、互联网搜索与国际贸易［J］.经济研究,2019,54(11)：71－86.

［58］施炳展.互联网与国际贸易——基于双边双向网址链接数据的经验分析［J］.经济研究,2016,51(05)：172－187.

［59］石良平,王素云.互联网促进我国对外贸易发展的机理分析：基于31个省市的面板数据实证［J］.世界经济研究,2018(12)：48－59＋132－133.

［60］宋冬林,王林辉,董直庆.技能偏向型技术进步存在吗？——来自中国的经验证据［J］.经济研究,2010,45(05)：68－81.

［61］孙早,刘李华.信息化提高了经济的全要素生产率吗——来自中国1979—2014年分行业面板数据的证据［J］.经济理论与经济管理,2018(05)：5－18.

［62］谭用,孙浦阳,胡雪波,张为付.互联网、信息外溢与进口绩效：理论分析与经验研究［J］.世界经济,2019,42(12)：77－98.

［63］唐宜红,林发勤.异质性企业贸易模型对中国企业出口的适用性检验

[J].南开经济研究,2009(06):88-99.

[64] 佟家栋,杨俊.互联网对中国制造业进口企业创新的影响[J].国际贸易问题,2019(11):1-15.

[65] 王娟."互联网+"与劳动生产率:基于中国制造业的实证研究[J].财经科学,2016(11):91-98.

[66] 王可,李连燕."互联网+"对中国制造业发展影响的实证研究[J].数量经济技术经济研究,2018,35(06):3-20.

[67] 王维国,袁捷敏.我国产能利用率的估算模型及其应用[J].统计与决策,2012(20):82-84.

[68] 王永进,匡霞,邵文波.信息化、企业柔性与产能利用率[J].世界经济,2017,40(01):67-90.

[69] 吴敬琏.思考与回应:中国工业化道路的抉择(上)[J].学术月刊,2005(12):38-45.

[70] 西蒙·库兹涅茨.各国的经济增长——总产值和生产结构[M].北京:商务印书馆,1985.

[71] 肖利平."互联网+"提升了我国装备制造业的全要素生产率吗[J].经济学家,2018(12):38-46.

[72] 谢康,肖静华,周先波,乌家培.中国工业化与信息化融合质量:理论与实证[J].经济研究,2012,47(01):4-16+30.

[73] 谢千里,罗斯基,张轶凡.中国工业生产率的增长与收敛[J].经济学(季刊),2008(03):809-826.

[74] 徐升华,毛小兵.信息产业对经济增长的贡献分析[J].管理世界,2004(08):75-80.

[75] 徐伟呈,范爱军."互联网+"驱动下的中国产业结构优化升级[J].财经科学,2018(03):119-132.

[76] 许冠南.新范式下中国制造业数字化转型:理论与实践[M].北京:北京

邮电大学出版社,2018.

[77] 许家云.互联网如何影响工业结构升级？——基于互联网商用的自然实验[J].统计研究,2019,36(12)：55-67.

[78] 薛云奎,白云霞.国家所有权、冗余雇员与公司业绩[J].管理世界,2008(10)：96-105.

[79] 闫超,杜睿,隋建利.中国新型工业化道路演进的结构性转变与时变性特征[J].软科学,2019,33(04)：11-15.

[80] 杨德明,刘泳文."互联网＋"为什么加出了业绩[J].中国工业经济,2018(05)：80-98.

[81] 杨光.中国设备利用率与资本存量的估算[J].金融研究,2012(12)：54-66.

[82] 姚先国,周礼,来君.技术进步、技能需求与就业结构——基于制造业微观数据的技能偏态假说检验[J].中国人口科学,2005(05)：47-53＋95-96.

[83] 余林徽,陆毅,路江涌.解构经济制度对我国企业生产率的影响[J].经济学(季刊),2014,13(01)：127-150.

[84] 余东华,信婧.信息技术扩散、生产性服务业集聚与制造业全要素生产率[J].经济与管理研究,2018,39(12)：63-76.

[85] 余文涛.地理租金、网络外部性与互联网平台经济[J].财经研究,2019,45(03)：141-153.

[86] 余文涛,吴士炜.互联网平台经济与行业生产效率变革——基于第三次经济普查数据的实证研究[J].财经科学,2019(08)：55-68.

[87] 岳云嵩,李兵.电子商务平台应用与中国制造业企业出口绩效——基于"阿里巴巴"大数据的经验研究[J].中国工业经济,2018(08)：97-115.

[88] 张车伟,蔡昉.就业弹性的变化趋势研究[J].中国工业经济,2002(05)：22-30.

[89] 张江雪.我国三大经济地带就业弹性的比较——基于面板数据模型（Panel-data model）的实证研究[J].数量经济技术经济研究,2005(10)：100-110.

[90] 张鹏飞.人工智能与就业研究新进展[J].经济学家,2018(08)：27-33.

[91] 张三峰,魏下海.信息与通信技术是否降低了企业能源消耗——来自中国制造业企业调查数据的证据[J].中国工业经济,2019(02)：155-173.

[92] 张奕芳.互联网贸易红利能否弥补人口红利——基于福利效应的内生贸易模型及中国经验[J].国际贸易问题,2018(07)：15-27.

[93] 赵伟,赵金亮,韩媛媛.异质性、沉没成本与中国企业出口决定：来自中国微观企业的经验证据[J].世界经济,2011,34(04)：62-79.

[94] 曾庆生,陈信元.国家控股、超额雇员与劳动力成本[J].经济研究,2006(05)：74-86.

[95] 曾世宏,杨鹏,徐应超.互联网普及与产业结构服务化——兼论乡村振兴战略中的农村服务业发展[J].产经评论,2019,10(01)：36-55.

[96] 钟昌标.影响中国电子行业出口决定因素的经验分析[J].经济研究,2007(09)：62-70.

[97] 叶初升.中国发展经济学年度发展报告（2018—2019）[M].武汉：武汉大学出版社,2020.

[98] 中国公路交通史编审委员会.中国公路史（第一册）[M].北京：人民交通出版社,1990.

[99] 周明海,肖文,姚先国.企业异质性、所有制结构与劳动收入份额[J].管理世界,2010(10)：24-33.

[100] 周剑等.信息化和工业化融合：方法与实践[M].北京：电子工业出版社,2019.

[101] 左鹏飞.信息化对中国产业结构转型升级影响研究[M].北京：经济管理出版社,2019.

[102] ACEMOGLU D. Why do new technologies complement skills? Directed technical change and wage inequality [J]. Quarterly Journal of Economics, 1998,113(4): 1055 - 1089.

[103] ACEMOGLU D. Directed technical change [J]. NBER Working Papers, 2001,69(4): 781 - 809.

[104] ACEMOGLU D. Patterns of skill premia [J]. Review of Economic Studies, 2003,70(2): 199 - 230.

[105] ACEMOGLU D. Equilibrium bias of technology [J]. Econometrica, 2007,75: 1371 - 1409.

[106] ACEMOGLU D, RESTREPO P. Artificial intelligence, automation and work [J]. Social Science Electronic Publishing, 2018,No. 24196.

[107] ACEMOGLU D, RESTREPO P. Demographics and automation [J]. NBER Working Paper, 2018,No. 24421.

[108] ACEMOGLU D, RESTREPO P. Modeling automation [J]. NBER Working Paper 2018,No. 24321.

[109] AUTOR D H, KATZ L F, KRUEGER, A B. Computing inequality: Have computers changed the labor market [J]. The Quarterly Journal of Economics, 1998,113: 1169 - 1213.

[110] BAILY M N, LAWRENCE R Z. Do we have a new economy? [J]. American Economic Review, 2001,91(2): 308 - 312.

[111] BANERJEE A V. A simple model of herd behavior [J]. The Quarterly Journal of Economics, 1992,107(3): 797 - 817.

[112] BARHAM B, WARE R. A sequential entry model with strategic use of excess capacity [J]. Canadian Journal of Economics, 1993: 286 - 298.

[113] BASU S, FERNALD J. Information and communications technology as a general-purpose technology: Evidence from US industry data

[J]. German Economic Review, 2007,8(2): 146 – 173.

[114] BAUMOL W J. Macroeconomics of unbalanced growth: The anatomy of urban crisis [J]. The American Economic Review, 1967,57(3): 415 – 426.

[115] BAYO-MORIONES A, BILLÓN M, LERA-LÓPEZ F. Perceived performance effects of ICT in manufacturing SMEs [J]. Industrial Management & Data Systems, 2013,113(1): 117 – 135.

[116] BEACH R, MUHLEMANN A P, PRICE D H R, et al. A review of manufacturing flexibility [J]. European Journal of Operational Research, 2000,122(1): 41 – 57.

[117] BECCHETTI L, PAGANETTO L. ICT investment, productivity and efficiency: Evidence at firm level using a stochastic frontier approach [J]. Journal of Productivity Analysis, 2003,20(2): 143 – 167.

[118] BENOIT J P, KRISHNA V. Dynamic duopoly: Prices and quantities [J]. The Review of Economic Studies, 1987,54(1): 23 – 35.

[119] BERMAN E, BOUND J, MACHIN S. Implications of skill-biased technological change: International evidence [J]. The Quarterly Journal of Economics, 1998,113(4): 1245 – 1279.

[120] BERMAN E, BOUND J, GRILICHES Z. Changes in the demand for skilled labor within US manufacturing: Evidence from the annual survey of manufactures [J]. The Quarterly Journal of Economics, 1994, 109 (2): 367 – 397.

[121] BERNDT E R, MORRISON C J. Capacity utilization measures: Underlying economic theory and an alternative approach [J]. The American Economic Review, 1981,71(2): 48 – 52.

[122] BENTOLILA S, SAINT-PAUL G. Explaining movements in the labor

share [J]. Contributions in Macroeconomics, 2003,3(1): 1103 – 1136.

[123] BHARADWAJ A S. A resource-based perspective on information technology capability and firm performance: An empirical investigation [J]. MIS Quarterly, 2000: 169 – 196.

[124] BLANCHARD O J, NORDHAUS W D, PHELPS E S. The medium run [J]. Brookings Papers on Economic Activity, 1997(2): 89 – 158.

[125] BLANCHARD O, GIAVAZZI F. Macroeconomic effects of regulation and deregulation in goods and labor markets [J]. The Quarterly Journal of Economics, 2003,118(3): 879 – 907.

[126] BOMBARDINI M, GALLIPOLI G, PUPATO G. Skill dispersion and trade flows [J]. American Economic Review, 2012, 102 (5): 2327 – 48.

[127] BOOTHBY D, DUFOUR A, TANG J. Technology adoption, training and productivity performance [J]. Research Policy, 2010,39(5): 650 – 661.

[128] BORGHANS L, TER WEEL B. The division of labour, worker organisation, and technological change [J]. The Economic Journal, 2006,116(509): F45 – F72.

[129] BRESNAHAN T F, BRYNJOLFSSON E, HITT L M. Information technology, workplace organization, and the demand for skilled labor: Firm-level evidence [J]. The Quarterly Journal of Economics, 2002,117 (1): 339 – 376.

[130] BRUNO G S F, FALZONI A M, HELG R. Measuring the effect of globalization on labour demand elasticity: An empirical application to OECD countries [M]. Università Commerciale Luigi Bocconi, 2004.

[131] BRYNJOLFSSON E, HITT L M. Beyond computation: Information

technology, organizational transformation and business performance [J]. Journal of Economic Perspectives, 2000,14(4): 23 - 48.

[132] BRYNJOLFSSON E, HITT L M, YANG S. Intangible assets: Computers and organizational capital [J]. Brookings Papers on Economic Activity, 2002(1): 137 - 181.

[133] BRANDT L, VAN BIESEBROECK J, ZHANG Y. Creative accounting or creative destruction? Firm-level productivity growth in Chinese manufacturing [J]. Journal of Development Economics, 2012, 97(2): 339 - 351.

[134] BROWNE J, DUBOIS D, RATHMILL K, et al. Classification of flexible manufacturing systems [J]. The FMS Magazine, 1984,2(2): 114 - 117.

[135] BUZACOTT J A, MANDELBAUM M. Flexibility and productivity in manufacturing systems [C]//Proceedings of the Annual IIE Conference. 1985: 404 - 413.

[136] BUZACOTT J A. The fundamental principles of flexibility in manufacturing systems [C]//Proceedings 1st International Conference on FMS Brighton, 1982. 1982: 23 - 30.

[137] CAI F, WANG M. Growth and structural changes in employment in transition China [J]. Journal of Comparative Economics, 2010,38(1): 71 - 81.

[138] CARTER J R, NARASIMHAN R. Purchasing in the international marketplace: Implications for operations [J]. Journal of Purchasing and Materials Management, 1990,26(3): 2 - 11.

[139] CASELLI F, COLEMAN II W J. The US technology frontier [J]. American Economic Review, 2002,92(2): 148 - 152.

[140] CASSELS J M. Excess capacity and monopolistic competition [J]. The Quarterly Journal of Economics, 1937: 426 - 443.

[141] CECCOBELLI M, GITTO S, MANCUSO P. ICT capital and labour productivity growth: A non-parametric analysis of 14 OECD countries [J]. Telecommunications Policy, 2012,36(4): 282 - 292.

[142] CHATTERJEE A, COHEN M A, MAXWELL W L, et al. Manufacturing flexibility: Models and measurements [C]//Proceedings of the first ORSA/TIMS special interest conference on FMS. Elsevier, Amsterdam, The Netherlands, 1984: 49 - 64.

[143] CHATTERJEE A, COHEN M A, MAXWELL W L. A planning framework for flexible manufacturing systems [J]. WP♯ 87 - 07 - 04, University of Pennsylvania, Philadelphia, PA, July 1987.

[144] CHOI C. The effect of the Internet on service trade [J]. Economics Letters, 2010,109(2): 102 - 104.

[145] CLARK, C. The conditions of economic progress [M]. London: Macmillan, 1940.

[146] CLARKE G R G, WALLSTEN S J. Has the internet increased trade? Developed and developing country evidence [J]. Economic Inquiry, 2006,44(3): 465 - 484.

[147] COOPER M C, ELLRAM L M, GARDNER J T, et al. Meshing multiple alliances [J]. Journal of Business Logistics, 1997,18(1): 67.

[148] COX JR T. Toward the measurement of manufacturing flexibility [J]. Production and Inventory Management Journal, 1988,30(1): 68.

[149] DAUTH W, FINDEISEN S, SUEDEKUM J, WOESSNER N. Adjusting to robots: Worker-Level evidence [J]. Opportunity and Inclusive Growth Institute, 2018, Institute Working Paper 13.

[150] DECREUSE B, MAAREK P. FDI and the labor share in developing countries: A theory and some evidence [J]. Annals of Economics and Statistics/Annales d'Économie et de Statistique, 2015 (119/120): 289 – 319.

[151] DIWAN I. Labor shares and globalization [R]. World Bank Working Paper, 2000, 11: 23 – 43.

[152] DIXIT A K, STIGLITZ J E. Monopolistic competition and optimum product diversity [J]. The American Economic Review, 1977, 67(3): 297 – 308.

[153] DONG X, XU L C. Labor restructuring in China: Toward a functioning labor market [J]. Journal of Comparative Economics, 2009, 37(2): 287 – 305.

[154] DÖPKE J. The employment intensity of growth in Europe [R]. Kiel Working Paper, 2001. NO. 1021.

[155] DUFFY J, PAPAGEORGIOU C, PEREZ-SEBASTIAN F. Capital-skill complementarity? Evidence from a panel of countries [J]. Review of Economics and Statistics, 2004, 86(1): 327 – 344.

[156] DUNNEWIJK T, MEIJERS H, VAN ZON A. Accounting for the impact of information and communication technologies on total factor productivity [J]. JRC Scientific and Technical Reports, European Communities, 2007.

[157] FAGNART J F, LICANDRO O, PORTIER F. Firm heterogeneity, capacity utilization, and the business cycle [J]. Review of Economic Dynamics, 1998, 2(2): 433 – 455.

[158] FREUND C, WEINHOLD D. The effect of the internet on international trade [J]. Journal of International Economics, 2004, 62

(1): 171 - 189.

[159] FREUND C, WEINHOLD D. The internet and international trade in services [J]. American Economic Review, 2002,92(2): 236 - 240.

[160] FEENSTRA R C, HANSON G H. Globalization, outsourcing, and wage inequality [J]. The American Economic Review, 1996, 86: 240 - 245.

[161] FEENSTRA R C, HANSON G H. The impact of outsourcing and high-technology capital on wages: Estimates for the United States, 1979— 1990 [J]. The Quarterly Journal of Economics, 1999, 114 (3): 907 - 940.

[162] FERDOWS K. Making the most of foreign factories [J]. Harvard Business Review, 1997,75: 73 - 91.

[163] FREEMAN R B. Trade wars: The exaggerated impact of trade in economic debate [J]. World Economy, 2004,27(1): 1 - 23.

[164] GABSZEWICZ J J, PODDAR S. Demand fluctuations and capacity utilization under duopoly [J]. Economic Theory, 1997, 10 (1): 131 - 146.

[165] GARRETT S E. Strategy first: A case in FMS justification [C]// Proceedings of the Second ORSA/TIMS Conference on Flexible Manufacturing Systems. Elsevier, Amsterdam, The Netherlands, 1986: 17 - 29.

[166] GILCHRIST S, WILLIAMS J C. Investment, capacity, and uncertainty: A putty-clay approach [J]. Review of Economic Dynamics, 2005,8(1): 1 - 27.

[167] GOLDIN C, KATZ L F. Technology, skill, and the wage structure: Insights from the past [J]. The American Economic Review, 1996,86

(2): 252 - 257.

[168] GOLDIN C, KATZ L F. The origins of technology-skill complementarity [J]. The Quarterly Journal of Economics, 1998, 113 (3): 693 - 732.

[169] GORDON R J. The time-varying NAIRU and its implications for economic policy [J]. Journal of Economic Perspectives, 1997, 11(1): 11 - 32.

[170] GORDON R J. Does the "New Economy" measure up to the great inventions of the past? [J]. The Journal of Economic Perspectives, 2000, 14(4): 49 - 74.

[171] GRAETZ G, MICHAELS G. Robots at work [J]. The Review of Economics and Statistics, 2018, 100(5): 753 - 768.

[172] GORDON R J. The measurement of durable goods prices [M]. National Bureau of EconomicResearch Monograph Series. Chicago: University of Chicago Press, 2007.

[173] GOSLING A, LEMIEUX T. Labor market reforms and changes in wage inequality in the United Kingdom and the United States [J]. Seeking a Premier Economy: The Economic Effects of British Economic Reforms, 1980, 2000: 275 - 312.

[174] GREENWOOD J, HERCOWITZ Z, HUFFMAN G W. Investment, capacity utilization, and the real business cycle [J]. The American Economic Review, 1988: 402 - 417.

[175] GRILICHES Z. Capital-skill complementarity [J]. The Review of Economics and Statistics, 1969: 465 - 468.

[176] GUPTA Y P, GOYAL S. Flexibility of manufacturing systems: concepts and measurements [J]. European Journal of Operational

Research, 1989,43(2): 119 - 135.

[177] GUPTA Y P, GOYAL S. Flexibility trade-offs in a random flexible manufacturing system: A simulation study [J]. The International Journal of Production Research, 1992,30(3): 527 - 557.

[178] GUPTA Y P, SOMERS T M. The measurement of manufacturing flexibility [J]. European Journal of Operational Research, 1992,60(2): 166 - 182.

[179] HANSEN G D, PRESCOTT E C. Capacity constraints, asymmetries, and the business cycle [J]. Review of Economic Dynamics, 2005,8(4): 850 - 865.

[180] HAYES R H, HAYES R H, WHEELWRIGHT S C. Restoring our competitive edge: Competing through manufacturing [M]. New York: John Wiley & Sons, 1984.

[181] HARRISON A E. Has globalization eroded Labor's share? Some cross-country evidence [J]. UC-Berkeley and NBER Working Paper, 2002.

[182] HECKMAN J J. Sample selection bias as a specification error [J]. Econometrica: Journal of the Econometric Society, 1979: 153 - 161.

[183] HELPMAN E. General purpose technologies and economic growth [M]. Cambridge: The MIT Press, 1998: 55 - 83.

[184] HELPMAN E, MELITZ M, RUBINSTEIN Y. Estimating trade flows: Trading partners and trading volumes [J]. The Quarterly Journal of Economics, 2008,123(2): 441 - 487.

[185] HEMPELL T. What's spurious, what's real? Measuring the productivity impacts of ICT at the firm-level [J]. Empirical Economics, 2005,30(2): 427 - 464.

[186] HOFFMANN W G. The growth of industrial economics [M].

Manchester: Manchester University Press, 1958.

[187] HSIEH C T, WOO K T. The impact of outsourcing to China on Hong Kong's labor market [J]. American Economic Review, 2005, 95(5): 1673 - 1687.

[188] ICHNIOWSKI C, KOCHAN T A, LEVINE D, et al. What works at work: Overview and assessment [J]. Industrial Relations: A Journal of Economy and Society, 1996, 35(3): 299 - 333.

[189] JORDAN W C, GRAVES S C. Principles on the benefits of manufacturing process flexibility [J]. Management Science, 1995, 41 (4): 577 - 594.

[190] JORGENSON D W, STIROH K J. Information technology and growth [J]. American Economic Review, 1999, 89(2): 109 - 115.

[191] JORGENSON D W. Information technology and the US economy [J]. American Economic Review, 2001, 91(1): 1 - 32.

[192] JORGENSON D W, HO M S, SAMUELS J D, et al. Industry origins of the American productivity resurgence [J]. Economic Systems Research, 2007, 19(3): 229 - 252.

[193] JORGENSON D W, HO M, SAMUELS J. New data on US productivity growth by industry [C]//World KLEMS Conference, Harvard University. 2010.

[194] KALDOR N. Capital accumulation and economic growth [M]//The theory of capital. London: Palgrave Macmillan, 1961: 177 - 222.

[195] KAPSOS S. The employment intensity of growth: Trends and macroeconomic determinants [M]//Labor markets in Asia. London: Palgrave Macmillan, 2006: 143 - 201.

[196] KARABARBOUNIS L, NEIMAN B. The global decline of the labor

share [J]. The Quarterly Journal of Economics, 2014, 129 (1): 61 - 103.

[197] KARLSSON C, MAIER G, TRIPPL M, et al. ICT and regional economic dynamics: A literature review [J]. JRC Scientific and Technical Reports, Publications Office of the European Union, Luxembourg, 2010.

[198] KEKRE S, SRINIVASAN K. Broader product line: A necessity to achieve success? [J]. Management Science, 1990, 36 (10): 1216 - 1232.

[199] KILEY M T. The supply of skilled labour and skill-biased technological progress [J]. The Economic Journal, 1999,109(458): 708 - 724.

[200] KLEIN L R, LONG V, GREENSPAN A, et al. Capacity utilization: concept, measurement, and recent estimates [J]. Brookings Papers on Economic Activity, 1973,1973(3): 743 - 763.

[201] KRUEGER A B. How computers have changed the wage structure: Evidence from microdata, 1984—1989 [J]. The Quarterly Journal of Economics, 1993,108(1): 33 - 60.

[202] KRUSELL P, OHANIAN L E, RÍOS-RULL J V, et al. Capital-skill complementarity and inequality: A macroeconomic analysis [J]. Econometrica, 2000,68(5): 1029 - 1053.

[203] LEE S Y T, GUO X J. Information and communications technology (ICT) and spillover: A panel analysis [C]//Econometric society 2004 far eastern meetings. Econometric society, 2004 (722).

[204] LERA-LÓPEZ F, BILLÓN-CURRÁS M. Shortfalls and inequalities in the development of e-economy in the EU - 15 [J]. Significance, 2005,

182(60).

[205] LEVCHENKO A A, ZHANG J. The evolution of comparative advantage: Measurement and welfare implications [J]. Journal of Monetary Economics, 2016,78: 96 - 111.

[206] LI K, WANG Y, WANG Y. Judicial quality, contract intensity and firm exports: Evidence from China [R]. Mimeo, Nankai University, 2012.

[207] LI Y, YAO S, CHIA W M. Demand uncertainty, information processing ability, and endogenous firm: Another perspective on the impact of ICT [J]. Nankai Business Review International, 2011,2(4): 447 - 474.

[208] LIANG T P, YOU J J, LIU C C. A resource-based perspective on information technology and firm performance: A meta analysis [J]. Industrial Management & Data Systems, 2010, 110 (8): 1138 - 1158.

[209] LIEBERMAN M B. Capacity utilization: Theoretical models and empirical tests [J]. European Journal of Operational Research, 1989,40 (2): 155 - 168.

[210] LINDBECK A, SNOWER D J. Multitask learning and the reorganization of work: From tayloristic to holistic organization [J]. Journal of Labor Economics, 2000,18(3): 353 - 376.

[211] LINDBECK A, WIKSTROM S. The ICT revolution in consumer product markets [J]. Consumption, Markets and Culture, 2000,4(1): 77 - 99.

[212] LIU L, NATH H K. Information and communications technology (ICT) and trade in emerging market economies sam houston state

university, department of economics and international business [R]. Working Papers, 2012.

[213] LÖBBE K. Sectoral employment elasticities in Germany [M]//Labor markets and social security. Berlin, Heidelberg: Springer, 1998: 91 - 127.

[214] LOBOGUERRERO A M, PANIZZA U. Inflation and labor market flexibility: The squeaky wheel gets the grease [J]. Inter-American Development Bank, Washington DC, 2003.

[215] LUSS H. Operations research and capacity expansion problems: A survey [J]. Operations Research, 1982,30(5): 907 - 947.

[216] MA Y, QU B, ZHANG Y. Judicial quality, contract intensity and trade: Firm-level evidence from developing and transition countries [J]. Journal of Comparative Economics, 2010,38(2): 146 - 159.

[217] MANDELBAUM M. Flexibility in decision making: An exploration and unification PhD thesis [J]. Dept. of Industrial Engineering, University of Toronto, Canada, 1978.

[218] MANNE A S. Capacity expansion and probabilistic growth [J]. Econometrica: Journal of the Econometric Society, 1961: 632 - 649.

[219] MANNE ALAN S. Investments for capacity expansion, size, location, and time-phasing [J]. 1967.

[220] MARINI G, PANNONE A. Capital and capacity utilization revisited: A theory for ICT-assisted production systems [J]. Structural Change and Economic Dynamics, 2007,18(2): 231 - 248.

[221] MASCARENHAS M B. Planning for flexibility [J]. Long Range Planning, 1981,14(5): 78 - 82.

[222] MAZUMDAR D. Trends in employment and the employment

elasticity in manufacturing, 1971—1992: An international comparison [J]. Cambridge Journal of Economics, 2003,27(4): 563 – 582.

[223] MELITZ M J. The impact of trade on intra-industry reallocations and aggregate industry productivity [J]. Econometrica, 2003,71(6): 1695 – 1725.

[224] MELVILLE N, KRAEMER K, GURBAXANI V. Information technology and organizational performance: An integrative model of IT business value [J]. MIS Quarterly, 2004: 283 – 322.

[225] MILGROM P, ROBERTS J. The economics of modern manufacturing: Technology, strategy, and organization [J]. The American Economic Review, 1990: 511 – 528.

[226] MILLS D E, SCHUMANN L. Industry structure with fluctuating demand [J]. The American Economic Review, 1985, 75 (4): 758 – 767.

[227] MORRISON C J. Primal and dual capacity utilization: An application to productivity measurement in the US automobile industry [J]. Journal of Business & Economic Statistics, 1985,3(4): 312 – 324.

[228] MORRISON C J, BERNDT E R. Short-run labor productivity in a dynamic model [J]. Journal of Econometrics, 1981,16(3): 339 – 365.

[229] NORDHAUS W D. Productivity growth and the new economy [J]. NBER Working Paper, 2001. No.8096.

[230] NUNN N. Relationship-specificity, incomplete contracts, and the pattern of trade [J]. The Quarterly Journal of Economics, 2007,122 (2): 569 – 600.

[231] NIGHTINGALE P, BRADY T, DAVIES A, et al. Capacity utilization revisited: Software, control and the growth of large technical

systems [J]. Industrial and Corporate Change, 2003,12(3): 477 - 517.

[232] OSTERMAN P. Supervision, Discretion, and Work Organization [J]. The American Economic Review, 1994,84(2): 380 - 384.

[233] OSTERMAN P. Work reorganization in an era of restructuring: trends in diffusion and effects on employer welfare [J]. Industrial and Labor Relations Review, 2000,53(2): 179 - 196.

[234] OLINER S D, SICHEL D E. The resurgence of growth in the late 1990s: is information technology the story? [J]. Journal of Economic Perspectives, 2000,14(4): 3 - 22.

[235] PADALINO S, VIVARELLI M. The employment intensity of economic growth in the G - 7 countries [J]. Int'l Lab. Rev. , 1997,136: 191.

[236] PARASKEVOPOULOS D, KARAKITSOS E, RUSTEM B. Robust capacity planning under uncertainty [J]. Management Science, 1991,37 (7): 787 - 800.

[237] PINI P. Economic growth, technological change and employment: Empirical evidence for a cumulative growth model with external causation for nine OECD countries: 1960—1990 [J]. Structural Change and Economic Dynamics, 1995,6(2): 185 - 213.

[238] RAJAN R G, ZINGALES L. Financial dependence and growth [J], American Economic Review, 1998,88(3): 559 - 586.

[239] RAWSKI T G. What's happening to China's GDP statistics? [J]. China Economic Review, 2001,12(4): 298 - 302.

[240] ROBBINS D J. Trade, trade liberalization and inequality in Latin America and East Asia: Synthesis of seven country studies [M]. Boston: Harvard Inst. for Internat. Development, 1996.

[241] RODRIGUEZ F, JAYADEV A. The declining labor share of income [J]. Journal of Globalization and Development, 2013,3(2): 1 - 18.

[242] ROSTOW W W. The stages of economic growth [J]. The Economic History Review, 1958,12(1): 1 - 16.

[243] SETHI A K, SETHI S P. Flexibility in manufacturing: A survey [J]. International Journal of Flexible Manufacturing Systems, 1990, 2 (4): 289 - 328.

[244] SHAPIRO C, VARIAN H R, CARL S. Information rules: A strategic guide to the network economy [M]. Boston: Harvard Business Press, 1998.

[245] SICHEL D, OLINER S. Information technology and productivity: Where are we now and where are we going? [J]. Economic Review, 2002,(Q3): 15 - 44.

[246] SON Y K, PARK C S. Economic measure of productivity, quality and flexibility in advanced manufacturing systems [J]. Journal of Manufacturing systems, 1987,6(3): 193 - 207.

[247] SUAREZ F F, CUSUMANO M A, FINE C H. An empirical study of flexibility in manufacturing [J]. MIT Sloan Management Review, 1995,37(1): 25 - 32.

[248] SWAMIDASS P M. Manufacturing flexibility [M]. New York: Operations Management Association, 1988.

[249] SWAMINATHAN J M, TAYUR S R. Stochastic programming models for managing product variety [M]//Quantitative Models for Supply Chain Management. Boston: Springer, 1999: 585 - 622.

[250] UPTON D M. The management of manufacturing flexibility [J]. California Management Review, 1994,36(2): 72 - 89.

[251] UPTON D M. Flexibility as process mobility: The management of plant capabilities for quick response manufacturing [J]. Journal of Operations Management, 1995a, 12(3 - 4): 205 - 224.

[252] UPTON D M. What really makes factories flexible? [J]. Harvard Business Review, 1995b, 73(4): 74 - 84.

[253] VAN ARK B. The renewal of the old economy: An international comparative perspective [J]. Paris, OECD, 2001.

[254] VAN ARK B, INKLAAR R, MCGUCKIN R H. ICT and productivity in Europe and the United States: Where do the differences come from? [J]. CESifo Economic Studies, 2003a, 49(3): 295 - 318.

[255] VAN ARK B, INKLAAR R. "Changing Gear": Productivity, ICT and service industries in Europe [J]. The Industrial Dynamics of the New Digital Economy, 2003: 56.

[256] VAN ARK B, PIATKOWSKI M. Productivity, innovation and ICT in Old and New Europe [J]. International Economics and Economic Policy, 2004,1(2): 215 - 246.

[257] VEMURI V K, SIDDIQI S. Impact of commercialization of the internet on international trade: A panel study using the extended gravity model [J]. The International Trade Journal, 2008,23(4): 458 - 484.

[258] VENTURINI F. The long-run impact of ICT [J]. Empirical Economics, 2009,37(3): 497 - 515.

[259] WHEEL WRIGHT S C. Manufacturing strategy: Defining the missing link [J]. Strategic Management Journal, 1984,5(1): 77 - 91.

[260] WHITT W. The stationary distribution of a stochastic clearing process [J]. Operations Research, 1981,29(2): 294 - 308.

[261] WIGAND R T. Electronic commerce: Definition, theory, and context

[J]. The Information Society, 1997,13(1): 1 - 16.

[262] XU B, LI W. Trade, technology, and China's rising skill demand [J]. Economics of Transition, 2008,16(1): 59 - 84.

[263] ZELENOVIĆ D M. Flexibility—a condition for effective production systems [J]. The International Journal of Production Research, 1982,20 (3): 319 - 337.

[264] Zhu S C , Trefler D . Trade and inequality in developing countries: A general equilibrium analysis [J]. Journal of International Economics, 2005,65(1): 21 - 48.

后 记

本书主要在笔者博士学位论文的基础上，结合博士毕业后相关研究成果进行的整合。

当初在工作多年以后，选择重入象牙塔，主要出于对经济学的兴趣，以及个人的人生追求。从硕士到博士，一直在信息技术与经济发展方面进行相关研究，在博士后阶段，以及后来在金融机构、高校的工作中，所做的研究仍然与该领域密切相关。本专著的完成，需要感谢多方的支持。

首先要感谢我的导师，南开大学李坤望教授。恩师是一位极其谦和、厚重和严谨的人。从硕士到博士，五年中一直跟随着老师，他非凡的人格魅力和处世原则深深地感染着我。正是他的正直、宽容和仁厚，以及对学术近乎苛刻的要求，让我明确了正直和诚信为人、努力和认真做事的基本原则。这些对我后来的人生产生深远影响，无论是做人还是做事，我都谨遵恩师的教诲，也深感受用无穷。在学业上，老师的指导更是不在话下，正是得益于恩师的言传身教，让我这个跨专业的"门外汉"终于可以一窥经济学的真容，并有幸为之而奋斗。相关领域的研究也正是恩师引领我前行。对恩师多年来的栽培和谆谆教诲，满腔的感激之情已无法用言语来表达。

除了恩师的帮助，还要感谢我的师兄王永进教授、施炳展教授、黄玖立教授、刘健博士、王有鑫博士、陈维涛副教授，以及师姐盛丹副教授给予的指导和关怀，帮助我战胜困难，找到正确的道路。同时还要感谢一路同行的各位同门师弟师妹，以及我的同窗好友们，不仅在生活中相互帮助，而且在学术上，共同探讨中互相激励，共同提高。

特别还要感谢的是上海大学的沈瑶教授。本书有一部分内容是最近两年的研究成果,沈老师给了我很多帮助和有益的指导。同时还要感谢上海大学的倪中新教授,以及经济学院的领导和其他同事,都给予我很多的帮助和鼓励。

在南开大学多年的学习中,我有幸聆听了学院众多老师教授的课程,通过对经济学基础理论的学习和训练,让我的基础知识更为扎实,也为之后的研究工作提供了前提;通过平时参加各种学术报告和会议,开阔了我的视野,丰富了我的研究思路,为博士论文的写作打下了坚实的基础。因此,在此向经济学院的全体老师表示真诚的谢意;复旦大学两年的博士后生涯,同样使我受益匪浅,复旦的研究氛围、对老师和学生每一个个体的尊重都令我印象深刻,在这里让我的研究实现了进一步延伸。我想感谢导师陈学彬老师,以及复旦经济学院全体老师,还有复旦博士后办公室黄尔嘉老师、朱嫣敏老师给予我的支持和帮助!

不忘初心,方得始终。当初,是为梦想而来,如今,仍然在实现梦想的路上。如果说能为自己的梦想努力是幸运的,那么我还想真诚地感谢我之前工作单位的领导林紫龙先生,正是其支持和鼓劲,使我有了追梦的机会和勇气。当然同时还要感谢翁志铃先生、魏希学先生和潘姣姣女士,感谢他们的支持和帮助。

人生本就是不停选择的过程,六年前辞职读研的决定调整了我的人生轨迹,于我自身,作此决定是为了个人的人生追求,但是不同的人生选择影响的绝不仅仅是自己,尤为重要的还有对家庭的影响。因此非常感谢我的家人,感谢他们的支持。在这里,我特别想感谢我的兄长郭道海,正是他不遗余力的帮助,在我遇到困难时给予无条件的支持和鼓励,才使我克服困难,从而得以继续追逐我的梦想。

另外,要特别感谢北京当代经济学基金会对我博士论文的肯定、鼓励与支持,感谢创始理事长夏斌教授、副理事长韦森教授以及郝娟老师给予我的帮助;感谢上海三联书店,作为在国内外都享有盛誉的出版社,能够由其出版这本著作,是缘分也是我的幸运。感谢李英老师对本书出版给予的大力支持。同时还要感谢我的硕士生李睿对本书排版和校对所做的辛苦工作。

最后,感谢上海市哲学社会科学规划一般项目"信息化、人力资本结构与比较优势"(编号：2020BJL004)的支持！

鉴于作者视野和能力有限，书中相关内容难免有不足之处，敬请各位专家、学者以及读者朋友们予以批评指正。

邵文波
初写于 2015 年 3 月 20 日南开园
修改于 2022 年 3 月 9 日上海

当代经济学创新丛书

第一辑（已出版）

《中国资源配置效率研究》（陈登科　著）

《中国与全球产业链：理论与实证》（崔晓敏　著）

《气候变化与经济发展：综合评估建模方法及其应用》（米志付　著）

《人民币汇率与中国出口企业行为研究：基于企业异质性视角的理论与实证分析》（许家云　著）

《贸易自由化、融资约束与中国外贸转型升级》（张洪胜　著）

第二辑（待出版）

《家庭资源分配决策与人力资本形成》（李长洪　著）

《资本信息化的影响研究：基于劳动力市场和企业生产组织的视角》（邵文波　著）

《机会平等与空间选择》（孙三百　著）

《规模扩张和效率损失：政企联系对我国民营企业发展的影响研究》（于蔚　著）

《市场设计应用研究：基于资源配置效率与公平视角的分析》（焦振华　著）

图书在版编目(CIP)数据

资本信息化的影响研究：基于劳动力市场和企业生产组织的视角/邵文波著.—上海：上海三联书店,2022.7
(当代经济学创新丛书/夏斌主编)
ISBN 978 - 7 - 5426 - 7717 - 4

Ⅰ.①资… Ⅱ.①邵… Ⅲ.①劳动力市场—关系—企业—生产组织—研究 Ⅳ.①F241.2②F273

中国版本图书馆 CIP 数据核字(2022)第 097754 号

资本信息化的影响研究
基于劳动力市场和企业生产组织的视角

著 者 / 邵文波

责任编辑 / 李 英
装帧设计 / 徐 徐
监 制 / 姚 军
责任校对 / 王凌霄

出版发行 / 上海三联书店
 (200030)中国上海市漕溪北路 331 号 A 座 6 楼
邮 箱 / sdxsanlian@sina.com
邮购电话 / 021 - 22895540
印 刷 / 上海颛辉印刷厂有限公司

版 次 / 2022 年 7 月第 1 版
印 次 / 2022 年 7 月第 1 次印刷
开 本 / 640 mm×960 mm 1/16
字 数 / 270 千字
印 张 / 19
书 号 / ISBN 978 - 7 - 5426 - 7717 - 4/F · 864
定 价 / 68.00 元

敬启读者,如发现本书有印装质量问题,请与印刷厂联系 021 - 56152633